「選択的シングル」の時代

HAPPY SINGLEHOOD
THE RISING ACCEPTANCE AND
CELEBRATION OF SOLO LIVING

30カ国以上のデータが示す
「結婚神話」の真実と「新しい生き方」

エルヤキム・キスレフ 著
船山むつみ 訳

文響社

幸福《ハッピー》なシングル生活

——受け入れられ、祝福されるようになってきたシングルという生き方

エルヤキム・キスレフ

第1章 シングルの時代

第2章

幸福なシングルシニアたち——未来を正しく理解する

第3章

社会的プレッシャーに負けないために

第4章

ベッドはひとりで、ボーリングはいっしょに

第5章

「脱物質主義《ポスト・マテリアリズム》」の世界を生きるシングルたち

第6章

よく働き、よく遊べ

第7章

幸福なシングルの未来

第8章

国、都市、社会的機関は、シングルのために何ができるか？

プロローグ

金曜の夜。エルサレムは伝統を守る人たちの住む街だ。

私はまだ、小さい子どもだった。サイレンが鳴り出した。爆撃を知らせる警報と同じ、泣き叫ぶような音が2分間続いているが、今鳴っているのは、安息日《シャッバート》の訪れを知らせるサイレンだ。

うちの家族はもう準備ができている。テーブルは美しく整えられ、母が用意した夕食のよだれの出そうな香りが家中にただよっている。

家族全員が、白い襟の付いた清潔なシャツを着ている。母が5本の蠟燭《ろうそく》に火を灯《とも》した。父と母のために1本ずつ、3人の子ども、つまり、私とふたりの兄弟のために1本ずつだ。

つま先立ちで窓の外を眺めると、近所のあちこちにあかりが灯っているのが見える。どのアパートメントでも、見るからに幸せそうな家族が、きれいに掃除した部屋でおいしい食事を楽しんでいる。

男性たち、女性たち、それに子どもたちが、今夜から明日まで一緒に過ごす。電話も鳴らない。テレビもなし。今は家族だけの時間だ。

私は父とともに歩いてシナゴーグ*に行く。そこでは、それぞれの家族が自分たちの場所をもっている。まわりの人々みんなが、満足そうで、神々しくさえ見える。

シナゴーグの隅にはいつも、ある男性がいる。彼はきまって一人息子と一緒に立っている。息子は30代だ。男性の妻は何年も前に亡くなっている。息子のことも、みんな知っている。息子が未婚だということも、だ。

私はシナゴーグに行くたびに、彼らをよく見た。あの人たちはどんな気持ちでいるんだろう？　毎晩、どんなふうに過ごしているんだろう？

彼らは幸せそうには見えなかった。少なくとも、当時の私はそう感じていた。

あれから20年以上の年月が過ぎたが、帰省して、子どものころに父と一緒に行ったシナゴーグを訪れるたび、私は今でも彼らの姿を見かける。

父親のほうは今では腰が曲がっているが、変わらず息子と暮らしている。ふたりとも独り身で、内気で、他人とは話をしない。

歳月が過ぎ、博士課程の勉強のために移り住んだニューヨークは、私がそれまで知っていた世界とはまったく異なっていた。そこには独身の人たちがたくさんいたのだ。

彼らはみな、「大胆で、美しい《ザ・ボールド・アンド・ザ・ビューティフル》」＊＊人たちに見えた。

ニューヨークは、ペースの速い、競争の激しい場所として有名だが、現実は想像以上だった。誰もが、ひとつの出来事から次の出来事へ、ある人との出会いから次の出会いへと急いでいて、「大都会の生活《ビッグシティー・ライフ》」に参加しようと躍起になっている。彼らの生活に結婚の入り込む余地はない。

マンハッタンで家族づれの人に会うことは、当たり前というよりはむしろ、珍しいことだった。もし誰かが「結婚することにしたんだ」と言ったとすれば（もちろん、マンハッタンからクイーンズへと引っ越すことになる）、発言した本人が本当に言いたいことは明らかだった。つまりこういうことだ。

「もうおしまいだよ、ゲームオーバーだ」。

今振り返って考えてみると、結婚生活と独身生活という、対照的な二つの世界に対する私の考えは、あまりにも世間知らずだった。

＊ユダヤ教の会堂。
＊＊『ザ・ボールド・アンド・ザ・ビューティフル』という、米ＣＢＳで１９８７年から放送されている人気ドラマがある。

私が子どものころの、たがいの結びつきの強いコミュニティーのなかでさえ、誰もが「ふたりはそれから、いつまでも幸せに暮らしました」というわけにはいかなかったはずだ。離婚した人たちもいる。私自身のふたりの兄弟もそうだ。逆に、離婚はせず、みじめで不幸せな結婚生活を続けている人たちもいる。よく考えてみたら、後者の人たちのほうがずっとつらい思いをしているのではないだろうか。

私は時折、エルサレムで見かけた、自分たちだけの世界に生きている老人と独身の息子のことを考える。彼らのことをかわいそうだと思うべきだったのか。それとも、私自身も、伝統的な家族を理想と考える偏見が浸《し》み込んでいたせいで、目が曇っていただけだったのだろうか。

私はまた、ニューヨークで知りあった人たちのことも考えてみる。彼らは、今日は誰かとデート、明日はまた別の人とデートといった生活をしていた。すぐに誰かと付き合い始めては、息が詰まったような気分になって、できるだけすぐにその関係を終わらせたくなり、早く自由の空気を吸いたいと望んでいた。

私自身、現在でも独身だが、今となっては、自分たちは大胆《ボールド》でも美しく《ビューティフル》もなかったのだとよくわかる。

私たちはただ、行ったり来たりしていただけだ。目的もなく、走り回っていただけだ。それはまるで、毎日、地下鉄の線路で見かけた、飢えと不安にさいなまれて走り回るネズミたちの姿と同じだったかもしれない。

本書は結婚やカップルとしての生き方に、反対するものではけっしてない。自由な意志と意識で選ばれたものでありさえすれば、それはすばらしいものだろう。本書が目指すのは、読者の皆さんに、シングルの時代の到来を示す世界の動きと、その背後にあるメカニズムを正しく認識してもらうことだ。

同時にこれは、次の問いに対する答えを見つけるための旅路でもある。それは、「どうすれば、シングルの人たちは幸せに生きられるか？」という疑問だ。

そして、本書を執筆するにあたっての私の使命は、幸福《ハッピー》に生きているシングルの人たちの生活と統計を深く掘り下げて研究し、シングルで生きることを選んだ人たち、または結果的にシングルとして生きている人たちのために道を切り開くことだ。

それでは、始めよう。

はじめに

この社会に最後まで残る「差別」

近年、私たちは多様な性的アイデンティティーに対してもオープンな態度をとるようになった。異なる民族をたたえ、さまざまな政治的意見を許容することもできる。それなのに、私たちは今も、シングルの人たちが——特に年齢が上がれば上がるほど——結婚すべきだとせかされ、結婚しなければ偏見にさらされる社会に生きている。

たとえば、ある研究では、大学生1000人を対象に、結婚している人たちに対してもつイメージ、シングルの人たちに関してもつイメージについて、アンケートをとった。

結婚している人たちに対してもつイメージとしては、「成熟している」「幸せ」「親切」「正直」「愛情のある」といったものが挙げられた。対照的に、シングルの人たちは、「未熟」「不安定な」「自己中心的」「不幸」「孤独」とみなされており、なかには、「醜い」という回答さえあった。[1]

「ステレオタイプ」が私たち全員を不幸にする

こうしたステレオタイプは、シングルの人たち、そしてカップルの人たち全員を傷つけている。シングルの人たちが、結婚したことのない人であれ、離婚した人であれ、配偶者に先立たれた人であれ、ステレオタイプにひどく苦しめられていることは明らかだ。

だが、だからといって、結婚している人たちがうまくいっていることにはならない。**世にはびこるステレオタイプのせいで、プレッシャーを感じ、自分が結婚という人生の重大事項に対して準備ができているかどうかさえもわからないまま、あるいはその人が正しい相手なのかどうか自信がない状態で、結婚してしまう人たちがいる**からだ。

結婚したカップルが後になって、自分は間違った選択をした、あるいは早過ぎる決定をしたと気づくこともある。もちろん、そういう場合は、離婚が視野に入ってくる。離婚した人の場合、その70～80％が再婚するが、二度の離婚をする確率は一度目より高い。[2]

だから、私は本書を執筆するにあたって、現代のシングルについてさまざまな側面から調査した。なかには、人々が独身である自分自身を受け入れ、場合によってはその状態を心から楽しんでいる事例の分析もある。読者の皆さんにはぜひそういったことも知ってほしい。

幸福の秘訣は「世間」に流されないこと

シングルの人たちのなかには、社会に蔓延《まんえん》するシングルに対する否定的な認識に洗脳されてしまい、結婚していない自分を責める人たちもいる。

――自分のどこがいけないのか、わからないんですけど。

そんな言葉を、私は調査の過程で何度も聞いた。

のちほど詳しく説明するが、このようなネガティブなステレオタイプに自分まで影響されてしまうか、それとも、そんな考え方を気にしないでいられるかの違いがそのまま、「シングルで幸せな人たち」と「シングルで不幸せな人たち」の違いになっている。

また、シングルに対するステレオタイプによる偏見ではなく、孤独感が、独身の人を性急な、質の低い結婚に走らせる例もある。[3] こういった誤った理由にもとづいた結婚は、よい結果にならないことが多い。実際、研究によれば、結婚している人たちは、パートナーがいるにもかかわらず、シングルの人たちと同じくらい孤独を感じている場合がある。[4]

多くの人たちが、問題の根本にある孤独感に立ち向かうことを避けたまま、パートナーをもつことに頼ろうとする。その結果、**孤独感はパートナーがいるかどうかとは関係のない、独立した問題であり、その問題の解決策は自分自身のなかに探すしかない**ことを結婚後にようやく理解するようになることが、さまざまな研究で明らかになっている。[5]

急激に「単身化」する世界情勢

人々を結婚に駆り立てる社会的、心理的な力は今も圧倒的ではあるが、現実は変わりつつあるし、その変化は速い。いまや多くの国で、未婚の人たちは人口統計上、最も急速に数を増やしているグループだ。[6]

アメリカの新生児の約4分の1は一生結婚しないと予測されている。[7] 中国の公式な統計によれば、単身世帯の割合は1990年には4・9%だったが、2010年には14・5%まで上昇している。[8] 複数のヨーロッパ主要都市で、単身世帯の割合はすでに50%を超えており、スウェーデン、ノルウェー、デンマーク、ドイツなどの国ではシングル世帯は全世帯合計の約40%となっている。[9]

初婚年齢は上がっているし、離婚はますます普通のことになっている。人々の意識における「既婚者」という社会的地位も下落している。[10]世界中で、今なお独身に対する偏見や、敵対的な考えがあるのは事実だが、それでも、シングルでいることはますます盛んになりつつある現象だ。

「結婚していないこと」がストレスになる理由

シングルでいることは世界的現象になっているにもかかわらず、その事実を認めない文化はいまだに根強い。その結果、プレッシャーを感じて、今も多くの独身の人たちが結婚に追い込まれる。

結婚しなければならないというプレッシャーそのものが、ときには、結婚しているかどうかという事実以上に人々を不幸にする。だが、その二つを区別することは難しいし、不可能でさえある。

このような状況は、未婚の人々のあいだで「認知的不協和（自身の本来の認知とは別の矛盾する認知を抱えた状態）」を引き起こしている。

インタビューでは、多くの独身の人たちが、「結婚はしたいと思っている」と言う。しかし、その行動をみると、結婚したいと思っている人の行動とは到底考えられない。彼らは既存の文化的、社会的価値観からプレッシャーを受けて、「結婚できたらうれしい」と口にする。

一方で、日常のデートや恋愛に関してそうした人たちが下す決定から判断すると、結婚を望んでいないとしか思えない。人々は自分のパートナーとなるべき人について、ほとんど不可能な水準までハードルを高くしている。まるで、独身でいるのをやめるためには、よほどの理由が必要だと言わんばかりだ。

時代は変わりつつあり、巷《ちまた》には古くなった結婚制度に対する不平不満の声があふれている。だが、社会は今でもそれに気づかないふりをしているようだ。

その点では、結婚している人たちも同じだ。もちろん、パートナーといつまでも幸せに暮らす人たちもいる。しかし、シングルの増加を羨み、婚姻関係から自由になりたいと望んでいる人たちもいる。

私の研究からわかったことは、不幸せなシングルと不幸せな既婚者の違いは、多くの場合、後者のグループは結婚しなければならないという社会的、心理的なプレッシャーに屈した人たちだという事実にほかならない。どちらのグループも不幸せで、耐えがたい状況にとらわれている。

前者を苦しめているのは「結婚していない」という汚名《スティグマ》を着せられることそれ自体だ。一方、後者はシングルが世の中で一般的になりつつあるのを目の当たりにし、「結婚」という自分の選択が良かったのかどうかに頭を悩ませている。

本書で注目したいのは、結婚しなければならないという社会的、心理的なプレッシャーと、世界中で結婚という制度や慣習を放棄し、シングルとして生きる人が増えているという現実とのあいだのギャップだ。

私たちはしばしば、自分では意識していなかった行動をしていることに気がつくことがある。自分ではあることを考えているのに、それとは別のことをやっていたりする。「カップルでいること」がいいと思っているのに、「シングルでいること」が現実だったりする。私たちはまだ、自分自身の本当の感情と、社会的規範に強制されてとっている態度のつながりをよく理解していないのだ。

このような状況が起きるのは、多くの人々がまだ「シングルでいること」を受け入れるのを恐れているからだと私は考えている。

人々は「シングルでいること」を今もなお否定的な目で見ている。いや、むしろ、**シン**

グルという生き方がもつ豊かな可能性にまったく気づいていないというべきかもしれない。

自分にとって「正しい選択」をするには

本書の役割は、「シングルとして生きること」を受け入れ、称賛する人が増えているという、その現象の背後にあるメカニズムに光を当てることだ。シングルの生き方に対して、もっと明確で、よりよいイメージをもつことができれば、誰もがもっと自由に、自分に適したライフスタイルを選べるようになる。もちろん、それでもやはり、結婚を選ぶ人たちもいるだろう。

その場合でも、今よりリラックスした状態で結婚という選択ができるようになり、自分にとって正しいタイミングかつ正しい状況で、結婚生活に入ることができる。

よく考えたうえでの決定であれば、結婚を選ぶ人たちにとっては、よりよい結婚になるだろうし、ひとりでいることを選ぶ人たちも、より満足していられるだろう。

一方で、シングルでいることによって、一人ひとりの幸福とウェルビーイング（健康と安心）が増す可能性も非常に高い。こうしたことを知れば、「シングルという生き方は世の中の規範から外れることだ」と批判されてきた人たちも心休まるのではないだろうか。

実際のところ、シングルの増加という現象は最近始まったことではない。多くの研究者が結婚率の低下について論文を書いているし、政策立案者たちも現代の家族のあり方の変化に注目している。[11]

たとえば、デンマーク政府は国民に対して、「結婚し、もっとセックスしよう」と呼びかける広告キャンペーンを開始したほどだ。[12]

アメリカでは、メディアもこのような変化を扱ってきた。テレビドラマの『となりのサインフェルド』（1989〜1998）、『セックス・アンド・ザ・シティ』（1998〜2004）、『GIRLS/ガールズ』（2012〜2017）、それに『ワタシが私を見つけるまで』（2016）などの映画もある。

本書の構成

本書は、シングルの増加という社会現象そのものだけを扱うのではない。実際の社会の変化は、現象自体に対してのディスカッションよりも、もっと先に進んでいる。

本書は、「シングルであること」の次の段階へ進む。つまり、この進行中の世界的現象の一員である人たちが、よりよい生活の質《クオリティ・オブ・ライフ》を享受できるようなメカニズムを探る本だ。

本書では、以下の疑問について検討していく。

- シングルは、ひとりで老いていくことへの恐れにどう対処すべきか？（第2章）
- シングルは、社会的プレッシャーや差別にどう立ち向かうべきか？（第3章）
- 社会的な活動は、カップルの人たちの場合と比べて、シングルの幸福のためにどう役に立つか？（第4章）
- 個人主義と脱物質主義《ポスト・マテリアリズム》に根ざした価値観は、シングルの人たちが自分たちのライフスタイルを尊重して生きていくためにどんな助けになりうるか？（第5章）
- シングルのワーク・ライフ・バランスのために、個人、そして職場は何ができるか？（第6章）
- 人生の満足度の向上を考えるとき、人間関係や制度、サービスといった面で、シングルにはどのような未来が待っているのだろうか？（第7章）
- 政策立案者たちはシングル人口の増加に対処し、彼らのウェルビーイング向上のために何をするべきか？（第8章）

これらの疑問のほとんどが、シングルについての学術的研究の分野では、これまで扱われてこなかったものだ。

今までの研究は、このような重要な問題を避ける代わりに、下落する結婚率と出生率、上昇する離婚率と並んで、シングルの増加という現象そのものを計測し、観察することに専念してきた。

同時に、有力なメディアや自己啓発業界は、孤独を避ける方法を推奨してきたが、それは総合的な研究にもとづいたものではなかった。

だからこそ本書では、これまでの研究の分類的な設問を超えて、どうしたらシングルの人たちが社会の逆風に負けず、毎日の生活で幸福を得ることができるかを検討していく。このような調査の過程で、これまでのシングルに対する決まりきった見方を支持する証言、あるいはそれを否定する証言も得られるだろう。

本書には、もっと野心的な目的もある。

それは、読者の皆さん一人ひとりに新しい現実について考えてもらうことだ。**今では世界中の人々が社会生活、家庭生活を新しいやり方で営むようになっている。それこそが新**

しい現実だ。

本書では、幸福なシングル生活の時代を迎えるために、増加するシングル人口に特有のニーズを分析し、数多くの先駆的な提案を紹介していく。たとえば、革新的な生活環境、コミュニティー、社会交流などだ。したがって、読者の方々には自分が最も関心のある章から先に読んでもらってかまわない。

今はまだ、声の聞こえない少数派《マイノリティー》であるシングルの人たちも、じきに発言力のある多数派《マジョリティー》になる。

世界各国の首都圏で、シングル向け住宅の家賃の高騰、同居パートナーの法的地位の不明瞭さ、シングルペアレントの困窮、離婚した人たちの税制上の権利などの問題について、デモがおこなわれている。

たとえば、東京では、「Call For Housing Democracy／住宅政策にデモクラシーを」という団体により、政府に対して家賃の引き下げを要求するデモがおこなわれた。デモを開催した人々は、「ジャパン・タイムズ」紙にこう語っている。

――東京で公営の住宅に入居できる確率は、家族の場合は20分の1だが、単身者は57分の

1で、しかも、政府が意味するところの「単身者」とは引退した人たちのことだ。若くて未婚の人たちは、いくら収入が少なくても、公営住宅に入居できるチャンスはゼロだ。[13]

このような抗議活動がおこなわれることからも、シングルの人たちの幸福とウェルビーイングに寄与する要因を検討することが、ますます重要かつ緊急なものになっていることがわかる。政策立案者たちは、このようなニーズに向き合い、彼らのような若いシングルのニーズに応える道を探さなくてはならない。

そういった意味で本書は、行動を呼びかける本でもある。

これまで独身者を不利な状況に置かれているマイノリティーととらえてこなかった研究者たち、政策立案者たちには、彼らの人数が増えていること、彼らが数多くの偏見や差別と闘っていることをよく考えてほしい。[14]

ずっと無視されてきたシングルたちよ、今こそ立ち上がるときだ。

シングルの人たちに特有のニーズ、ライフスタイル、住環境に社会がもっと配慮を向けるのは当然のことなのだ（このことについては、のちほど詳しく述べる）。

私が望むのは、本書がシングルの人たちへのささやかな貢献になることだ。彼らはまさに目覚めたばかりの巨人なのだ。

本書で用いた研究アプローチ法

本書で述べる調査結果および見解は、これまでの研究文献の徹底的な評価と新しい定量的・定性的な調査結果にもとづいている。

定量面

定量的な側面からいうと、30を超える国々の大規模な代表的データベースを先進的な統計モデルで分析した。これによって、「現代のシングルたちは何を幸福だと感じているか?」という疑問に答えるために、信頼できる経験的なデータを利用することができた(32ページの「幸福」という言葉についてのディスカッションを参照)。

数十万人を対象とした多くの情報源から得た統合的なデータベースにもとづいて、マルチレベルのモデルを用いている。これらの情報源は、欧州社会調査(European Social Survey)、アメリカ地域社会調査(American Community Survey)、アメリカ合衆国国勢調査局(US

Census Bureau）、世界銀行（World Bank）、国際連合（United Nations）、それに経済協力開発機構（OECD／Organization for Economic Co-operation and Development）などである。
統計を調査することで、シングルの人たちの最新のトレンドに関する正確な状況を明らかにすることができた。これらの統計は、研究者にも、一般の読者の皆さんにも役立つように、わかりやすい地図やチャート、事例のかたちで紹介している。

定性面

定性的な側面については、アメリカとヨーロッパの多数の国のシングル１４２人に対して個人的なインタビュー調査をおこなった。そのために、すぐれた資格をもつ研究者のチームの助けを借りた。

私たちは、多様な社会的、経済的、民族的背景をもち、さまざまな場所に住む、男性／女性、若者／高齢者、異性愛者／同性愛者、都会の住人／小さな町の住人にインタビューした。

インタビューに答えてくれた人たちの平均年齢は43・9歳で、最高齢は78歳、最年少は30歳である。年齢の下限を30歳と定めたのは、この年齢が一般的に初婚の平均年齢を超えているからだ。

この年齢を超えたシングルの人たちは、結婚するべきだという社会からのプレッシャーをすでに経験している。それゆえ、「結婚していない」という事実によって引き起こされる種々の状況にも直面している。

それとは対照的に、30歳より若い人たちは過渡期にあり、結婚のことはまったく考えてみない場合が多い。[15]

また、インタビューを受けた人たちの56％が女性で、1から10のランクに分けた自己申告による収入の平均は4・7だった。

もちろん、プライバシーを守るために、彼らの名前は変更してある。インタビューは文字に起こしてあり、研究に関連する中心的なテーマを明らかにし、体系的に分類した。[16]

インタビューはできるだけ公平になるように計画し、インタビューを受ける人の感情を刺激しそうな質問をしないよう配慮した。シングルでいる動機や外的要素について、また、自分がシングルでいることをポジティブにとらえているか、ネガティブにとらえているかについて、あらかじめ結論を示唆するような質問は避けている。

このような調査に加え、シングルであることに関連している、400を超えるブログの記事、300を超える新聞・雑誌の記事、それに数千にのぼるコメントや、フェイスブック上の投稿について、体系的な分析をおこなった。

シングルのブログや投稿を見つけるためには、スノーボール・サンプリング法（雪だるま式標本法／ある回答者から知人を紹介してもらい、調査の回答者数を増やしていく方法）を用いた。このようなサンプリング戦略は、われわれ研究者が実際に知っている調査対象がおらず、純粋な無作為調査が困難な場合に役立つ。独特の特徴をもったサンプル（たとえば、シングルでいることについてのブログなど）を集める必要があるからだ。

書き手の自己申告による年齢、性別、住んでいる場所を確認するため、可能な範囲で書き手のプロファイルも調べた。ほとんどの書き手の特徴は簡単に明らかにできるが、なかには、複数のブログや投稿の内容をより深く調べなければならない場合もある。

さらに、テーマごとの内容を分析して、シングルの人たちが書いた話題を抽出した。こうして、信頼性をチェックした後、コードブック（暗号表）の訓練を受けたふたりのアシスタントが別々に暗号化をおこなった。すべての定性的データに適用される暗号化システムは、グラウンデッド・セオリー・アプローチ（質的研究法の一種）に似たボトムアップ方式の手法である。[17]

本書で使用する用語の定義

シングルの人たち

この研究のために、私は「シングルの人たち」を「①結婚したことのない人たち」「②離婚した人たち」「③配偶者に先立たれた人たち」と定義し、この3種類を一貫して区別している。

さらに、特定のパートナーと同居している人たちのことは、独立したカテゴリーとして扱った。このような人たちは、シングル人口の約10%を占める。[18]

本書では、共同生活（同棲《どうせい》）は、結婚している人たちと独身の人たちの中間にあるカテゴリーとして扱い、シングルの一部としては扱っていない。

ある意味で、同棲は社会的にも法律的にも、今では結婚に近い状態だといえる。アメリカ、オーストラリア、カナダ、それにヨーロッパ諸国の多くで、同棲の場合にも正式な結婚とほとんど同じ権利を与えているためだ。[19]

その一方で、同棲は今でもシングル生活に似ているところもある。このような同棲関係もまた、結婚という制度に対する不満と幻滅の高まりによるものといえるからだ。[20] 結婚しないままでかなり長い期間にわたって同棲するカップルが多いのは、結婚制度に縛られることへの忌避感や、離婚のリスクへの恐怖によるところが大きい。[21]

さらに、このような同棲関係は、人口におけるシングルの割合に直接的な影響を与えているともいえる。同棲関係は一般に、カップルの年齢や収入、子どもの人数に関係なく、婚姻関係より不安定で、短く終わる傾向があり、最終的には別れに至る可能性も高い。[22]

その結果、同棲生活の前であれ、後であれ、同棲関係を選ぶ人は、結婚している人たちに比べ、シングルとして長い時期を過ごす割合が高くなる。

読者の皆さんにはこの複雑な事情を知っておいてもらいたいし、同棲中の人たちのことはできるだけ、シングルとは別の分類として扱おうと思っている。

本研究では、過去に同棲したことのある人たちと同棲した経験のまったくない人たちも区別した。インタビューの際には、インタビューを受けてくれた人たちが自分の結婚に関する情報を詳しく話してくれることが多かったので、このような区別をすることは容易だった。必要に応じて、そういう情報についても述べていく。

シングルの人たちは数多くの共通の困難に直面しているが、同時に、それぞれの微妙な社会的な状況と家庭の状況の違いによって異なる影響も受けている。はっきりした違いが出るのは、子どもがいるかどうかだ。

たとえば、シングルであっても、近くに手助けをしてくれる子や孫のいる人たちは、子や孫のいない人たちとは生活の様子が異なっている。それゆえ、すべての統計的分析において、子どものいる人たちには特別な変数を適用した。

もちろん、注意深く扱わなければならないサブグループ（下位集団）もたくさんある。一例としては、同じくひとり暮らしをしている人と真剣な関係を結んでいるシングルの人たちだ。本書の分析のなかで、このようなグループを包括的なシングル全体から区別することは難しい場合もあった。

それゆえ、このようなサブグループの区別が可能だった場合の定性的データは非常に重要であり、シングルについての知識を補完してくれるものとなった。

また、「シングルの人たち」「未婚の人たち」「ひとり暮らしの人たち」のあいだには、かなり重複する部分があるが、微妙な違いもあることに注意しなくてはならない。

たとえば、多くの大規模な人口統計データでは、「単身世帯」に注意が払われることが多い。「単身世帯」で暮らしている人は先述した定義のようなシングルであることが多いが、必ずしもそうだとは限らない。

インドなど急激な発展を遂げている国々では、国内での移動が多く、家族のうちのひとり（たいていの場合は夫）が永久的、あるいは半永久的に、仕事のために国内の別の場所に住んで、可能な限り家族に送金していることがある。[23]

それゆえ、「単身世帯」についての情報を扱うときは、そう明言するよう気を配った。

幸福・ウェルビーイング

「幸福」という概念、つまり、主観的な「ウェルビーイング」は本書の中心的な主題なので、ここで簡単に説明し、定義しておきたい。

本書では、**「幸福」**を、**人々が自分の生活をどの程度好ましいものであるか判断する「程度」**として考えている。[24]

多くの文化、そして哲学者が、「幸福」という言葉を、倫理的な徳や社会に対する献身、超越的なニルヴァーナ（涅槃《ねはん》）などと結びつけていることを考えれば、私たちの「幸福」

の定義は実に控えめなものである。[25]

それでも、これは広く合意された、多くの文化の解釈を統一し、エッセンスを抽出した定義であるから、この定義にこだわるつもりだ。[26]

たとえば、「幸福」について、時間的、文化的に広範な考察をおこなうため、30カ国にまたがり、150年間にわたる辞書の定義を比較した研究がある。この研究によると、「幸福」の定義として最も広く共通していた側面は、「幸運だと感じること」と「好ましい外的条件を経験していること」だった。[27] それでも、「幸福」の理解は人によって異なる。「あなたはどれくらい幸福ですか？」という、あたかも測量可能な程度を尋ねるような質問に対する誰かの答えが、本当はどんな意味をもっているのか、正確に理解することは、非常に難しいといえるだろう。異なる文化や年齢集団に属する人たちが考える「幸福」の意味は、あなたの思う「幸福」とは大きく違うものかもしれないのだ。

ある研究によれば、若い人たちは「幸福」を「興奮できること《エキサイトメント》」と関連づけているが、年齢の高い人たちは「平安《ピースフルネス》」と結びつけていたという。[28]

このような困難に対処するために、本書では、文化的、社会的、個人的な違いに加えて、それぞれの国の平均幸福度も加味しながら、幅広い年齢層・地域にわたる多数のサンプルを参照している。大規模なデータベースの力は、異常値がおたがいを相殺しあうことだ。

だから、大まかに見れば、回答は検討に値するものになる。[29]

　こうして、この研究では、完璧とはいえないにしても、たとえば、欧州社会調査（European Social Survey）の設問は十分役に立つとみなしている。この統計による調査は強力な統計的検出力を備えているうえ、マルチレベルの分析で違いを説明しつつ、さまざまな文化にもとづいて一般的な結論を導き出すことができるからだ。

　このトピックについての私の研究記事では、さらに詳細で綿密な分析によって、これらの検討事項をより深く考察している。興味のある方は、それらの記事を読んでいただけば、本書で紹介している研究結果について、より多くの情報を得ることができるだろう。

政策立案者たちも、研究者たちも、個人を幸せにするものはなんなのかを問うことを怠っていると、全人口の幸福を増大させる大きなチャンスを失ってしまう。[30]

　この事実は、ポジティブ心理学の概念に沿って考えれば、ますます正しいといえる。ポジティブ心理学とは、これまでの古いアプローチを変えて、個人のレベルでも、人口全体のレベルでも、幸福を増大させ、ネガティブな事柄を避けようと努める新しい心理学だ。[31]

　読者の皆さんには、ここに提案した定義を、実際的で応用可能な、そして役に立つ分析のツールとして利用してもらいたい。それによって、あなた自身が本書に記された内容に共感するかどうか、注意深く見極めてほしいと願っている。

第 1 章

シングルの時代

世界中でますます存在感を増すシングルたち

中国

一年のある特別な日、独身の男性たちが下着だけの姿で――あるいは、もっと裸に近い姿で――、川に飛び込む。一方、独身の女性たちはあちこちの都市で、ウェディングドレス姿で通りを駆け抜ける。

光棍節《こうこんせつ》は、「独身の日」という中国で人気の新しいお祭りで、独身の人たちがショッピングやお祭り騒ぎ、友人たちとのパーティーを通して、独身であることを祝う日だ。

その起源は、1993年、中国の大都市のひとつ、南京の各大学で、恋人のいない者どうしが集まってパーティーをしたことだった。

その後、世界中で大規模なオンライン・ショッピングのイベントに発展し、現代の中国社会の文化指標ともなっている。[1] その日付はもちろん、「ひとり」を意味する数字の「1」

が並ぶ11月11日だ。

この日は「独り者の日」として広く知られるようになったが、中国語では「何もない、ただの棒の日」という意味でもある。漢数字の「一」は、何も付いていない、ただの棒や小枝のように見えるので、「独り者」のたとえになっているからだ。

それから、年月が過ぎ、この日は「反バレンタインデー」の意味を帯びるようにもなった。「独身を祝う日」を作る考えは、大成功だった。

インターネット小売業の巨大企業アリババグループ（阿里巴巴集団）は、2017年の「独身の日」に、250億米ドルを超える取扱高を記録した。これは、同じ年の、アメリカのオンライン・ショッピングで最大のイベントである「サイバー・マンデー」（11月の第4木曜日の次の月曜日）の約4倍の金額だ。[2]

アメリカ・ヨーロッパ

シングルの割合はアメリカのほうが高いから、「独身の日」が中国で始まったのは、ちょっと意外かもしれない。それでも、アメリカ人もすぐにこのイベントを楽しむようになった。

アメリカ版の「全国シングルの日」のイベントは、2013年の1月11日に初めておこなわれたことが確認されている。こちらでも、「ひとり」をあらわす「1」の重なる日だった。2017年には、9月の全国シングルズ・ウィークに合わせて変更されている。全国シングルズ・ウィークは、1980年代にオハイオ州のバカイ*・シングルズ会議が初めて祝ったものだ。

「全国シングルの日」の発案者であるカレン・リードは、オンライン雑誌「シンギュラー・マガジン」のインタビューにこう答えている。

> 中国の「独身の日」から発想を得て、こちらでも「シングルの日」を始めました。これまでにない、新しいシングルを祝う日を始める必要があるとも思いました。時代が変わって、たくさんのことが変化しているんですから。
>
> 21世紀のシングルは、新しい人種です。こんにちのシングルたちは活気に満ちていて、人口統計的に多様で、考慮に入れなければならない一大勢力です。
>
> 「シングル」の定義は実に複雑です。自身の選択によってシングルでいる人たちもいれば、状況によってシングルになった人たちもいる。法的にシングルの人もいれば、象徴的な意味でシングルの人もいる。永遠にシングルで生きていく人たちもいれば、今だけ

の人たちもいる。ひとつのグループとしてシングルの人たちをまとめることは、非常に困難です。

こういう大きな、ほとんど解決不可能な問題にアプローチするとき、最良の方法は、細かいことは考えず、高く飛び上がって、声をそろえて叫ぶことだったりします。「私たちはここにいる！」ってね。それをもう一回やってみる。何度でもやるだけです。[3]

今からほんの20～30年前には、シングルであることを祝うなんて、想像すらできなかった。だが、その間に結婚という制度は根本的な変化を遂げ、それが現代社会のあり方をも変えつつある。

中国におけるシングルの日「光棍節」も、理由もなく突然出現したわけではない。中国の一世帯の平均人数は１９４７年には5・4人だったが、２００５年には3・1人と急激に減少した。これは中国の農業社会から現代社会、そして都会的社会への変貌の時期と一致している。[4]

たとえば、今の中国の若い人たちは、子どものころには農村でおじやおばたちも同居す

＊バカイは州の木である「トチノキ」のことで、オハイオ州や、州出身者の愛称でもある。

る家に育ち、みんなで同じ農地で米作りをしていたとしても、今ではまったく異なる世界に生きている。おそらくは空気の悪い大都市の高層アパートメントの小さな部屋に住んで、毎晩遅くまで巨大な工場で働いているかもしれない。

実際、中国では2014年現在、6000万を超える世帯が単身世帯となっている。1982年には単身世帯の数は1700万だった。この間の中国の人口の増加は40%にすぎなかった。[5]

ヨーロッパでは、ミュンヘン、フランクフルト、パリなどの主要都市の50%を超える世帯がシングルだ。[6] アメリカでは、1950年には成人の22%がシングルだったが、今ではその数字は50%を超えており、[7] アメリカで生まれる赤ん坊の4人に1人は一生結婚しないと予想される。[8]

同時に、子どもが生まれる前に両親が結婚していることは、先進国では以前ほど当たり前のことではなくなっている。アメリカで、結婚している両親と暮らしている子どもの割合は、1960年代のはじめには87%だったが、2015年には69%まで低下している。[9]

日本

シングルの台頭する世界の最先端といえる国は、おそらく日本だろう。

日本の国立社会保障・人口問題研究所による統計[10]をみると、未婚の18～34歳の日本人のうち、交際している異性がいない人の割合は、男性では70％近く、女性では60％近くになっている。

この数字は、2010年と比較すると約10％の上昇で、2005年と比較するなら、およそ15～20％も高くなっている。それどころか、男性の約30％、女性の26％は恋愛をしたいとも思っていないと回答している。

また、セックスの経験のない人の割合は40％を超えている。

2006年、人気のコラムニスト、深澤真紀はある記事のなかで、女性と性的な関係をもつことに興味のない男性が増えているとし、このような男性を「草食男子」と名づけた。

日本語では、性的な関係への欲望を「肉欲」と表現することから、男性を「草食」と表現することは、その人が女性との関係をもつのに消極的であることを意味している。

また、「草食男子」の出現は、日本のそれまでの「男らしさ」の概念が根本的に破壊されたことを暗示している。奇跡の経済発展を遂げた戦後日本の、精力的で、繁殖能力の強い男性像が力をなくし、失われてしまったということだ[11]。

「草食男子」は二〇〇九年の日本の「新語・流行語大賞」トップ10に選ばれ、二〇一〇年には、すでにごく普通の名詞として受け入れられていた。[12] 流行語は短命に終わることが多いが、「草食男子」は今でも一般に用いられている。ある統計では、20代、30代のシングル男性の75％が自分は「草食男子」だと回答するまでになっている。[13]

このようなトレンドは、特に先進諸国では急速に広まっている。後に詳しく述べるが、先進諸国では、シングルの増加の要因となった事柄が、ほかの地域よりかなり早くあらわれていた。

個人主義、大規模な都市化、長寿化、コミュニケーション革命、そして女性の権利を求める運動などのプロセスが、先進諸国では19世紀後半から20世紀前半にかけてすでに根を下ろし始めていたのだ。

このようなトレンドに対して、短期的に例外の動きがあったのが、アメリカだ。第二次世界大戦と郊外の発展の後、１９５０年代に短い「黄金時代《ゴールデンエイジ》」がもたらされたが、この時期の人々は早く結婚し、出生率が上昇した。[14]

しかし、１９７０年代になると、シングルのライフスタイルがふたたび勢いを増してきた。社会のなかで大量消費主義や資本主義にもとづいた個人主義が強調されるようになり、

図1　30～34歳のシングルの割合（2010～2014）

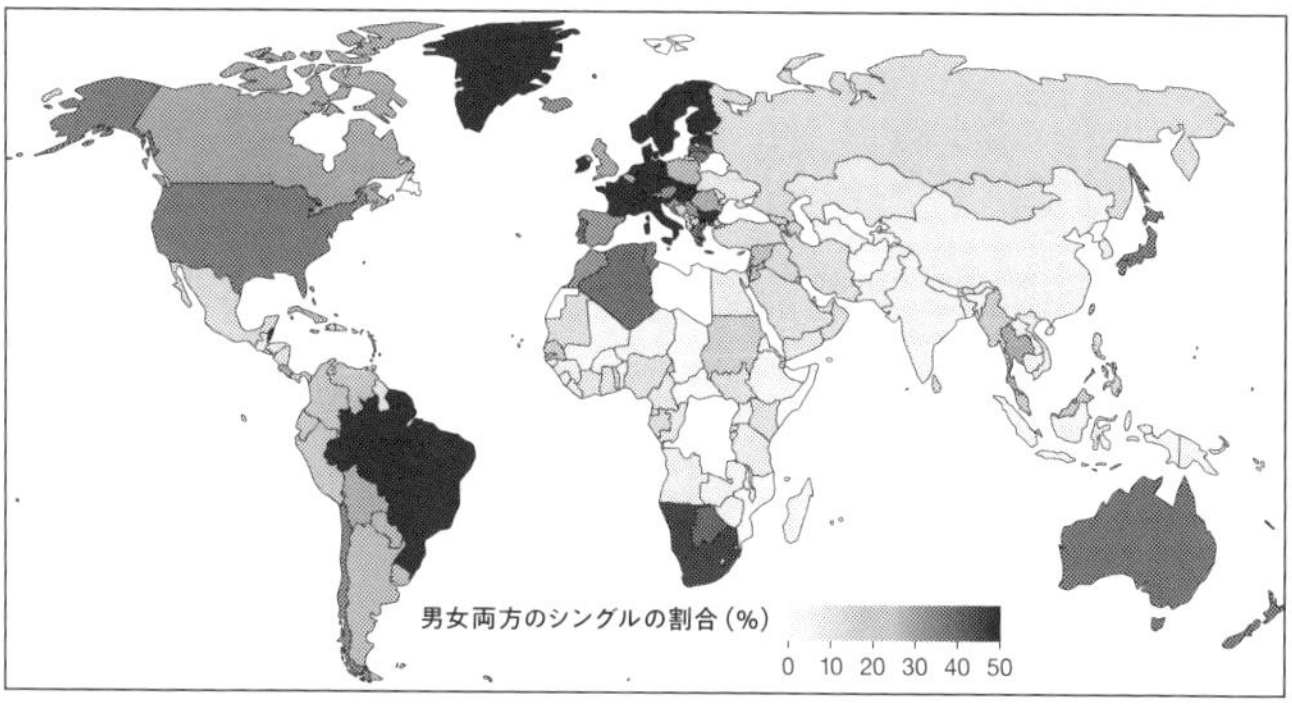

出典：国際連合（United Nations）経済社会局人口部　2015年　世界の結婚に関するデータ（POP/DB/Marr/Rev2015）

アメリカ、ヨーロッパなどの先進諸国に広まったためだ。

こうして、人々はふたたび結婚から遠ざかり、脱家族文化《ポスト・ファミリー・カルチャー》＊への志向が強まるようになった。[15] 国際連合（United Nations）のデータにもとづいた図1の地図を見ても、シングルが世界的現象になっていることがわかる。

地図からわかるとおり、シングル増加の傾向は先進国で特に顕著だが、世界中で広がっている。南米や中東の国々だけでなく、アフリカ諸国でも、ここ数十年のあいだにシングル人口が増加している。[16] インド、韓国、ベトナム、パキスタン、

＊「家族」という単位・枠組みにとらわれず生きようとする傾向。

バングラデシュ、マレーシアなど多くのアジアの国々のデータからも、初婚年齢が上がり、離婚が増えるとともに、ひとり暮らしを選ぶ人が増えていることがはっきりわかる。[17]

実際、多くの国で統計上、最も増えているのはシングル人口だ。[18] これらを踏まえると、ある研究報告が2030年までに世界のシングルの割合が20%も上昇すると予測しているのも驚くべきことではない。[19]

イラン

このような流れは中東の保守的な社会においても明らかだ。たとえば、イランでも、シングルの統計に前例のない変化があらわれている。イランでは伝統的に結婚に関する事柄は、法的、社会的な概念だけでなく、宗教や文化に根ざした期待から強い影響を受け、早く結婚して一生添い遂げ、離婚しないことが当然だと思われていた。

しかし、ここ30年ほどの統計を見れば、イランはマクロ・ミクロ両方のレベルで大きな社会の変化を経験したことがわかる。女性一人あたりの出生率は、1986年には平均7人だったが、2000年には2・1人と劇的な減少を遂げた。[20]

この変化の要因のひとつは、政府が避妊を奨励したことによるものだろう。だが、統計を分析すると、避妊法の知識が普及し、避妊が可能になったことは、出生率低下の原因の61％にすぎず、31％は結婚に関する行動の変化によるものとなっている。[21]

こんにちの若いイラン人、特に女性たちは、かつてより遅い時期に結婚し、早くに子どもを産むのをやめるか、離婚するか、あるいは、まったく結婚しないという選択をしている。

アラブ首長国連邦

保守的な社会でありながら、シングルが劇的に増えているもうひとつの例は、アラブ首長国連邦だ。２０１４年、この国の30歳以上の女性のうち、独身者は60％を超えていた。離婚率は40％で、ほんの20年前と比べて20％も高くなっていた。[22]

結婚の時期を遅らせる、もしくは結婚しないことを選ぶ傾向は、アラブ首長国連邦の男性たちのあいだで１９８０年代にすでに始まっていた。彼らはこの国で習慣となっていた高額の結納金の支払いを避けようと、外国で結婚相手を探したり、結婚せずにいたりするようになった。[23]

こうした現象が広まったため、政府は同国人どうしの結婚を奨励するために基金を設立した。今では、国内の女性と結婚する男性は助成金を受けることができ、さらに子どもがひとり生まれるたびに補助金を受けとることが可能だ。

政府はまた、結婚相手探しや披露宴のためにも、資金を投入している。アラブ首長国連邦政府の公式サイトにはこうある。

> アラブ首長国連邦政府は、安定した、強固な首長国連邦の家族を築き、維持し、首長国連邦の社会的、人口統計的構造を強化するため、男性が同国の女性と結婚することを奨励しています。
>
> このため、アラブ首長国連邦は1992年の連邦法第47号にもとづき、「結婚基金」を創設しました。これは、アラブ首長国連邦の故シェイク・ザーイド・ビン・スルターン・アール・ナヒヤーン初代大統領の社会政策を補完し、統合するものです。
>
> 「結婚基金」に加えて、各首長国に以下のサービスを提供する事業体を設けています。結婚相手探しや披露宴のために、コミュニティーセンターやマジュリス*の会場を提供、結婚前・結婚後のカウンセリング……。[24]

本プログラムが始まって最初の10年間に3万2000家族が助成金の恩恵を受けたが、結婚に関する統計を見ると、この法律制定はシングルの増加を食い止めることはできなかったようだ。

実際、シングルの増加は、中東、アフリカ北部のアラブ諸国、イスラム諸国でも広がっており、バーレーン、サウジアラビア、カタールではアラブ首長国連邦の結婚基金に類似したプロジェクトや戦略があるものの、シングル増加の動きを食い止めることはやはりできていない。[25]

これまでにみてきたように世界のいたるところで、結婚の時期を遅らせ、ひとりで生活し、独身でいることを選ぶ人が増えている。**幸福《ハッピー》なシングル生活を解読するための鍵は、こうした結婚に関する人口動態の変化の背後にあるメカニズムと、その背景特有の要因を理解することだろう。**

これについては、本章の以降の部分で詳しく説明する。しかし、第2章では、幸福なシングル生活そのものについて述べているので、導入部分である第1章の以降の部分をスキップして、第2章から読んでいただいてもかまわない。

＊議会、集会。

私たちはなぜ、結婚に憧れなくなったのか
――背後にある8つのメカニズム

人類の歴史のほとんどをとおして、人生と暮らしは3つの基本的な枠組みで成り立っていた。この枠組みは同心円状に重なっている。

すなわち、核家族、拡大家族（親戚）、そして、家族のグループから成る地元のコミュニティーだ。家族は社会の基礎的な建築ブロックとして、確固たる地位をもっていた。だからこそ、新しい家族の出発点である結婚はその主役だった。福祉、健康、教育、住宅などあらゆる面において今では地方自治体や政府が担っている責任を、かつては家族が担っていた。

人の職業もまた、たいていの場合は家族と区別されず、家族の歴史やコミュニティーにおけるその家族の役割と結びついていた。そうした役割からの離脱は、コミュニティーのなかのバランスを変えたり、破壊したりすることになりかねなかった。[26]

しかし、このような状況は、産業革命と現代福祉国家の誕生を受けて大きく変わった。個人の福祉における家族の伝統的な役割は、かつては必要欠くべからざるものだったが、

この役割はだんだんに国家と市場という新興勢力にとって代わられた。

人が生き延びるために、家族がもう必要不可欠ではないということになれば、家族や結婚のあり方にもだんだん変化が起きてくる。

これから、変わりゆく結婚のあり方の背後にある8つの主要なメカニズムを検討していきたい。すなわち、次のような点だ。

①人口統計上の変化
②社会における女性の役割の変化
③離婚時代におけるリスク回避
④経済の変化・資本主義と大量消費主義の広まり
⑤宗教的価値観の変化
⑥文化的変化
⑦都市化
⑧国境を越えた移民

これらの8つのカテゴリーは、網羅的なものでも独立したものでもなく、おたがいに関係しあい、影響しあっている。しかし、特に重要な点は、これらの要因が同時に進行していることだ。

シングルの増加は、本物の、そして持続的な事態であり、いまやこれを止めることは不可能になっている。私たちはこの現実を直視し、受け入れ、幸せなシングルの時代への道を開かなければならない。

①人口統計上の変化

人口統計における各集団の構成の変化は、シングルの増加におおいに拍車をかけてきた。ひとつの大きな変化として、世界中の出生率の大幅な低下がある。

経済協力開発機構（ＯＥＣＤ）のデータベースによれば、出生率が目に見えて低下している国の一例はメキシコだ。女性一人あたりの出生率は１９７０年には６・６だったが、２０１６年には２・２まで下がっている。同じ時期に、インドネシアでは５・４から２・４、トルコでは5から２・１への低下となっている。[27]

欧米諸国ではこのような変化はもっと早く起きていた。ほとんどの欧米諸国で、出生率は１９７０~80年代に人口の維持に必要な出生率を大きく下回るようになった。[28] こんにちの数値は前例のない低さとなっている。

たとえば、スペインの出生率は1・3、イタリア、ドイツ、オーストリアは1・4、カナダは1・6、オランダとデンマークは1・7、アメリカとイギリス、オーストラリアが1・8となっている。[29]

出生率の低下は、シングルの人数をさらに増加させるさまざまなプロセスを引き起こす。第一に、子どもの人数が減れば、結婚の時期を遅くすることが可能になる。出産可能年齢を考えるときに、ひとり目、あるいはふたり目の子どもを産む時期までを考えれば十分なので、6人目、7人目を産む時期まで考慮する必要はなくなる。よって、子どもを産み始める時期も遅くすることが可能になるわけだ。[30]
第二に、子どもの数が少なければ、離婚してひとりで子どもを育てなければならない場合の重荷は小さくなる。[31]
第三に、出生率が下がったことで、結婚する必要はない、あるいはパートナーも必要がないと考える人たちも出てくる。子どもをもつとしても、シングルペアレントとして、ひとりかふたりの子どもを育てることは、6人育てるのに比べれば、そう大変なことには思われないからだ。[32]

第四に、出生率低下の影響は新しい世代に受け継がれていく。少人数の家庭に育った人たちは将来、同じように少人数の家庭を作る場合が多い。こうして、このプロセスはどんどん受け継がれていく。[33]

シングルの増加に関係のあるもうひとつの人口統計上の変化は、平均余命の延長だ。現代医学の奇跡が平均寿命を大幅に延ばしている。先進国ではそれが特に顕著だ。その結果、高齢の人たちがひとりで生きる時期も長くなる。[34]

1940年には、アメリカ人の約11％が65歳以上だった。その割合は1970年代までに約17％に達し、2010年時点では21％と推定されていた。[35] 経済協力開発機構（OECD）の2017年の統計によると、加盟国の出生時の平均寿命はすでに約80歳となっている。[36] **私たちの生きる年月が長くなったということは、離婚した後や、配偶者に先立たれた後にひとりで生きる年月も長くなるということだ。**[37]

たとえば、「ヨーロッパにおける健康、加齢および退職に関する調査」（SHARE／Survey of Health, Ageing and Retirement in Europe）によると、2015年には、ヨーロッパの75歳以上の人たちのうち、57％が配偶者に先立たれていた。[38] また、2010年に離婚した年齢が高めのアメリカ人（この場合は50歳以上）の数は、1990年の2倍だった。[39]

発展途上国でも、平均寿命の急激な延びによって高齢人口の拡大が予測されており、これもやはり、シングル人口の急激な増加につながるだろう。たとえば、中国の平均寿命は１９９０年の68・5歳から、２０１０年には74・8歳まで延びている。当然、高齢のシングルの割合もかなり高くなっている。[40]

さらに、このような現象によって、高齢になってからひとりで暮らす場合の肉体的、経済的、社会的困難が、もっと若い世代の人たちに社会的、財政的な重荷を課すという連鎖反応が引き起こされている。[41]

このような重荷のせいで、今度は若い人たちが婚期を遅らせ、人間関係上の責任を避けるようになるケースもある。中国の場合、この現象はとりわけ顕著になっている。ひとりっ子政策のせいで、高齢世代と若者世代の人数のバランスが著しく崩れているからだ。[42]

男女の割合がシングルの人数に大きな影響を与えている地域もある。男女の割合がアンバランスになっていると、その地域内で配偶者を見つけることが困難になり、結果としてシングルの人が増える。

たとえば、インドでは、男性１００人に対して女性が62人しかいない地域もある。[43] インドの北西部にあり、国内でも最も経済的に恵まれ、発展しているハリヤーナー州でさえも、男女の割合はおそろしく歪《ゆが》んでおり、男性100人に対する女性の人数は88人でしかない。これほど男女比のバランスが崩れていると、当然、若い男性のなかには結婚相手を見つけられない人たちもいる。

状況があまりにも深刻なために、2015年、インドのとある地方自治体は、農村の人たちが地域内で結婚相手を見つけられるように、カーストの異なる人どうしの結婚を禁じる法律を緩和する決定を下している。これは伝統を重んじるインドでは前例のない動きだ。[44]

こんにち、男女比に不均等が生まれるのは、以下の3種類の状況の場合だ。

第一に、中国、韓国、それにインドの一部や、世界中のあちこちのコミュニティーで、人々が極端に男児を望むために不均等が生じている。[45]

第二に、国内での移動や外国への移民の動きのなかに、男女比の偏りがみられる。たとえば、ユーロスタット（Eurostat／ヨーロッパ連合統計局）の2016年の報告によると、ヨーロッパへの亡命希望者のうち、14〜34歳の75％、35〜64歳の60％が男性だった。[46]

このような偏りによって、少なくとも彼らが言葉や文化の壁を乗り越えるまで、自分たちのコミュニティー内における彼らの選択肢は限られたものとなる。

第三に、大都市に向けた国内での移動も、不均等な男女比の原因となっている。たとえば、ウィリアムズ・インスティテュート*の報告によると、大学教育を受けた女性や、同性愛者の男性は、アメリカでは大都市に多く集中している。[47]

ニューヨークのマンハッタンでは、大学卒の独身女性の人数は大学卒の独身男性より約32％多い。さらに、マンハッタンに住む男性のうち、9～12％が自分はゲイだと認識している（これに対して、マンハッタン在住の女性のうち、自分はレズビアンだと認識している人は約1～2％である）。当然、こうなるとマンハッタンの女性にとって、パートナーになる可能性のある男性の人数は少なくなる。

このような近年の人口統計の動きが、結婚制度を支える土台を変えつつある。そのなかには、出生率の低下や平均寿命の延長のように、多くの研究者が今後も続くと予想していて、過去のようにはもう戻らないと考えられるものもある。[48]

その一方で、男女比の偏りなどのように、一時的な現象かもしれないと思われるものもある。移民のその国への同化のような進行中の社会のプロセスや、中国におけるひとりっ子政策のように政府がすでに撤回した政策などが関わっているからだ。

とはいえ、これらの要因はすべて組みあわされて、それまでの家族の土台となっていた

＊カリフォルニア大学ロサンゼルス校法科大学院に設立された、性的指向・性自認に関する法と公共政策についての研究所。

ものを破壊しつつある。

②社会における女性の役割の変化

シングルの増加に寄与しているもうひとつの大きな要因は、20世紀のあいだに起きた女性の社会的役割の根本的な変化だ。[49]

特に欧米では、男女の平等が進み、結婚しなければならない、子どもを産まなければならないという、女性が受けるプレッシャーが以前ほどひどくはなくなっている。

同時に、女性が専門的な職業や学術の世界で活躍できるチャンスも多くなった。過去には、女性たちは結婚に関する選択肢をあまりもてなかった。財政的に男性に依存していたからだ。自活し、あるいは自分で子どもを養育することのできない女性は、財政的にやっていくためには家族のなかで生きていくしかなかった。[50]

しかし今では、とりわけ欧米の労働市場では、男女の平等が進み、伝統的な人間関係の外で活躍できる女性が増えてきた。これにより、結婚せず、家族よりキャリアを優先する女性たちも増加している。[51]

結婚率を引き下げている別の要因として、教育システムにおける女性の社会進出も挙げられる。
ある研究では、女性の高学歴化と初婚年齢の上昇には強い関係があることが示唆されている。[52] また、複数の研究からは、選択できる職業の多様化と、女性が出産の時期を遅らせたり、出産を避けたりする傾向のあいだの関連性も明らかになっている。[53] 大学在学中、あるいはキャリアの初期の段階にある若い女性たちが、結婚したり、母親になったりする準備ができていないと感じていることも、こうした風潮の背景といえるだろう。[54]
さらに、シングルの女性に対する世間の見方も昔ほどは批判的でなくなっている。独身の女性たちの社会的グループや活動が誕生し、「オールドミス」という汚名《スティグマ》に対抗できるようになった。独身女性がかつてのように「自分は社会のアウトサイダーだ」と感じる必要はなくなっている。[55]
このように、シングルの女性は今でも社会的にネガティブな決めつけをされることはあるものの、新しい価値観や考え方により、自分の意志でシングルであることを選び、その決断によって決定権を得ていると感じる女性も増えている。

法律によって女性を差別し、女性が自分の意志で離婚することを禁じているような、伝統的な社会においてでさえも[56]、女性の権利拡張の動きがみられ、家族の構造と家族関係の形成に影響を与えている。[57]

たとえば、アラブ社会の女性たちも徐々に権利を拡張している。特に、2010～12年にかけての「アラブの春」運動に前例のない人数の女性たちが参加して以降のことだ。[58]その後、アラブ世界の一部では逆行のプロセスが進んでおり、若い世代は以前より保守的になっているが[59]、それでも女性の地位の上昇は続いており、女性たちは結婚の時期や相手について、以前より独立して行動するようになっている。それによって、出生率は急激に低下し、初婚年齢は着実に上昇している。[60]

結婚したいと望んでいる女性であっても、自分にふさわしいパートナーを見つけられるとは限らない。女性の地位と独立性の向上が気に入らない男性たちもいる。彼らはもっと伝統的な価値観をもった女性を求める。[61]このような従来からある期待は少しずつ変化してはいるのだが、多くの社会では今も当たり前のことであり、結婚のあり方にマイナスの影響を与えている。[62]

また、女性が恋愛を始め、結婚し、家庭を築くという決断をする際に、最近では医学や科学技術の進歩の影響も受けるようになった。不妊治療が以前より効果を上げるようになり、治療も受けやすくなったことで、妊娠する可能性が高い若いうちに結婚して、家庭を築かなければならないという女性に対するプレッシャーは減少してきた[63]。

独身女性が不妊治療を受ける場合にも助成金を出す国もある。そうなると、子どもをもつという選択肢も増える。結婚していなくても不妊治療のサポートを受けられるということになれば、子どもは欲しいが、もっと後に結婚したいと希望する女性たちは、余裕を持って結婚・妊娠に備えることが可能になる。

実際、介助生殖技術に関わる保険の補償範囲についての調査によると、不妊治療を受けられる人の増加と初婚年齢の上昇には相関関係がある[64]。補償範囲の広い保険に加入できる裕福な層の場合は特にそうだ。

子どもをもちたいが、ひとりで育てたいと望む女性は、精子バンクを利用することもできる。精子の提供者を明らかにして、提供者と受けとった女性のつながりに恋愛のような要素を付け加えることによって、精子の提供に強い感情的な特徴を与える精子バンクもある。

このような変化は、家庭をもつことに関する独身女性の選択を容易にさせている。彼女たちは子どものためにもうひとりの親を望み、理想化している場合が多いが、少なくとも、その人がどんな人でありうるか、想像できるようになっているからだ。[65]

③ 離婚時代におけるリスク回避

表立って考慮されることはあまり多くないが、結婚について考えるとき、離婚のリスクは非常に重要な要素だ。

離婚は人生において、感情的、社会的、財政的に、大きな影響をもつ出来事だ。離婚率が急激に上昇すると、いっそ結婚を避けようとする人たちも増える。[66]

意識していないかもしれないが、誰でも、自分の人生におけるさまざまな出来事の損得を計算する。個人のウェルビーイング（健康と安心）が重要と考えられている個人主義的な社会では、特にそうだ。計算してみると、**離婚は人の幸福を危うくする一方、結婚はそれほど幸福を約束してくれるわけではない**とわかる。

リチャード・ルーカスらの研究チームが15年という年数を費やしておこなった画期的な研究がある。この研究によると、結婚は一時的に幸福感を増大させるが、2年たつと、たいていの場合、幸福感は結婚式以前の基準レベルに戻ってしまう。[67]

この根拠として、ウェルビーイングの感覚と関連がある脳内の化学物質フェネチルアミンが挙げられているのは驚きだ。[68] 研究チームによると、幸福感（ならびに性的活動の頻度）の低下は、ニューロン（神経単位）がフェネチルアミンの効果に慣れてしまうか、時間の経過によってフェネチルアミンの量が減少するか、どちらかの原因によるものだという。[69]

結婚は、たとえほんの少しだとしても、長続きする幸福感を与えるという研究結果を発表した研究者たちでさえも、[70] 結婚時の幸福感の上昇は選択効果によるものにすぎず、いつも不機嫌な人々が結婚によって幸せになるというよりは、もともと幸福感の強い人々のほうが結婚しやすいことを認めている。[71]

対照的に、離婚によるマイナスの影響はもっと長く続くものだ。ルーカスは、結婚に長続きする効果があることを認めていない。一方、離婚の場合は、幸福感は離婚という法的行為より前に低下し、離婚によって底打ちし、それからゆっくり回復するが、結局もとの基本ラインには戻らないという。[72] この点は、その後の研究でも確認されている。[73]

結婚には、たとえ小さいにしろ、長続きする利点があると主張する人たちでさえ、離婚が幸福感を減少させる程度は、結婚が幸福感を増大させる程度より高いことを認めている。[74]

これらの発見は、結婚は人が考えるほど幸福に貢献していないという現実を反映している。第一に、結婚してから2年間で、満足感は基本線のレベルに向かって急降下する。第二に、離婚した人たちは従来にも増して不幸せになる。彼らの幸福感は基本線の下に沈んでしまい、ずっとそのままだ。

若い男女は計算ができるから、結婚に対して注意深くなっている。昔ほど伝統に縛られず、人々が昔に比べて自分のウェルビーイングのことを考えるようになった時代にあって、男性も女性も、リアルな結婚の包み紙になっていた空想上の利点をはぎ取って、「もしかしたら、結婚はそのリスクを考えてみると、する価値がないものかもしれない」と結論づけるようになったのだ。実際、そのリスクは大きい。最近のデータでは、欧米諸国の夫婦の40〜60%が離婚しており、発展途上国も急ピッチでそれに追いつこうとしている。[75]

離婚のリスク回避は、社会のなかのシングルの人数に直接的、間接的な、そして、長期的な影響を与えている。

直接的な結果としては、離婚という行動が以前より広まると、結婚率が下がる。[76]

一方、間接的には、離婚を嫌う行動によって、結婚している家庭以外で育ったり、離婚後のひとり親家庭に育てられたりする子どもの増加につながる。その結果、結婚していない親の子どもたちは、結婚している親の子どもたちに比べれば、結婚にあまり興味がなく、結婚しなくてもいいと考える割合が高い。[77]

そういった意味で、離婚回避の戦術は、間接的ではあるが、必然的にその戦術のプロセス自体を長続きさせ、シングル生活を志向する方向へと社会の意識を変えていく。

また、リスクを回避する傾向によって、結婚を完全に拒否はしないが、遅らせようとする人たちも多くなる。しかし、皮肉なことに、結婚する時期を遅らせる人たちのほうが、はるかに離婚率が高い。32歳以降の結婚の場合、結婚年齢が1年上がるたびに離婚の可能性は5％高まることが、統計からわかっている。[78]

つまり、若者が離婚を回避したいという理由で結婚したがらず、30代になってから結婚した場合、むしろそうすることによって、離婚の可能性は大きくなってしまう。

こうして、離婚がさらに広まると、そのこと自体がほかの人たちの結婚を抑止する要因になる。ほとんどの先進国で、平均初婚年齢は30歳近く、あるいは30歳以上になっている。この現象によって、離婚率はさらに上がるものと思われる。

リスクを回避する戦略として結婚を避ける傾向は、その社会のタイプによって異なった様相をみせる。

保守的な国々では、共同体の絆《きずな》が強いので、離婚はタブーであり、不名誉の烙印《らくいん》を押されるため、結婚を抑止する要因になる。離婚という、その社会では非常にネガティブな事柄を避けるために、リスク管理戦略として人は無意識のうちに、青年期をなるべく長引かせようとしたり、結婚のタイミングを遅らせたりしたくなるわけだ。[79]

保守的な社会では、未婚の男女の同棲《どうせい》は批判される。そのため、このような社会では、どんなタイプの関係であれ、人々が男女の恋愛関係を公然と始める時期は遅くなりがちだ。もっと個人主義的な社会の場合は、離婚回避は結婚の代替として同棲の形式をとることになる。[80] 同棲は、一連の恋愛関係を自由に始めたり、終わらせたりすることを可能にするし、それらの関係に縛られないでいられる。

こうして、リベラルな国々では、同棲が受け入れられ、同棲中の人たちが増えると同時に、配偶者のいない人たちも増えることになる。

1998年、オランダの議会（第二院）は届け出られた同棲関係を法的に認めた。オランダはこのような政策を早期にとった国々のひとつだ。当時、この議決は画期的な政策だと考えられていた。

とはいえ、この立法措置が人々の恋愛関係の形成に根本的な変化をもたらしたとは限らないという研究者もいる。この立法措置の影響を明らかにするために、評価研究が実施された。7チームのフォーカス・グループに分けられた40人の参加者にインタビューしたところ、参加者たちは、同棲は結婚ほど拘束力がなく、永続的でもないので、より多くの柔軟性と独立性を与えてくれるゆえに、リスク減少戦略になることに同意していた。

言い換えれば、特にオランダの離婚率の高さを考えるとき、リスクを減少させる戦略としての同棲は、結婚を代替するものとなっているわけだ。[81]

離婚への不安と独身志向とのあいだの因果関係は、それぞれの国のなかでも、統計的グループによって異なる。

アメリカの場合、結婚という制度への信頼も、離婚への不安も、マイノリティーであるかどうかや教育レベル、性別、社会経済的地位によって違っていることが、いろいろな研究からわかっている。

たとえば、ある研究では、性別と社会階級の違いによって、離婚観にどのような差異があるかを調査した。[82] すると、参加者全員の3分の2を超える人たちが離婚の心配をしており、特に労働者階級の女性たちが結婚に懐疑的だった。彼女たちの場合、離婚による社会的、財政的な重荷が大きいからだ。

したがって、社会によっては、離婚のリスクを嫌う人の割合、そして、シングルで生きている人の割合のどちらも、低所得者のあいだで急激に上昇していることは、驚くべきことではない。

このような社会経済的な要因は、完全に均一なものではないにしても、さまざまな状況下で確認されており、シングルであることと経済には複雑な関係があることがわかる。[83]

④経済の変化・資本主義と大量消費主義の広まり

1999年に刊行された山田昌弘の『パラサイト・シングルの時代』は、30代になっても親と一緒に暮らしている独身の人たちが増えているという、当時としては衝撃的な事実を報告し、世間の注目を集めた本だ。[84]
山田の造語である「パラサイト・シングル」とは、20代以降も親と一緒に暮らすことによって、お金を節約し、家賃を払わずにすんでいるだけでなく、家事の分担における責任も避けている独身の人たちのことを意味する。
山田によれば、1995年当時、日本では約1000万人の若い男女（20〜34歳）が「パラサイト・シングル」の定義に該当していた。今では、「パラサイト・シングル」の数は約1300万人と、全人口の1割程度となっている。* ある調査によると、20〜34歳のシングルの日本人のうち、男性の60％、女性の80％が「パラサイト・シングル」に該当する。[85]

このようなライフスタイルを選んでいるのは、日本の若いシングルだけではない。英語圏でも、「地下室の住人」(basement dwellers) という言葉がある。「パラサイト・シングル」とだいたい似たような意味だ。イタリアでは、彼らは「バンボッチョーニ」(大きくなった赤ちゃん) と呼ばれている。

これらの呼び方には、人を馬鹿にした、受け入れがたいニュアンスがあり、独身の若者たちとその家族がおこなっている選択を侮辱するものだ。しかしそれでも、これらの呼び方は、ある意味で、経済とシングルであることの関係をあらわしている。

こういう人たちが増えているということは、これらの若いシングルの多くが自分の収入を自由に使うことができ、楽しく、経済的に安定したライフスタイルを選べるということでもある。対照的に、親の家から出たり、結婚したりすれば、このようなちょっとした豊かさをあきらめなければならなくなる。[86]

とはいえ、経済がシングルの人たちに与える影響は実に多様だ。そして、こんにちの世界では、すべての道がシングルの増加につながっているようにみえる。彼らの条件が経済的困難であろうと、安定であろうと、発展であろうと、どの場合でも、彼らにとってはシングルでいるべき理由は明らかだ。

*2015年の国勢調査によれば、親と同居している20〜34歳の未婚者は812・7万人、同じ状況の35〜54歳（1995年時点で15〜19歳および20〜34歳だった人々）の人数は453・7万人で、合わせて約1266万人（編集部補足）。

経済的困難と近年の金融危機も、シングルの人たちの恋愛や結婚に対するアプローチに影響を与えてきた。多くの独身の人たちが、家族を養っていけないのではないかと心配して、結婚する時期を遅らせている。[87]

男性でも女性でも経済的に不利な状況にある人たちは、たとえ、結婚をよいものだと考えていたとしても、自分が財政的に安定し、結婚生活を維持でき、離婚を避けられる能力があるとは信じられないでいる。

多くの社会で、財政的安定は結婚の前提条件だと考えられている。[88] だから、経済危機の時代や、雇用のチャンスが不足している時代に生きる若い人たちは、そうではない時代に比べて、人生の長い時期を独身で過ごすことになる。[89] 財政的に安定するために必要な時間と資源が、恋愛関係に捧《ささ》げる必要のある献身の程度と競いあっているのだ。

2008年の金融危機以後、ヨーロッパのなかでも、スペインやイタリアのような国々では、若い人たちが金融危機そのものに加えて、高騰する住居費にも苦しんでいる。ヨーロッパでは、住居費が可処分所得のかなりの部分を奪ってしまうこともあるので、多くの若者が結婚のタイミングを遅らせ、恋愛に最も適した年月を、お金を稼ぐことに費やしている。[90]

実際、こんにちのバルセロナやミラノでは、成人した独身の人々がパーティーの後に車のなかでセックスしているのを見かけるのも珍しいことではない。彼らはほかに行ける場所がないから、車中でセックスしているのだ。その夜が終われば、彼らは家に帰る。彼らの両親の家に。

たとえ、政府が若者の経済的な不安定を軽減しようと努力しても、独身の人たちは急いで結婚しようとはしない。ここでは、別の論理が働いている。誰かと一緒に暮らすことによる金銭的なメリットが少なくなっているから、若い人たちはあえて結婚を選ばないのだ。たとえば、進んだ福祉国家であるスウェーデンでは、多くの人たちが高校卒業後、個々にアパートメントに入居して、少なくとも財政的には、独立して暮らせるようになっている。若者たちにとって、このことはシングルのままでいる理由のひとつになっている。ストックホルムの単身世帯の割合が60％と、世界でも最もその割合が高い都市なのも不思議なことではない。[91]

経済発展の状況がシングルの増加を促進している場合もある。その好例はインドだ。インドは今でも伝統的な国だが、経済発展によって、若い人たちが経済的に独立できるようになってきている。その結果、新しい家族のかたちが広まりつつある。[92]

若い人たちの購買力が上昇しているので、今までとは異なり、親から独立して生活することも増えているのだ。[93] 多くの独身のインド人が家庭を離れ、雇用のチャンスの多い大都市に移動している。

また、ひとりで生活することは、経済的に可能になっただけでなく、社会的にも以前より受け入れられやすくなっている。今のインドは、インターネットや映画をとおして触れてきた欧米の価値観に対してオープンになってきたからだ。単身世帯の増加と経済発展、さらに、個人主義の台頭が同時に起きている。そして、個人主義の台頭は、恋愛の進展や結婚のタイミングを遅らせる傾向と関係がある。これについては、続く部分で詳しく述べたい。[94]

どんな経済状況であっても、ほとんどすべてが、結婚制度の崩壊につながっているのは摩訶《まか》不思議としかいいようがない。世界中のどこでも、独身の人たちは結婚をあきらめる口実を探しているかのようにみえる。**お金を節約するためであれ、もっと稼ぐためであれ、独身の若者たちは結婚を商品と考え、「我慢する価値のあるほどの利益はない」という結論に達する。**

とはいえ、経済には、単純な「収入／支出」の計算よりはよほど深い意味がある。経済の背後にある価値観と文化的な基盤、それらがシングルの増加に与えている影響については、以降の部分で検討する。

親と一緒に暮らし、独身のままでいることで自分の可処分所得を最大化しようとする若い日本人について書かれた人気の書籍については、すでに紹介した。[95] しかし、「パラサイト・シングル」という言葉は侮蔑的であり、彼らの真の優先事項をとらえたものではない。

こんにちの日本の若いシングルの人々は、これまでとは異なる好みをもち、自分にとっての優先事項を配列しなおしたのだ。彼らは恋愛関係を始めるより前に、友人と時間を過ごしたり、キャリア上の目標を追い求めたり、ファッションの好みを追求したりしたいと考えている。[96]

調査によれば、このような選択は単に経済的な配慮からのみ、おこなわれているわけではない。価値観の変化によるものでもある。実際、独身の18～34歳の日本人のうち、男性の約30％、女性の26％は異性との交際を望んでいない。[97]

その一方で、伝統的な価値観や家族を重視する価値観は、ほとんど大量消費主義にとって代わられている。

このように、こんにちの日本は、価値観のシフトのひとつの典型的な例となっている。伝統や宗教から離れ、市場を志向し、キャリアを重視した、大量消費主義の文化になっているのだ。[98]

日本は極端な例だとしても、世界中で、資本主義や大量消費主義のトレンドがシングルの増加を助けている。ここには複数の要因が働いている。[99]

第一に、大量消費主義が優勢になると、自分の属する社会、文化、家族に対して果たさなければならない責任が少なく、自由市場で売り買いをする人々がもてはやされる。その一方で、大量消費主義は、他者の利益よりもむしろ、自分の利益を追い求める者を解放する。だから、彼らは伝統的な価値観を避けるようになる。個人主義と自己実現の考えが広まると、人々は、結婚が本当に自分の役に立つだろうかと考え直すようになるのだ。こうして、キャリアは以前より重視されるようになり、自己実現や女性の独立に関連づけて考えられるようになる。

結婚している人たちのほうが財政的には優位に立っていることを示す調査結果も出ているのだが、[100]家庭を築くことによる再生的なインセンティブよりも、個人主義的な好みをもつ独立した消費者でいることを選ぶことのほうが重視されるようになっている。[101]

第二に、資本主義は人々に多様なライフスタイルの価値を認識し、比較することを奨励する。ひとり暮らしを可能にする収入の上昇とともに、プライバシーは望むべき利益と考えられるようになる。[102]そういう意味で、資本主義は同時に二つの状況を生み出す。

ひとつ目の状況は、伝統的な価値観がもっと合理的な思考法にとって代わられ、人々は自分の好みを優先し、それに価値を見出《みいだ》すようになるというものだ。そして、もうひとつは、資本主義のシステムによって富が増大し、人々は自分の価値観に沿った生き方ができるようになるので、しばしば結婚より独立、家庭生活よりプライバシーを選ぶようになるという状態だ。[103]

第三に、労働分業と労働市場の変化によって、新しい柔軟性と機会が生まれる。人々は家族の職業の外で働き始め、仕事は緊密な家族の輪から分離される。さらに、家族のビジネスを継続するために子どもをもつ必要も、親を扶養する必要も、以前ほどではなくなる。それればかりか、こんにちのグローバル化された世界では、機動性と地理的な柔軟性を必要とする職業もある。そういうわけで、多くの若いプロフェッショナルたちにとって、結婚はキャリアの発展の障害となってしまう。[104]

市場はシングルのライフスタイルを好むとさえいえる。独身者は家族に比べてはるかに多くの資源を消費するからだ。彼らは不動産市場も高騰させる。ひとり暮らしのできるアパートメントの需要が増えるためだ。

アメリカのある報告によると、ひとり暮らしの人は4人家族で暮らす人に比べて、ひとりあたり、農産物を38％、包装を42％、電気を55％、ガソリンを61％多く消費しているという[105]。

特に、離婚した人たちは、成長の可能性の大きい市場だとみられている。カップルが別れれば、ふたりのシングルになり、彼らは必要に迫られて、いろいろな製品を以前より多く消費する。またほとんどの場合、彼らはルームメイトなしのひとり暮らしのための新しい環境を必要とするからだ[106]。

純粋に経済的な見地からすると、シングルの人たちが大量に物資を消費するので、市場は彼らのニーズに合わせようとするばかりか、彼らの消費スタイルを奨励するようになる。その結果、市場は、人々がシングルでいることをますます支持するという現象が起きる。

このような現象に対する反応が、さまざまなメディアにはっきりあらわれている。一般に、社会のなかでは、シングルに対する差別が根強いが、それにもかかわらず、メディアはアプローチの仕方を変えて、広告でもシングルをターゲットにするようになっている[107]。特に、住宅、デート、旅行の分野だ[108]。その結果、シングルのための消費文化が形成され、それがシングルでいることに対しての、手段と正当性、そして認知度を与えている。[109]

教育

ここで、シングルと教育の関係についても少し触れておきたい。

個人的あるいは職業上の目的のために、結婚を放棄する人たちは、教育レベルの高い人たちであることが多い。

ある研究によれば、ひとり暮らしの人たちのなかで、最も割合が高いのは少なくとも大学卒の学歴をもつ人たちであり（15％）、ひとり暮らしの人たちのうちの過半数が少なくともなんらかの高等教育を受けている。[110]

私自身がおこなった欧州社会調査（European Social Survey）の分析でも、未婚の人たちが最も教育レベルが高いことがわかった。

30歳を超える人たちの層では、結婚している人たちの教育を受けた年数の平均は12・2年だが、離婚した人たちは12・5年、結婚したことのない人たちは13年、そして、同棲している人たちが最も教育年数が長く、平均13・8年となっていた。配偶者に先立たれた人たちの平均が最も短かったが、彼らの場合は年齢が高いので、この分析からは除外した。

これらの数字の背後で働いている力は複雑だ。教育レベルの高さは、結婚率に直接的、そして間接的に影響を与えている。

直接的な影響としては、現在も教育を受けている人たちは、そうでない人たちに比べて、結婚する可能性が低い。つまり、教育レベルの高い人たちは、結婚市場にいる期間が短くなる。

間接的な影響はどうかというと、教育レベルが高いということは、キャリアを重視する傾向が強いということを意味する。[111] ある研究によると、高等教育機関への入学は結婚率だけでなく出生率も低下させていることがわかった。この現象は、在学中に家庭を築くことを奨励する国においても同様だ。[112]

これらの原因として、教育レベルの高さは独立心や個人主義と結びついており、それゆえに、結婚して家庭を築かなければならないというプレッシャーが軽減されていると考えることもできる。[113]

たとえば、教育と認識能力の向上は、寛大な考え方をもつことを促し、もともと社会の体制に従う気持ちの少ない人たちのグループに対して、人権を拡大する気持ちにさせるという研究結果もある。[114]

教育は文化や国の背景を超えて、リベラルな態度を促進するという説もある。[115] 似たような傾向は、個人主義的傾向の強いヨーロッパやアメリカ以外でもみられ、欧米ほどにはプライバシーや独立に価値を置かない社会にあってさえも、教育が結婚のあり方に影響を与えていることがわかる。[116]

また、教育レベルの高さは、キャリアと結婚の衝突の可能性を大きくする。特にパートナーの双方が働いているときはそれが顕著だ。[117] そこでは、①労働市場のなかで生き抜く、②長期的な結婚関係を築く、そして、③職業生活と個人生活をやりくりしていくという複数のニーズになんとか対処しなければならなくなる。[118]

今までキャリアと結婚の衝突の原因と影響を探る研究が数多くなされてきたが、正規教育の最終的な数年間にあっては、結婚に向けた関係構築とキャリアとのバランスをとることが大変な重荷になっていることがわかっている。[119]

そのような状況のなかで、かつてはパートナーを見つけることを重視していた多くの若者が、結婚よりもキャリアを、ひとりの相手との親密な関係よりも、もっと高い学位を優先するようになっている。

さらに、教育レベルの高さは収入の高さと関連している。[120] 社会経済的地位の高さはひとりで暮らすことを可能にするから、やはり、結婚のパターンに影響を与える。

先述したように、プライバシーは公共の利益であり、収入の高い人たちほどそれを手に入れることが容易だ。[121] 教育レベルの高さはたいてい、社会経済的な優位を示しており、その結果、東アジアや北米でも、[122][123] ひとりで暮らす人が多くなっている。

⑤宗教的価値観の変化

信仰心の強い社会では、謙虚さと伝統的価値に重きが置かれることが多く、そのことが家族主義の基盤となっている。
このような社会では、独身でいたり未婚で子どもをもったりするよりは、結婚の時期を遅らせることがよしとされ、婚外のセックスは否定的な見方をされる。[124] 宗教心の強いコミュニティーでは集団主義の傾向が高まることが多いが、集団主義も結婚や家族の価値にとっては特に重要であることがわかっている。[125]
対照的に、宗教を信じない人々はシングルでいることを受け入れやすい。一生結婚しない人や、今のところ未婚である人の数の増加は、宗教をもたない人々のあいだで個人主義が顕著になっていることを示唆している。

複数の研究が示すとおり、宗教の役割の弱まりは、欧米における記録的な非婚者・未婚者数の増加や出生率の低下とも関連がある。[126]

私が欧州社会調査（European Social Survey）を分析した結果でも、宗教を信じない人（0〜10の点数で0）の割合は、結婚している人の12％だったが、同棲中の人たちでは23％、未婚の人では18％、離婚した人では17％だった。

シングルで生きることに反対する宗教団体も、シングルの急増を止めることはできない。たとえば、カトリックの多いメキシコでも、人々の宗教心の強さにもかかわらず、結婚率は大きく下がり、同棲率は上昇している。[127]

イタリアもカトリックに根ざした社会だが、結婚についての考え方に宗教が与える影響は限られている。シングルで生きることは当たり前になっているし、イタリアは世界でも最も出生率の低い国のひとつだ。[128]

その説明として考えられるのは、こういうことだ。**宗教はたいてい、結婚に肯定的だが、宗教的な環境では、結婚、出産、離婚に関する規則が厳しいゆえに人々が結婚を避けるようになっている。**

メキシコでは、将来の別離を容易にしておくために、カトリック教会での結婚の誓いを避ける人たちもいる。[129] 結婚する代わりに、彼らは同棲し、ときに相手を変え、その合間にはひとり暮らしをしている。すでに教会で結婚したが、別れた人たちは、そのままシングルでいるか、あるいは、教会の規則のせいで次のパートナーとは正式に結婚しないままで同棲するしかない。

スペイン、[130] カナダのケベック州、[131] そしてラテンアメリカの複数の国[132]でも似たような状況がみられる。

非常に信心深い人たちのあいだでさえも、近年の社会の自由化、世代的な自由化の流れが、結婚に関する選択に影響を与えている。

たとえば、こんにちのアメリカの福音派の若者たちは、結婚前のセックスに対しても、シングルの生き方に対しても、昔よりリベラルな態度をとるようになっている。[133] その背後にあるのは道徳的権限についての考え方の変化だ。福音派の若い信者は、善悪を判断するのは神ではなく、自分の良心だと考えるようになっている。

同様に、信心深いムスリムや、[134] ユダヤ教徒も、[135] 自分たちのコミュニティーにおける女性の役割の変化を求めている。女性たちは結婚のタイミングを遅らせたり、結婚相手に不満な場合は離婚を選んだりすることができるようになってきている。

非常に保守的なヒンドゥー教徒や[136]、超正統派ユダヤ教徒[137]の場合、結婚は通常、家族によって決められ、結婚年齢も低いのが普通だった。しかし、このようなコミュニティーにおいてさえも、その支配権に異議を唱える人が増え、若い男女は結婚前に紹介しあうことに寛容な態度をとるようになっている。

最も興味深いのは、宗教心の強い環境における結婚観の変化が、コミュニティーや個人のレベルだけでなく、指導者層でも起きているということだ。

特に顕著なのはヴァチカンの動きだ。カトリック教会を去る若者が増えていることへの対応でもあるのだろうが、ヴァチカンは近年、結婚や男女関係に関する事柄に対して寛大な態度をみせるようになっている。[138]

たとえば、ローマ・カトリック教会のゲイに対する発言は、1962～65年の第二ヴァチカン公会議以来、大きな変化を遂げている。同性愛の行為自体（同性愛的行動）は今でも罪だとされているが、同性愛者は温かく受け入れるべきだというようになっている。[139]

このような自由化は伝統的な家族観を弱体化させる。多くの宗教心の強いコミュニティーに共通してみられるように、ひとりで生活したり、結婚を先に延ばしたり、離婚したりする人たちが以前よりは受け入れられるようになった。また、世界的な傾向もあり、宗教心の強い国々のなかでもシングルの人が増えやすくなっている。

⑥文化的変化

1995年9月21日に放送されたアメリカの人気ドラマ『となりのサインフェルド』第7シーズンの最初の回は「婚約」というタイトルだ。この番組が結婚について発信している会話はこうだ。

クレイマー：「人生にはもっと違うものがあるんじゃないか」って疑問をもち始めたんだな？
ジェリー　：そうなんだよ！
クレイマー：それなら、教えてやろう。そんなものはない。
ジェリー　：ないの？
クレイマー：絶対にない。ジェリー、おまえは何があるって思ってたんだ？　結婚か？　家庭か？
ジェリー　：いや……。

クレイマー：そんなものは刑務所と同じだ！　わざわざ作り出した刑務所だ！　服役するのと同じだぞ。朝起きる。彼女はそこにいる。ベッドに寝に行けば、やっぱり、彼女はそこにいる。トイレを使うのだって、許可をもらわないといけないかもしれないぞ。

1980年代にすでに、「結婚＝幸せ」とは考えない20代や30代のシングルがメディアに登場し、人々の結婚観に影響を与え始めた。[140]そのひとつ上の世代は、男女が結婚していつまでも幸せに暮らす完璧なロマンスの映画や小説、昔話に触れながら育ったにもかかわらず、だ。

1990年代から2010年頃までのアメリカのテレビ業界は、『となりのサインフェルド』『セックス・アンド・ザ・シティ』『ふたりは友達？　ウィル＆グレイス』などのドラマ番組を放送し、視聴者たちは30代やそれ以降でも独身でいる人の姿を見るようになった。

独身の女性たちも主要メディアから称賛されるようになり、彼女たちのイメージは「オールドミス」（spinster）から、「シングル女性」（singleton）へと変化した。[141]

たとえば、テレビ評論家たちは、独身女性たちの友情や文化を高く評価する『セックス・アンド・ザ・シティ』における女性の描き方を革新ととらえた。[142] このドラマは、女性にもなんの義務ももたない性的快楽を楽しむ権利があると前向きに主張していた。『ふたりは友達? ウィル&グレイス』『アリー my Love』『GIRLS/ガールズ』などのドラマでは、ファッショナブルで洗練された独身女性が描かれた。[143]『となりのサインフェルド』『フレンズ』『ビッグバン★セオリー/ギークなボクらの恋愛法則』などの番組のなかでは、シングルの人たちは社交的で、笑いにあふれた生活をし、コミュニティーのような雰囲気の友人に囲まれている。[144]

これはつまり、シングルの人たちやシングルという生き方が映画やテレビ、印刷メディアに描かれるところまできたということである。

そういう意味で、**ポップカルチャーは、シングルが社会的、また文化的に注目を集める存在になったことを反映し、前向きにとらえてもいる。** このプロセスは、若い視聴者が安心してシングルのライフスタイルを選べるようになるという意味で、さらに進んでいくことになる。[145]

これらのドラマは大変な人気だったので、その影響は欧米だけでなく世界各地に広まった。[146]似たような人物像は欧米以外の映画、テレビでも登場した。
その顕著な例が、世界最大の娯楽産業のひとつであるインドの娯楽産業だ。[147]ある研究では、インドのケーブルテレビが女性たちに与えた影響を3年にわたって調査した。それによれば、外国の娯楽番組に加えて、インドのメディアを視聴することによって、自主性が向上した一方で、出生率は下がったという。[148]
ブラジルでおこなわれた調査によれば、独占的なメロドラマ番組のネットワーク「グローボ」を視聴できるようになってから、パートナーと別れたり、離婚したりする女性の割合が急上昇した。[149]その影響は、それまでリベラルな価値観に親しんでいなかった小さな地方自治体に住む人たちのほうが大きかった。
グローバル化が進む世界にあって、個人主義への移行の影響を受けない国はめったにない。[150]多くの社会が、深く根付いた伝統的な家族単位とは矛盾するライフスタイルの影響にさらされている。[151]
こんにちでは、人々はインターネットをつうじても、異なる家族形式と人間関係の可能性を知ることになる。
フェイスブックのユーザーについてのある研究によると、フェイスブックを頻繁に使っている人たちほど、人間関係がネガティブな結果に至ることが多いという。衝突、別離、離婚などの結果だ。[152]

別の研究によると、ツイッターを盛んに使う人たちは、恋愛関係の相手との衝突を起こしやすく、ひいては、浮気、別離、離婚などの事態につながりやすいことがわかっている。[153]

これらの現代的なコミュニケーション手段は、伝統主義や結婚制度に疑問を抱かせる。ユーザーに、もっと別のライフスタイルがあることを教えるからだ。**別の交流の仕方や、感情的な欲求の満たし方があることを知ってしまった人たちは、愛情行為や家族の状況のあり方を考え直さずにはいられなくなる。**

人間の本質が急激に変えられていくとは限らない。むしろ、このようなテクノロジーの進歩が、もとから存在していた人間の欲求をあらわにするというべきだろう。

テクノロジーによって、自分を表現するための、また、自分の根本的な欲求を追求するための、新しい――そしておそらくは、よりよい――方法を手に入れることができた結果として、シングルの人が増えているということだ。

⑦ 都市化

都市の発展も、シングルの増加と緊密な関係がある。このような傾向は北米やヨーロッパの多くの国で特に顕著で、これらの国々の都市では、人口の増加よりも世帯数の増加のほうが速くなっている。首都圏に住むシングルは、それ以外の地域とは比べものにならない速さで増えているのだ。[154]

私がアメリカ合衆国国勢調査（US Census）とアメリカ地域社会調査（American Community Survey）を分析したところ、人口の多いところほどシングルが集中していることがわかった。図2のグラフからも、アメリカのシングル（未婚の人、離別／離婚した人、配偶者に先立たれた人）が大都市に住む傾向があるのがわかる。

首都圏の発展とシングルの割合に関連がみられるのは、欧米に限ったことではない。南アジア、東アジア、南米、そのほかの地域でも、独身の人たちは伝統的な家族のあり方とは違う価値観のなかで生きることを求めて、都市に集中している。[155] 驚くべきことに、アラブ世界、ムスリム世界、それに超保守的なイランにおいても、このような変化が起きており、都市化が家族の自由化と結びついている。[156]

都市化は、さまざまな面で家族構造と脱家族文化に著しい影響を与えている。

経済発展によって、ここ数十年のあいだに、都市部は大きく面積を広げてきた。同時に、世界中で都市部に住む人の割合も上昇している。その結果、都市の住宅価格が高騰し、広

図２　アメリカにおける
婚姻関係の分類による都市の平均人口

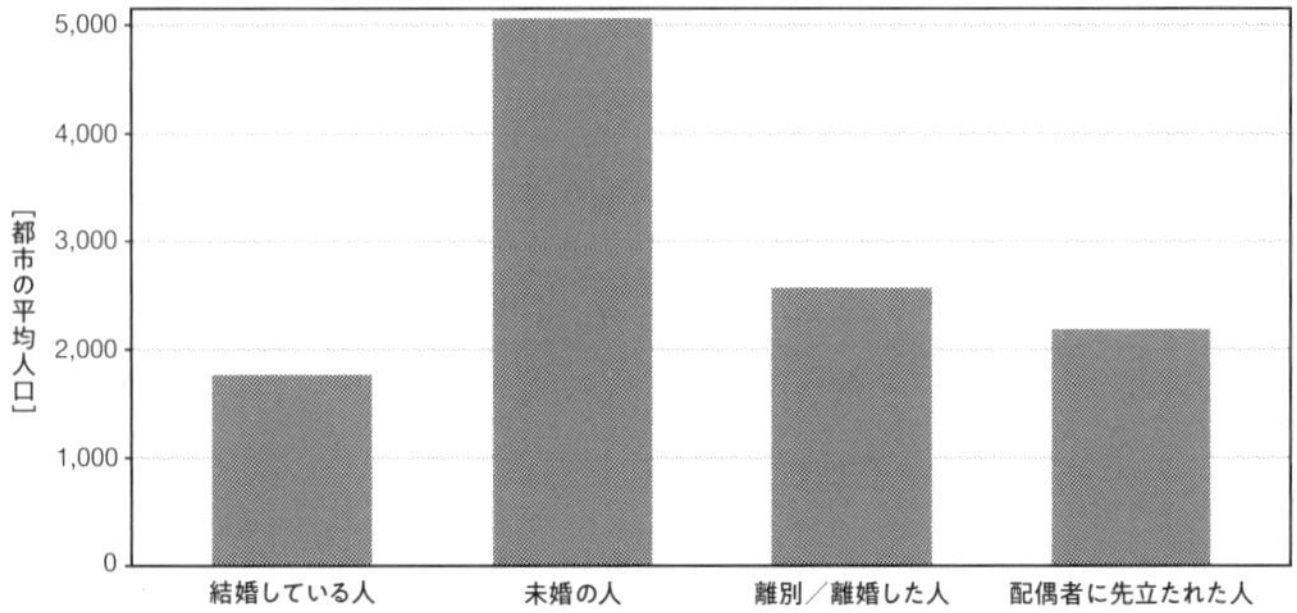

出典：2000年アメリカ合衆国国勢調査（US Census）および2001～13年アメリカ地域社会調査（American Community Survey）

いアパートメントを必要とする家族のライフスタイルにとっては、都市の景観はあまり役に立たないものになってきた。[157]

都市には小さめのアパートメントが大量に供給され、増え続けるひとり暮らしの人々を受け入れるようになった。この過程はいったん始まるとさらに続いていく。[158]

また、大都市やその周辺では住人の増加によって多様性が生まれ、順応主義的、伝統的な価値観を放棄することが正当化されるようになる。都会人のアイデンティティーは前世代とは異なる多様なものになり、ひとつの集団としての様式に当てはまらなくなっていく。多様な社会的意見、個人主義が生じる一方で、家族の価値を放棄する傾向につながる。[159]

このように、都市化は居住環境の多様化をもたらし、その結果、伝統的な家族単位から、より現代的な世帯のあり方への変化が起きると同時に、単身世帯の数が増えていく。[160]

都市におけるシングルの増加は、地方からの国内移住の波によって起きるという面もある。世界の多くの地域で、経済発展と前例のない地理的移動可能性が、都市部への大規模な集団移動を引き起こした。

このような新しい国内移住者たちは、もとからその場所に住んでいた人たちに比べて、ひとり暮らしの割合が高い。彼らはその地のコミュニティーになじんでいないがゆえにパートナーを見つけにくいうえに、早く結婚しろと強制するような親戚からも遠く離れているからだ。都会では社会的、性的、娯楽的な可能性がいくらでもあるという理由も挙げられる。[161] 安定した家庭生活よりも、経済的機会、職業上の発展、人生の探検を求める若者たちにとっては、特にその傾向が強い。[162]

実際、ある研究によると、1980年代にはすでに、アメリカのすべての州で、国内から移住してきた人たちの割合と単身者、未婚の人、配偶者に先立たれた人たちの割合とのあいだに相関関係があったことがわかっている。[163]

中国では、国内の別の土地から北京に移り住んでいる人たちのうち、41%がひとり暮らしで、その割合はここ20年ほどのあいだに急激に上昇した。[164]

このようなプロセスの早期の段階が観察できる興味深い場所のひとつが、アフリカのサハラ以南の国々だ。これらの地域では、最近まで農業に従事し、家族単位で支えあって生きてきた農村や僻《へき》地の人たちが、成長する都市に新しいチャンスを見出し、工業化した職業に従事するために移住している。

彼らが首都圏で見つける仕事のほとんどは未熟練労働の仕事だが、彼らのような新しい未婚の国内移住者たちは、ひとり暮らしができる経済力を手に入れる。結果として、ひとりで暮らす人はどんどん増えている。[165]

同様に、地方に住む家族の一員で、都会で働いて家族に送金している人たちも、親戚から、ときには核家族からも、遠く離れて暮らしている。このような人たちは結婚している場合も多く、都会へ移動したことで夫婦関係の維持には困難が生じるが、その一方で、ほかの関係を見つける可能性を手に入れるので、これもまた、シングルの増加につながる。[166]

さらに、先述したように、都市化、国内移住のどちらも教育の機会と富を増加させるから、やはりシングル人口の拡大を加速させる。

都会のように男女の割合が過剰にアンバランスなところでは、その影響は特に顕著だ。このような場所では、女性たちが大きな前進を遂げ、ひとりで暮らすことに抵抗を感じにくくなるからだ。

そのプロセスの典型的な例は、イエメンに見出すことができる。イエメンでは、経済発展と都市化によって、女子の教育が大きく進歩しており、それにより、本人以外が決める結婚が減り、離婚が増え、初婚年齢が上昇している。[167]

⑧国境を越えた移民

国境を越えた移民も、さまざまな意味で、シングルの増加の一因となっている。

第一に、移民、特に、亡命者や経済移民の場合、仕事を見つけて母国の家族や親戚に送金するために、ひとりで入国することが多い。[168] このことも結婚のタイミングが遅れる要因になる。新しく移民になった人々は、結婚相手を見つけようとするあいだにも、慣れない環境に適応し、困難を克服して同化し、新しい文化のなかで生きていかなければならないからだ。

第二に、移民は農村地域よりも、都会に住むことが多い。都会のほうが経済的なチャンスが多いためだ。[169] 90ページで先述したとおり、都市に移り住んだ移民は、伝統的な価値や家庭の形成をあまり重視しない、リベラルでキャリア志向の社会に出会う。その結果、多くの大都市で移民のコミュニティーが拡大する。

ヨーロッパの大都市のなかには、第1世代、第2世代の移民の人口がすでに半数を超えたところもある。[170] このようなコミュニティーは、新しく移民として到着した人たちに、社交の機会や娯楽を提供するので、彼らは家庭生活がなくても、妥当な代替的選択肢が数多くあると感じられるのだ。

第三に、難民の場合だが、外国への移民は、男女の割合がアンバランスなことが多い。たとえば、多くの移住先で需要の高い建築労働者は通常男性であり、看護・介護の仕事に従事するのはたいていが女性だ。問題は、職業には国による違いがあるということだ。たとえば、中国は多数の建築労働者を送り出しているし、フィリピンなどの国からは看護師が働きに出る。[171] こうした状況下で、異性愛の人が自分の民族のコミュニティーのなかで相手を探そうとすると、アンバランスな男女比のせいで、ふさわしい相手を見つけるのが困難になる。[172]

彼らのような移民は、社会的、文化的な障壁を克服し、自分たちのコミュニティーの枠を越えて受け入れ国の人のなかから相手を探すか、国境を越えて自分たちのグループに属する人と結婚しなければならなくなる。[173]

第四に、私が移民のシングルの人たちにインタビューしたところ、彼らのなかには、ひとりで生きていることにはまったく問題がないと感じていると答えた人たちもいた。

このように、**国境を越えた移民は、もともとは経済的な発展が目的だったにしても、やがては社会的な変質を経験して、自分の好きな生き方を選ぶことが可能になる。**このような移民たちは、家族や故郷のコミュニティーの近くにいることから生じる伝統主義の拘束を受けないですむので、結婚ではなくシングルで生きることも自由に選べるようになる。[174]

幸福《ハッピー》なシングルの時代に向けて

「人々が結婚すれば社会の貧困は解決する」？

1964年、リンドン・ジョンソン大統領は一般教書演説で、「貧困との戦い」を宣言した。

アメリカの貧困率は20％に近づいていたため、貧困をなくし、経済的機会を創出する目的で、医療、教育、福祉における連邦政府の役割を拡大する議案が提出された。[175]

このプログラムが開始されてから数年で、低所得者の食費を補助するフードスタンプ、社会保障の向上、初中等教育への資金投入、アメリカ人のための雇用創出の政策が次々に制度化された。

しかしながら、多くの政策専門家や研究者が、これらの努力は、少なくとも費用対効果の観点からすれば、失敗に終わったものと考えている。[176] アメリカの貧困率は、短期的に下向きになることはあっても、頑固なまでに高水準に留まり続けたからだ。[177]

ある意味では、シングルの人たちはこの失敗の原因になっている。「貧困との戦い」以降の議論のなかで、結婚しているカップルは、シングルの人たちよりも経済的に恵まれており、子どもを養う財力があり、貧困である割合は低いものと想定されてきた。このことは今でも事実だ。[178]

だから、貧困率の上昇と戦うためには、相手を見つけて結婚することを奨励するべきだと結論づける人たちもいた。ジョンソン大統領の政策を分析した2013年のブルッキングス研究所の論説は、まさにそのことを書いている。

若い人たちによる婚外子の出産がなくならない限り、政府による貧困との戦いのための支出はさっぱり効果を発揮できないだろう。

一方、国の福祉プログラムを見直して、結婚を奨励すれば、ジョンソン大統領が思い描いた貧困の減少はついに達成されるはずだ。[179]

この論説の筆者ロン・ハスキンスの言いたいことははっきりしている。私たちが社会を、家族を単位とするものに構築しなおせば、経済的な利点は大きくなり、貧困は減るだろう、ということだ。

驚いたことに、ジョンソン大統領が最初に貧困撲滅の宣言をしてから50年もたっているのに、貧困を独身の人たちのせいにして、シングルの増加を食い止めようと望む人たちが今でもいるのだ。

しかしながら、このような考え方に問題があるのは、シングルであることが、それ自体、公共の利益になっているからだ。**人々が結婚することは、経済的には頭のいい考えなのだとしても、国民に結婚を強いるのは倫理的に正当化できることではないだろう。**

シングルの存在を「社会問題」ではなく、「未来への可能性」にするために

人々はこれまでに述べてきたような多くの理由から、シングルの生き方を選んでいるのであり、そのためには出費もいとわない。

すでに述べたとおり、多くの人々が経済的に安心だと感じられるかどうかとは関係なく、結婚よりシングルの生き方を選んでいるのだ。独立心や個人主義、教育や自由化などすべてがあいまって人々をシングルの生き方へと導いている。

シングルの生き方と争おうとするより、政策立案者も社会全体もそれを受け入れ、最大限に活用するべきだ。

シングルの時代はたったひとつの推進力によって動かされているのではない。こんにち、シングルでいることには多くのメリットがある。だから、いくら差別を受けても、また、国の政策が人々にシングルの生活をやめさせ、核家族の単位を形成させることを無理強いしようとしてもなお、シングルという生き方が牽引《けんいん》力を得ているのは、驚くべきことではない。

これまでに述べてきた①人口統計上の変化、②社会における女性の役割の変化、③離婚

時代におけるリスク回避、④経済の変化・資本主義と大量消費主義の広まり、⑤宗教的価値観の変化、⑥文化的変化、⑦都市化、それに⑧国境を越えた移民の動きと歩調を合わせて、シングルという現象はしっかり根を下ろしつつある。そのうねりはもはや止めることのできないものとなっている。

これらの動きは、シングルが多数派である社会を作り出すとともに、世界中で結婚という制度を粉砕しつつある。人によっては、その力はまだごく小さいものにみえるかもしれない。

公的機関は、今でも社会に深く根ざした伝統的家族の規範を奨励しており、これらの潮流に気づかないふりをしている。政策立案者たちや、まだ関心をもたない大衆にとっては、それがあまりにも異質なものだからだ。いや、むしろ、斬新過ぎるものだから、というべきかもしれない。

これらの多様な力を理解すれば、この新しい社会の情勢に光を当て、どうすればシングルの人たちが幸福になれるかを読み解くことができるだろう。

ここまでで説明してきたすべてのメカニズムを考慮すれば、もはや戻り道はないようにみえる。私たちはむしろ、どうすれば、シングルの生き方が喜びと幸せを生み出せるようになるのか、どうすれば、社会の苦しみの種ではなく、利点になれるのか、それをもっとよく理解する必要があるだろう。

第2章

幸福なシングルシニアたち

未来を正しく理解する

私たちはなぜ結婚するのか？

イヌイットの物語に秘められた「教訓」

イヌイットの神話に、こういう話がある。

ある年老いた女性が家族に見捨てられ、村にひとり取り残された。家族は冬のあいだに食べるようにと数匹の虫だけを置いていったが、年老いた女性は、虫がかわいそうだと思った。

「虫だって生きているんだから、殺してはいけない。いっそ、自分が先に死んでしまいましょう」

女性が虫たちをやさしく見つめていると、彼女の小屋に狐《きつね》が入ってきて、彼女に噛《か》みつき、その皮膚をはぎ取り始めた。しかし驚いたことに、狐に襲われても、女性は痛いとは感じなかった。

体から古い皮膚がはぎ取られると、その下から新しい若い皮膚があらわれた。

どうやら、狐を呼び寄せたのは、虫たちだったらしい。夏になって、家族が村に帰ってくると、年老いた女性はどこにもいなかった。彼女はどこか別の場所で、虫たちと一緒に新しい人生を始めていたからだ。[1]

この物語はいかにも、与えることの力と慈悲の美徳について語っているように思われる。しかし、これがイヌイットの神話による教訓であるとしたら、物語の主人公はなぜ、年老いた女性なのだろう？　そして、なぜ、彼女は家族に置き去りにされたのだろう？たとえば、主人公はお腹《なか》をすかせた男の子で、食べられる虫を見つけたが、自分の食欲を満たすために虫を殺すのはやめて、慈悲の心を示し、そうすることで恩返しを受ける、という話であってもよかったはずだ。この物語は、何かもっとほかのことをも語ろうとしているのではないだろうか。

年老いた女性の物語を聞くことで、私たちは人間の最も恐れることのひとつに思いをはせずにはいられなくなる。それは、ひとりきりで年をとり、見捨てられるという恐怖だ。

この物語の主人公の女性は高齢で、すっかりよぼよぼになっているようにみえるのだが、寒い冬を生き延びるすべを得るだけでなく、新しい味方、新しい友を見つけている。ひとり残されることで、彼女は家族という枠の外にある環境と接点をもつ。

家族が戻ってきた後も、彼女はもう彼らを必要とはしない。彼女はどこか別の場所に移り、高齢期にありながらまったく新しい別の人生を見つける。新たに築いた絆《きずな》と自分のなかにある慈悲の心が、彼女の新しい人生を満たしている。

そう考えると、この物語がイヌイットの人たちのあいだで、世代を超えて受け継がれてきたことも不思議なことではない。

「孤独への恐怖」が人々を結婚へと駆り立てる

この章では、シングルの人たちの幸福について考えていきたい。なぜなら、人々が結婚する理由を考えると、その最も共通の、そして最も深く根ざした理由は、ポジティブなものではけっしてないからだ。

多くの研究からわかったことだが、**人々を結婚へ駆り立てるのは、まさに、ひとりで年**

老いていくことへの恐怖、死ぬときに枕元にいてくれる人が誰もいないことに対する恐怖なのだ。[2]

それはまさにこういうイメージだろう。

年老いた自分が体を引きずるように道を歩いている。ひとりぼっちで、ひょっとすると、病気かもしれないし、話し相手もいないかもしれない。公園のベンチにすわって、鳩《はと》たちにパンのかけらを投げてやり、また今日という一日が終わるのをひたすら待っている。

一日が終われば、リサイクルショップにさえ買いとってもらえないような、がらくたでいっぱいの古くて狭苦しいアパートメントに帰る。シングルベッドでひとりで眠りにつくとき、誰にも気づいてもらえないまま、具合が悪くなったり、死んだりしたらどうしよう、と考える。

私たちの多くが、そんなイメージに苦しめられ、そういう運命から逃れるすべを探そうとする。誰かと結婚して、家庭をもつことは完璧な解決方法に思われる。いつでも、人生の晩年になっても、そばにいてくれる人がいる。そう考えると、慰められ、安心できるからだ。

「結婚」は本当に孤独への「解決策」となりうるか？

自分の不安を和らげるために、ほかの人間を利用するなんて、皮肉なことにも思えるが、これが主な理由となって結婚する人は多い。

トロント大学の研究チームは、寂しさが結婚の動機としてどのように影響するか、7件の包括的、相補的な研究をおこなった。[3] その結果、回答者の40％は、長期的な同伴者がいないことを恐れており、ひとりで年をとることが不安だと答えた人も11％いた。

研究チームによると、回答者たちはこのような不安から、結婚したいと望み、ある面で、あるいは複数の面——たとえば、精神的な支援、知性の同等性、外見など——において妥協した相手を選んでいる。

そうだとすれば、ここで大きな疑問が生じる。**孤独への不安、話し相手が欲しいという希望に対して、結婚は本当によい解決策といえるのだろうか？** あの年老いたイヌイットの女性がもし結婚していたら、あるいは、家族とともにいたら、どうなっていただろう？もっと幸せになっていただろうか？

こうした疑問に答えるために、この章ではまず、シニア期の孤独という困難がどういうものかを説明し、その詳細な力学について検討することから始めたい。

次に、この孤独という感情とそれによって引き起こされる不都合は、実は配偶者がいるかどうかとはまったく関係がないことを明らかにしていく。

正直なところ、結婚は、シニア期の孤独を避ける手段としては、それほどよいものではないのかもしれない。配偶者がいるにもかかわらず、孤独だと感じている人たちは驚くほど多い。さらにいえば、長いあいだ、シングルとして生きてきた人たちのほうが、年を重ねたとき孤独に対処するすべをもっている場合も多いのだ。

ここからは、種々の調査や私自身がおこなったインタビューの結果にもとづき、人生の円熟期にあるシングルの人たちが幸せに、かつ満足して生きることが可能であること、また、実際に多くの人たちがそのように生きていることを知ってもらえればと思う。

そして、**本書で明らかにしていくシニア期のシングルの実態が、読者の皆さん一人ひとりが「未来」を正しく把握し、自身の生き方について考えるきっかけになることを願っている。**

シニア期の孤独の実態

こんにち、シニア期の孤独はますます重要な問題となっている。2018年には、イギリスの首相が主に老人の孤独問題を担当する「孤独担当大臣」を任命する決定を下したほどだ。[4]

第1章で示したとおり、平均余命は世界中で延びており、これによってひとりで暮らす人たちの割合も上昇している。平均余命が延びるにつれて、人がひとりで生きる年月も長くなる。配偶者がいる人にとっても同じで、パートナーが亡くなってから、ひとりで生きる年月が延びていく。

また、結婚したことのない人や、離婚した人もほかの人たちと同様、平均余命が長くなる。その結果、以前よりも多くの人々が、これまでより長くひとりで生きることになる。[5]

ソフィアという女性は離婚した後、自分の孤独とどのように向かいあってきたか、その長いプロセスをブログにつづっている。ブログを書き始めたころ、彼女は非常に寂しく、希望がないと感じていた。しかし、時間がたつにつれて、そのような感情は徐々に自立心と勇気へと変わっていった。この章では、そのような彼女の変貌を追っていく。

ソフィアは66歳のときにブログを書き始めた。離婚後9年目のときだった。彼女は次のように書いている。


ときには夜寝るとき、ベッドのなかで、自分の腕で自分を抱きしめることがある。ただ、その感触を味わうために……。

自分の手で自分の腕や足をさすったり、体に触れたりするのは、変なことだと思われるかもしれないけど、でも、私は触れられることに飢えているの。私に触れてくれるのは息子だけ。

運がよければ、月に1回くらい息子と会える。息子はしばらく私をハグしてくれる。そんなことさえも、不思議なことに感じられる。

今では、キスされたり、愛撫《あいぶ》されたり、男の人とセックスしたりすることがどんな感じだったか、想像することさえできなくなってしまった。そんなことは、自分とは無縁なことに感じられる。誰かの手を握ることさえ、変なことに感じられる。[6]

ソフィアは自分を愛してくれる人に触れられたいと切に望んでいる。そして、自分はひとりぼっちだと強く感じているのだ。

このような感情はシニアのあいだではより多くみられるもので、高齢者が社会福祉サービスのスタッフに対して話した諸問題のなかで、最も大きな問題となっている。こうした発言は、在宅介護サービスの利用者のなかでも同様にみられる。精神状態や、体の動きに困難を抱えている人たちの場合は、特に顕著だ。[7]

しかし、シニア期の孤独は、結婚しているかいないかにかかわらず生じる問題であり、本人の自己認識によるところも大きい。[8]

孤独は「その人が望む社会的関係のレベルと、実際に達成されている社会的達成のレベルの不一致」と定義づけられている。[9] こうした不一致には、社会的関係の数が関連している場合もあれば、その関係の親密さのレベルが影響を与えている場合もある。[10]

どちらの場合でも、孤独は現実というよりはむしろ、認識の問題だ。そういう意味では、私たちは社会的孤立と孤独をきちんと分けて考える必要がある。

社会的孤立は他人との接触が非常に少ないという客観的状態を指すが、**孤独は孤立の認識と結びついた主観的な感覚**のことである。[11] 後者は無視されているという自己認識であり、高齢であることと強い関係がある。[12]

重要なのは、孤独が主観的な性質をもつものであること、そして、結婚しているかいないかなどの客観的な状況よりはむしろ、自己認識によって引き起こされるものだということだ。

結婚しているかいないかにかかわらず、孤独の認識には、人によって大きな違いがある。結婚していても、友人たちや親戚から社会的に孤立していたり、配偶者と感情的に不和であったりする人もいる。一方で、配偶者のいない人々が友人や、家族・親戚の幅広いネットワークと強くつながり、支援と愛情を受けている場合もある。[13]

身体的な困難を抱えている人たちの場合でも、人前に出るのが恥ずかしいと考えて引きこもる人たちもいれば、積極的に外に出て社会と交流する人たちもいる。[14]

ソフィアにはこの章の後のほうで、また登場してもらい、彼女が通り抜けたプロセスをたどり、彼女が自信に満ちた、誇り高いシングルの女性へと変貌した様子を見ることにしよう。

彼女は孤独を感じるのは主観的なものだということを理解し、人間関係以外のところで、自分のニーズに対処するプロセスを歩んだ。

だが、そのような彼女のプロセスを理解する前に、私たちは、結婚がそもそもシニア期の孤独を解決する助けになるのか、そうだとすれば、どのような助けになっているのか、吟味すべきだろう。孤独とはまさに本質的に主観的なものであるからこそ、結婚が孤独にどのような影響を与えるのか、検討してみる必要がある。

それを検討してみることで、もしかしたら、結婚と似たような効果のある、あるいは結婚よりすぐれた効果のある、別の解決策を見つけることもできるかもしれない。

シニア期における結婚生活と孤独の関係

結婚を支持する人たちは、カップルとして生きること、あるいは家族で生きることは、孤独を防いでくれると主張する。[15]

しかしながら、**結婚生活が本当に孤独を減少させるかどうかという問いとそれへの答えは、検証が可能であり、また、検証するべきものだ。**もちろん、幸せな子どものいる、幸せな結婚生活で、家族が愛しあっているなら、当然、恩恵はあるだろう。

問題は、あらゆる年齢層のすべての人々にとって、さまざまなシチュエーションにおい

図3　年齢と結婚しているかどうかの違いによる孤独感の程度

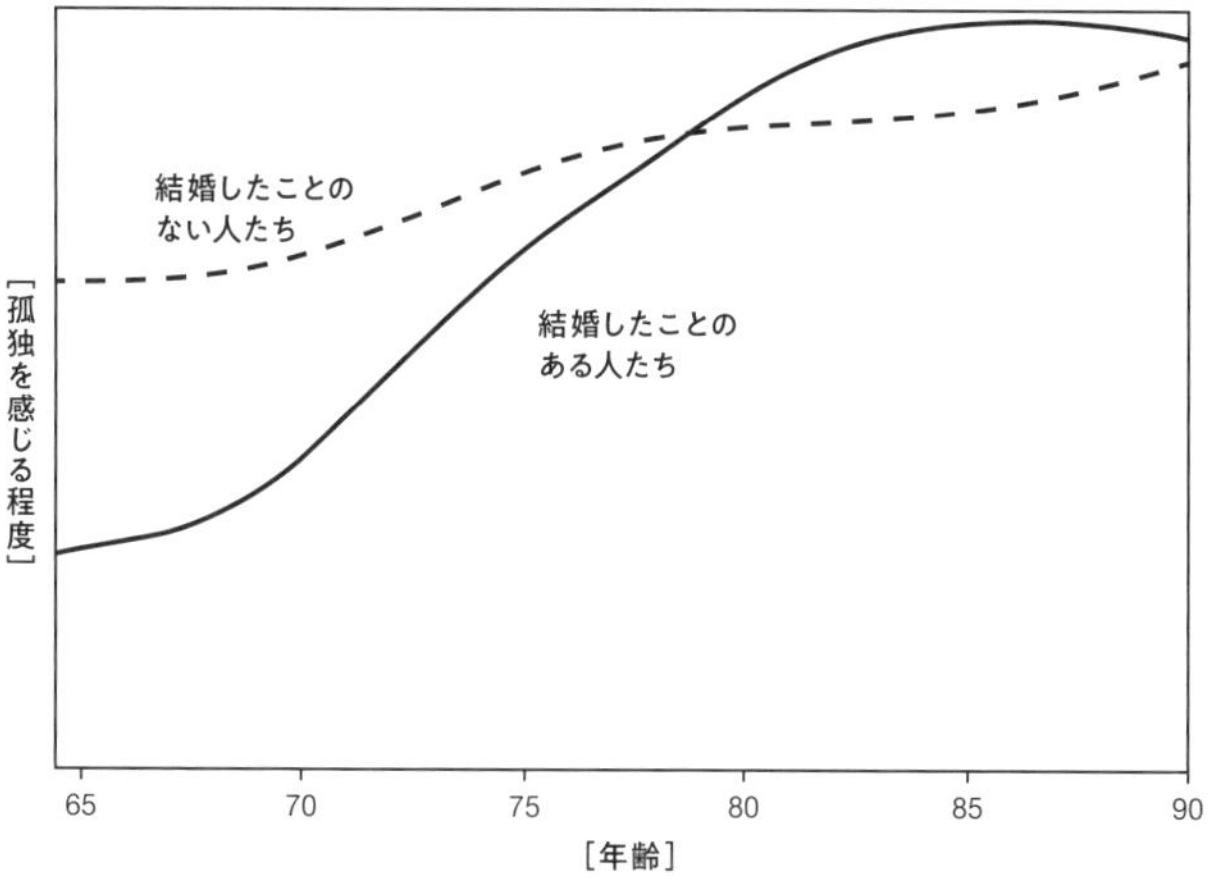

出典：欧州社会調査(European Social Survey)

て、たとえば、別離や離婚、配偶者の死亡に終わった場合であっても、結婚が平均的に見てすぐれた解決策かどうか、ということだ。

それを考慮に入れて、結婚は孤独に対するよいソリューションかという質問への回答をシンプルな図にまとめてみた（しかし、もっと複雑な事情があることは、後に紹介する）。図3を見てほしい。この図では、30カ国でおこなわれた、複数の年齢グループを対象とした欧州社会調査（European Social Survey）の結果の「孤独指標」を分析している。その結果、驚くべきことがわかった。

この図では、回答者を二つのグループに分けている。「結婚したことのある人たち」、つまり、「結婚というソリューション」を人生のどこかの時点で選択した人たち（もちろん、そのなかには、今でも結婚生活を続けている人たちも含まれている）と、結婚というソリューションを選択したことのない、つまり、「結婚したことのない人たち」だ。

縦軸があらわしているのは、回答者たちが調査前の1週間に感じていた孤独の程度を推定したものだ。

この図によれば、孤独感に対する結婚の効果は時間がたつにつれて低下していく。78歳になると、この統計では、そもそも結婚しなかった人たちのほうがましだということになる。平均からすると、結婚という道を選んだことは、この年齢以上の人たちにとっては、プラスではなく、マイナスの効果をもたらしている。

さらに、この図は、第1章で説明したような、「幸福な人たちほど、そうでない人たちよりも結婚を決意しやすい」という、自由選択のメカニズムは考慮に入れていないことを覚えておく必要がある。

したがって、現実には、2本の線が交差するのはもっと低い年齢においてだと考えるべきであり、この図で見るよりもっと低い年齢で、まったく結婚しないほうが孤独を感じずに済んだということになるわけだ。

言い換えれば、結婚する人たちは結婚前から、結婚しない人たちより幸福だったという事実を考慮に入れ、そして、その人たちを同等のウェルビーイング（健康と安心）の基準をもつ、結婚したことのない人たちと比較すると、結婚というソリューションの効果はさらに弱いものと考えることができる。

この驚くべき調査結果の背後にあるものは明白だ。それは、離婚した人たち、配偶者に先立たれた人たちの人数の多さである。

この点については、後に詳しく述べるが、離婚した人たちや、配偶者に先立たれた人たちは、孤独を感じる程度も、幸福でないと感じる程度も、結婚したことのない人たちや今も結婚生活を続けている人たちよりも強くなっている。離婚したり配偶者に先立たれたりする割合も年齢とともに上昇するわけだから、この点は高齢の人たちにとっては重要なことだ。[16]

もちろん、「結婚しているカップルを、離婚した人たちや配偶者に先立たれた人たちと一緒のグループに入れるのはおかしい。したがって、図3は間違っている」と考える人もいるだろう。しかし実際には、結婚したことのない人たちを、結婚しているカップルだけと比較することのほうが、論理的に馬鹿げたことなのだ。[17]

その理由は簡単だ。残酷な言い方になるかもしれないが、あなたがどういう行動をとるにしても、結婚は以下の3種類の――ある種、悲劇的な――終わり方のどれかを迎える。離婚する、配偶者が先に死亡する、そして、自分が死亡する、のいずれかだ。

結婚がシニア期の幸福に与える影響を解読するには、このことをよく理解しておくことが非常に重要だ。結局のところ、自分の結婚生活がどのように終わるか、わかっている人などいないのだから。

私たちは、自分の状況は人よりいいと考える傾向があるし、自分の選択のもたらす運命は自分でコントロールできると思いがちだ。しかし、自分の予想するところと、実際に結婚がどのように終わるかには、残念ながら相関関係がない[18]。

人は結婚したままでいたいと望み、いつまでも幸せに暮らしたいと思っている。だが、結婚しているということは、その定義から考えても、自ら離婚する、あるいは配偶者に先立たれるという「リスク・グループ」に入ることになるわけで、そのことを常に頭に入れておかねばならない。

とはいえ、私は先ほどの図で、何かを「ごまかしている」という印象を読者の皆さんに与えたいとは思わない。これらの驚くべき調査結果の背後に何があるのか理解するため、続く部分では、結婚というシナリオをきちんと分類し、それぞれのグループにどんな違いがあるか、見極めていきたい。

婚姻にまつわる4種類のシナリオ

データが示す「結婚がもたらす幸せ」の知られざる真実

先述の調査結果にさらに最新のデータも付け加えたうえで、正確な分析をおこなうために、結婚に関連して分類した4つのグループ、つまり、①結婚している人たち、②未婚の人たち、③別離・離婚した人たち、④配偶者に先立たれた人たちのそれぞれの孤独と幸福について、個別に検証してみた。

教育、収入、健康状態、宗教、社交性、それに居住国など、多様な、そして相互に関連しあう要因も考慮に入れた。その結果を、65歳以上の年齢層について検証し、75歳以上の年齢層については、さらに詳細な分析をおこなった。

これらのデータを分析した結果、結婚している人たちや一度も結婚したことのない人たちと比べると、別離・離婚した人たち、そして、配偶者に先立たれた人たちが最も幸福感が低いうえに、最も孤独を感じていた。誰かと同居しているシングルの人たちを除外して比較した場合も同様だった。

0〜10の尺度で比較した場合、今も結婚している男性に比べて、結婚したことのない男性は0・45ポイント、離婚した男性は0・5ポイント強く孤独を感じており、配偶者に先立たれた男性は0・8ポイント強く孤独を感じていた。女性の場合、結婚している女性と比べて、未婚の女性は0・35ポイント、離婚した女性は0・4ポイント、配偶者に先立たれた女性は0・6ポイント、強く孤独を感じていた。

幸福感についての調査でも、似たような結果が出た。離婚した人たちと配偶者に先立たれた人たちが最も幸福感が低く、前者は結婚している人たちに比べて、0・8ポイント、後者は0・6ポイント、幸福感が低かった（この場合は、離婚した女性が最も幸福感が少なかった）。一方、結婚したことのない人たちのグループの幸福感の低さは0・4〜0・5ポイントだった。

「条件付き」の幸せ

結婚している人たちは、全グループのなかで——少なくとも主観的な意味では——間違いなく最も幸福で、最も孤独感の低いグループだ。しかし、この結論にも、二つの条件が付いている。

第一に、カップルの人たちは、幸福感、人生に対する満足感、孤独感の低さのどれをとっても数値が高めだが、彼らはそもそも結婚前からこのような数値が高めだという点だ。長期的な研究によれば、いつかは結婚する人たちというのは、そもそもの幸福感の基準ラインが約0・3ポイント高い[19]（尺度は0〜10）。

この点を考慮に入れると、結婚していることが、高齢者の幸福感のレベルを上げ、孤独感を下げる程度は（この二つのあいだには強い相関関係がある）、あるとしても、非常に低いということになる。

第二に——これはより重要なことだと考えられるが——これらの調査結果は、第二次世界大戦中あるいは、戦後すぐに生まれた世代のものであるという点だ。

それを踏まえると、結婚の価値も持続性もますます下がっているこんにちでは、シニア期における孤独感に対して結婚が与える影響は、彼らより後の世代にとってはもっとマイナスのものになっているだろう。より若い世代にあっては、結婚期間は短くなりがちだし、別れる人たちも増えているからだ[20]。

また、離婚することが以前に比べてたやすくなっているからこそ、離婚者の数が増えているともいえる。多数の支援グループもあり、離婚という同じ境遇にある人も多いからだ。[21]最近のピュー・リサーチセンターの調査結果によると、いわゆる「グレー(熟年)離婚」が急激に増加している。たとえば、アメリカの50歳以上の離婚率は1990年に比べると約2倍になっている。[22]

こうした離婚経験者たちは、すぐに「結婚したことのある人たち」という大きなグループの一部となり、結婚という選択肢をますます魅力のないものにしている。離婚者の増加は、「いつまでも幸せに」暮らしている人たちが減少したことを意味するからだ。

以上のような保留条件を認めるか、認めないかはともかくとして、**結婚している人たちと結婚していない人たちのあいだの孤独と幸福の差は驚くほど小さい。**

結婚がもたらす「孤独」

そもそも、結婚している人たちが「孤独を感じる」とは、いったいどういうことなのだろう？　奇妙なことにも思えるが、結婚しているカップル、特に高齢の人たちは、実際に孤独を感じているのだ。私の調査結果では、カップルの人たちが感じている孤独は年齢が上がるにつれて強くなっている。

また、私の別の試算では、結婚している人たちのうち、60歳で孤独を感じている人の割合は、30歳の人たちの数字より50％高くなっている。90歳になると、その倍になる。

たとえば、49歳のダンはその典型のようなもので、自分の感じていることをこんなふうに投稿している。

私は結婚している。問題は、私の結婚は情熱のない、見かけだけのもので、私がそこにはまり込んでしまっているということだ。でも、私はひとりで年をとるのが怖いんだ。まるで罠《わな》にはまって動けないような気持ちだよ。いったい、どうしたらいいんだ？[23]

結婚しているのに孤独を感じる理由は、よくない関係、あるいは単に退屈な関係に縛られているという以外にも、いろいろある。

「家族のために長年尽くしてきた後で、社会的に孤立している気がする」「社会的ネットワークを大切にしてこなかった」「手を貸してくれる人がまったくいない状態で、病気のパートナーの世話をしていて、無力感にとらわれている」などの理由だ。

研究者たちはよく、孤独感を社会的な側面と感情的な側面に分けて考える。[24]

「社会的孤独」とは、帰属意識、仲間意識、コミュニティーの一員であるという意識を提供してくれるような友人・知人の広いサークルをもたないことだ。たとえば、友人との交流、共通の趣味の活動、外出などといった様々な社会的活動の減少、近隣の人たちとのつながりの欠如などが含まれる。[25]

一方、「感情的孤独」とは、誰か頼れる人がまわりにいないというような感覚だ。[26]

この区別は高齢のシングルにとっては、特に重要といえるだろう。ここから、孤独の理由にはさまざまなものがあり、配偶者がいることは必ずしもその解決策になるとは限らないことがわかるからだ。

社会的孤独のほうが問題だという場合もあるが、それはパートナーがいないことよりも、むしろ、パートナーがいることから生じていることもある。[27] 実際、あまりにも長い年月、家族のことしか考えてこなかったために、高齢になってから社会的に孤立していると感じる人々もいる。[28]

それとは対照的に、多くのシングルの人たちが、友人や仲間といった別のかたちの人間関係によって、孤独に対処することができている。

これらの調査結果は、結婚は多かれ少なかれ試してみる価値があるのかどうかという議論を考えるとき、特に重要なものだといえる。

失うものがあるわけじゃない。うまくいかなかったら、別れて、カップルでいるのをやめればすむことなんだから。

そう思う人もいるかもしれないが、しかし、その答えはこうだ。どうやら、失うものはたくさんある。

多くの研究からわかったことだが[29]、結婚は私たちを「離婚する」「相手に先立たれる」というリスクにさらすだけではない。それ以上に重要なのは、私たちは結婚することによって、将来シングルとして生きることに対して準備のできていない人間になってしまうということだ。

結婚したことのない高齢のシングルの人たちはもともと、配偶者を失ってシングルになった人たちよりも、ひとり暮らしに順応できている。いろいろな物事への対処の仕方も知っている。支援のシステムも確立できている。彼らは良くも悪くも、妻あるいは夫に依存して生きてきたわけではないからだ[30]。

また、長い年月、シングルとして生きてきた人たちは、高齢になってから離婚した人たちや配偶者を亡くした人たちと比べれば、突然ひとりぼっちになったという烙印《らくいん》に苦しめられることはない。[31]

結婚に伴う「長期的リスク」とは

結婚したカップルが、婚礼の直前・直後に以前よりずっと幸福になったように感じる論理的根拠としては、結婚がシニア期に備えるための「魔法のソリューション」だと思われることもあるだろう。

先に紹介したイヌイットの神話の言葉を借りるなら、結婚したカップルは、あの物語の女性のように年老いてから村に取り残され、虫を食べるしかなくなるのを避ける手段を手に入れたということになるわけだ。

しかしながら、統計的には30歳前後で結婚する人たちが感じていることと、その40年後、つまり、結婚によって安心な身の上になっていたいと人々が期待した年齢に抱く孤独感のあいだには、まったくなんの関連もないことがわかっている。

ほとんど逆説的といっていいだろうが、こんにちの人口統計と結婚に関する統計からみるなら、結婚したから高齢になってもパートナーがいてくれるはずと期待していた年齢に達したときには、離婚したり、配偶者に先立たれたりするリスクがどんどん増えていくのだ。

これを聞いて、こう尋ねる人もいるかもしれない。それなら、なぜ人々は長期のリスクを考えもせずに結婚しているのか、と。この質問に対しては、二つの回答ができるだろう。

第一に、人々はそのリスクにちゃんと気づいており、それに対する反応として、結婚率が下がっているのだ。特に、人々が自分の個人的なニーズをよく認識し、自分で自分の人生を選ぶことができると考えている個人主義的な社会では、そうなっている。

第二の答えはこうだ。人々はリスクとメリットをちゃんと比較して考えてみようとしてはいる。だが、そういう人たちにとっても、長期的なリスクを察知し、試算することは難しいのだ。このことは、これまでの研究結果からも明らかだ[32]。

年金問題においては、これは「近視眼的問題」と呼ばれており、その結果、多くの国の政府が国民に対し、引退後のために貯金をすることを合法的に強制している。結婚に関しても、これと同じことがいえるかもしれない。短期的なメリットに目がくらんで、長期的なリスクを考えることのできない人が多いのだ。

すでに第1章で述べたとおり、長期的な研究からすれば、結婚は幸福感を高めるためには短期的な要因にしかならない。結婚する人たちは結婚前後の時期にだけ結婚の恩恵に与《あずか》り、その効果は約2年後には低下し[33]、遠い将来にはリスクが待ちかまえている。この点は年齢の高い人の場合には特に当てはまる。彼らのほとんどにとって、結婚の一時的な効果ははるか昔のことになっているからだ。

以上の事柄をすべて考えあわせると、結婚をシニア期における孤独に対しての唯一のソリューションだとみなすのはやめるべきだということになる。

パートナーなしで幸福に年をとるという選択肢からも、学ぶべきことがあるということだ。結婚したことのない人たちはそういう生き方にずっと適応してきているわけだが、彼らの生き方は、離婚した人たちや配偶者に先立たれた人たちにとっては、見習うことのできるひとつの例にすぎない。

これら3つのグループのすべての人たちが、パートナーなしにいつまでも幸せに暮らすための戦略を採用することができるはずだ。

幸福なシングルシニアを取り巻く5つのテーマ

シニア期のひとり暮らしに備えるとはどういうことなのか、これまでの研究は表面的にしか検討してこなかった。それも驚くべきことではない。**これまでは、正しく年をとっていくためには、結婚こそがソリューションだと考えられてきた**からだ。

しかし、ここまで述べてきたとおり、それは必ずしも当たってはいない。平均余命が延び、人口統計にも、結婚のあり方にも変化が起きているからだ。

そこで、ここからは、高齢の離婚経験者たち、配偶者に先立たれた人たち、そして、結婚したことのない人たちが、この新しい現実にどう対処しているか、どのように幸福を手に入れているか、どのように孤独を克服しているか、インタビューをつうじて深く探っていきたいと思う。

シングルシニアの考えに耳を傾けることは、高齢の人たちだけでなく、むしろ、若い人たち、つまり、孤独への間違った恐れから結婚し、高齢になってからみじめな思いをすることになりかねない人たちにとっても有益だろう。

インタビューの結果、これまでの結婚についての考え方を根本的に変えるような、まったく異なる現実が明らかになった。私はもともと、シングルシニアの人たちから、幸せに暮らしているという話を聞くことができるだろうと予測はしていたのだが、このような現象は実際には予想よりはるかに強く、幅広いものだった。

あらゆる年齢層のシングルの人たち、いや、それだけでなく、カップルの人たちの幸福を増進させる鍵は、シングルシニアたちが握っている。だからこそ、彼らが、自分がシングルとして年をとっていく過程をどのように考えているか、また、シングルであることをどのように考えているのかを詳しく分析する必要がある。

このような疑問に対する答えは、長い年月シングルとして生きてきた人たちと、伝統的な家庭を築いて、後になってからシングルになった人たちとでは、大きく異なっていることは明らかであり、それを考慮に入れておく必要がある。

前者の人々にとっては、高齢になってひとりで暮らしているという見通しは、現状からの大きな変化ではなく、過去の、そして現在の生活の延長だ。

一方、後者の人たち、つまり、自分の選択によってシングルになったわけではない人たちは、シングルになることによって、変化した境遇に適応することを強いられ、シニア期をスムーズに生きていくための新しい習慣や生き方を身につけなければならなくなる。

したがって、シニア期における幸福なシングル生活の背後にあるメカニズムを理解するためには、これら両方のグループの話を聞く必要がある。どちらのグループの人たちも、シングルとして生きていくために、いろいろな戦略を用いている。

ここからはシングルとしてのシニアの生き方を、5つのテーマに沿って考えていきたい。

テーマ①シングルとしてのそれまでの生き方を自分でどのようにとらえるか

私が最初に発見したのは、**幸福なシングルシニアの人々は、人生を振り返って、現在のシングルの生活にいたるまでの状況を自分で把握できる能力をもっている**ということだ。

精神分析では、自分の人生を振り返ることとは、人生の最後のステージで人々が経験する進歩的なプロセスだと考えられている。[34] 人生のこの時期になると、人々はたいてい、自分の人生を見直し、再評価し、未解決のままの過去の葛藤と折りあいをつけるべく、自己受容をおこなおうと努める。

シングルの高齢者たちの場合、非常に明白で未解決のままの問題とは、持続する結婚という、当たり前と考えられている人生のステージを今にいたるまで実現していない、ということである。

幸せなシングルシニアとは、このような伝統的な家族の道をたどっていない現実と折りあいをつけることのできる人たち、自分の選んだ人生に意味を見出《みいだ》せる人たちだ。

配偶者に先立たれた人たちの場合であれば、自分の経験した喪失に意味を見出せる人たちである。

ある研究では、一度も結婚したことのない60歳以上の人たちが、年を重ねることをどう考えているかを調査した。[35]

その結果、幸せに生きている人たちは、自分がシングルでいる理由について、不幸せなシングルとはまったく異なる言い方で表現していることがわかった。

かいつまんでいうなら、幸福なシングルシニアは、「単に一度も結婚したいと思わなかったから、結婚しなかった」と話しているのだ。彼らは自分の人生に責任をもっており、自分の築いた、結婚に代わる社会的な絆に満足している。

特に、一度も結婚したことのない人たちの場合、友人たち、親戚、コミュニティーとの関わりから自信を得ていて、世間から向けられる偏見とは異なり、自分は「チャンスをつかみ損ねた」という考え方はしていない。

対照的に、不幸なシングルシニアは、自分が典型的な人生の道筋を歩んでこなかったことについて、さまざまな理由を挙げている。

それらの理由は必ずしも二者択一的なものではないが、ずっとシングルで不幸に生きている人たちは、自分が今シングルでいるのは、「ふさわしい人」が見つからなかった、健康上の理由があった、なんらかの責任を負っていて異性と交際する暇もなかった、といった事柄のせいだと考えている。

この研究でさらに興味深いのは、状況によってシングルになったものの、幸せに生きている人たちは、時間がたつうちに、自分の現実を受け入れることができるようになり、自分の選択によってシングルでいる人たちがはじめから求めていたのと同じ、自らの人生を自由にコントロールする独自の能力をもつようにさえなっている、ということだ。

どうやら、長い年月シングルでいる人たちは、「どうして自分はシングルなんだろう」という疑問と折りあいがつけられるのが早ければ早いほど、伝統的な家族を築くチャンスを「逃してしまった」現実から早く回復し、汚名《スティグマ》を振り払い、独立を楽しめるようになるということらしい。

ほかの調査からも、自らシングルで生きることを選んだ人たちは同じように、自分の人生と運命を自分でコントロールできるという利点を享受し、自分の人生をポジティブに評価し、より高い自己肯定感をもてるようになることがわかっている。[36] 別の研究も、結婚したことがないという事実と調和できている人たちほど、孤独を感じる程度が低いことを示唆している。[37]

つまり、**シングルでいることをどうとらえているかの違いがそのまま、年を重ねてもシ**

ングルとして幸せでいられるかどうかの違いになっているのだ。

たとえば、ある匿名のブロガーはこう書いている。

確かに、人はどんどん年をとる。鏡を見れば、皺《しわ》があっちにもこっちにも出てきている。だけど、私は今もシングルだし、結婚したこともない。でもそれがいったい、なんだっていうの？

あなたがもし、正しい理由のために——前に失敗して、同じ失敗を繰り返したくないとか、ひとりでいるのが嫌だというだけの理由で誰かと一緒にいようとは思わないとか——結婚しないでいるなら、そして、自分の理想以下で妥協する気がないから結婚しないでいるなら、あなたのやっていることは正しいのよ。[38]

このブロガーはシングルでいることを幸福だと思っていて、シングルという生き方を選んだのは自分で決めたことだと明言している。実際、それが自分の選択だったからこそ、彼女は意気盛んだし、自信をもっている。

ブルックリンに住む57歳のリーサの話はそれとは対照的だ。彼女はこう話した。

長年つきあってきた人がいたんだけど、あの人でなしは30歳年下の人に出会って、私を捨てたの。ふたりは結婚して、今はスウェーデンに住んでる。裏切られたのよ。もうおしまい。ほかの人を愛することはない。彼は私の魂を殺したの。

私は今57歳で、アパートメントも失って3人のルームメイトと暮らしてる。ルームメイトと暮らすなんて、考えてみたこともなかった。ほんとに悲惨な気分。私は彼を10年も支えてきて、ずっとセックスもしていたのに、ある晩、彼は家に帰ってくると、「出ていきたい」って言ったの。

リーサは自分の過去を振り返ると、騙《だま》された、裏切られたと感じる。「それまでは、2年以上、同じ人とつきあったことがなかったし、結婚なんて、したいと思っていなかった」と彼女は言った。だが、最後につきあっていた男性との長い関係は、それまでとは違うと彼女は思っていた。

彼女ががっかりしているのは、その男性との関係が失敗に終わったからというだけではない。誰かを信じ過ぎてしまった自分が情けないと感じているのだ。

彼女は人に裏切られ、無力感にとらわれ、自分の人生をコントロールできなくなってしまったと考えている。彼女は自分の今の社会的、経済的状況を、この男性との関係の失敗

図４　自分で決定することが重要だと考える割合
「結婚している人たち」と「結婚していない人たち」の比較

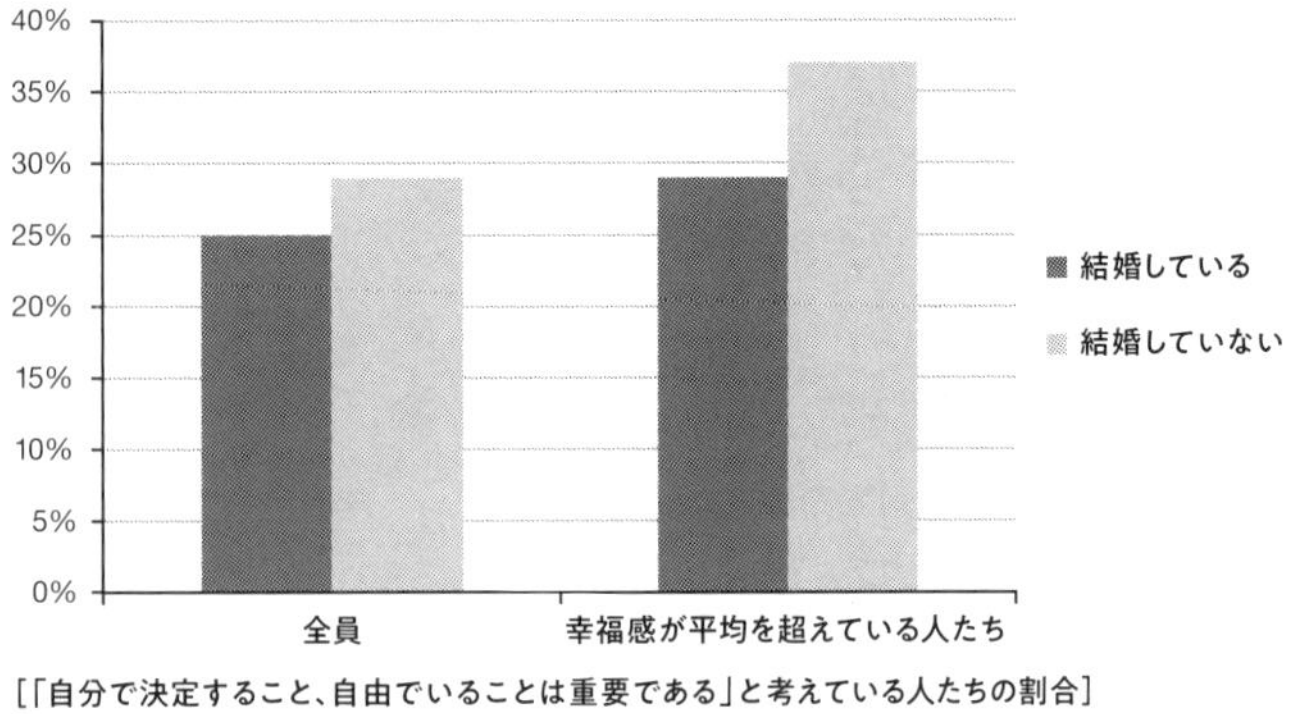

出典：欧州社会調査（European Social Survey）

と結びつけて語っているが、そこにもまた、人生が誰かのせいで制御不能になったという感覚があらわれている。

リーサと先ほど紹介した匿名のブロガーは、自分がシングルでいることに対して、まったく異なる見方をしていた。それぞれの見方は、人生へのより幅広いアプローチに根ざしている。

リーサは自分が苦しめられ、裏切られ、使い古されたと感じているが、匿名のブロガーのほうは、シングルであることを意識的な選択だと考えており、その選択はすべての選択肢のなかで最善だった、自分で自分の人生を決めてきたと考えている。

このような二つの異なる態度によって、彼らは自分がシングルでいることに対して、まったく違う感情をもっている。リーサはつらい思いをしているが、匿名のブロガーは後悔していないし、結婚していないことを幸せに感じている。

図4に示した欧州社会調査（European Social Survey）の分析の結果からは、より幸福に生きているシングルシニアたちは、「自分で決定すること」を大切に考えていることがわかる。幸福な人も不幸な人も含め、65歳以上のすべてのシングルの人たち（未婚の人、離婚した人、配偶者に先立たれた人）で構成される回答者の29％が、「自分で決定を下し、自由でいることは重要だと考えているか」という設問に対し、「当てはまる」と答えた。結婚している人たちのほうは、25％だった。さらに、結婚していない人たちのうち、幸福感のレベルが平均より高い人たちに限ると、「当てはまる」と答えた人の割合は37％に跳ね上がった。結婚している人たちのほうは29％だった。

この大きな違いは、年を重ねても幸せなシングルとして生きるには、自律性が非常に重要であることを示している。

テーマ②孤独とどのように向き合うか

若いシングルの人たちの回答と高齢のシングルの人たちの回答を比較してみたとき、第二のテーマが明らかになってきた。

若いシングルの人たちにインタビューしたところ、「年をとったときに孤独になるのが怖い」という声を何度か聞いた。私が話を聞いた若い人たちのなかには、シングルのままで幸せに生きていけるとは思っていない人たちもいるようだった。こういう考え方を変えるには時間がかかるだろう。

だが、高齢のシングルの人たちと話していると、**幸福な人たちは、寂しいとか、人との接触がないなどと感じているのではなく、単にひとりでいることを楽しんでいる**ことがわかった。

幸せなシングルシニアたちは、「彼らは寂しいはずだ」という偏見とは裏腹に、「ひとりでいること」と「寂しさ」をはっきり区別している。離婚した経験のある71歳のロニーという女性は、ブログにこう書いている。

ひとりでいたい、静けさを楽しみたい、人づきあいは控えめにしたいと望むことはそんなに悪いことかしら？

「孤独」という言葉は、どんな年齢であっても、人によって意味が違うし、個人的な選択の問題だと思う。私にとっては、孤独のほうがいいと思う理由がもうひとつある。

　このごろでは、人づきあいに疲れるようになった。食事に行ったり、友だちの家に行ったりした後は、たとえ、それが大好きな友だちであっても、しばらくひとりでいたいと思う。そうしないと、元気が戻らない感じなの。

　孤独だから不幸だとか、落ち込んでしまうという人たちと、ひとりでいることが楽しいという人たちは区別して考えられるべきだと思うわ。[39]

寂しいと感じることと孤独を楽しむことは違う。寂しさと孤独は関連があるが、まったく異なるコンセプトだとロニーは説明していた。[40]

　寂しさ、あるいは、パートナー、家族、友人がいないことから生じるネガティブな感情は、幸福なシングルシニアをとらえることはほとんどない。彼らは、一緒にいる人が必要なときには、親戚やさまざまな社会的ネットワークと実に巧みに関わりあっているからだ。また、彼らは、さまざまな手段をつうじて社会関係資本《ソーシャル・キャピタル》*を獲得し、社会的孤立、あるい

*「相互利益のための集団行動を促進する規範とネットワーク」を意味する概念。

は他人との接触の欠如を避ける傾向がある。この点については、第4章で詳しく検討する。

とはいえ、多くのシングルの高齢者はひとりで暮らしているので、ほとんどの時間を孤独に過ごすことは避けられない。孤独に過ごすうちに、ときには同居する人がいてほしいと思うことがあるにしても、幸福なシングルシニアたちは、ひとりの時間とうまく折りあいをつけることができている。

彼らにとって、孤独は寂しさや孤立を意味するものではない。単に、ひとりで過ごす時間という意味なのだ。なかには、孤独を楽しみ、味わう人もいるし、たんなる毎日の日課として受け入れる人たちもいる。[41]

寂しさに関する基本的な研究書[42]を執筆したシカゴ大学認知・社会神経科学センターの元所長のジョン・カシオポは、あるインタビューでこう話している。


ひとりでいることと寂しいことは、同じことではない。

しかし、そのどちらも、私たちの社会では非難される。孤独を好みながらも、罪の意識から、人との関係を求める人たちもいる。だが、そういう人は、関係を築くと、ますます罪の意識を感じる。幸福なシングルの人たちは、幸福な結婚している人たちと同じくらい、健康な人たちだ。[43]

シアトルに住む60代の離婚した女性ダイアンは、こう書いている。

ずっと昔、遠く離れた別の宇宙で、私は結婚していた。結婚生活が終わったとき、初めて自分の宇宙から外に出た。寂しくて死んでしまうかと思った。話す相手もいないし、抱き寄せあう人もいないし、一日中、仕事をして、疲れ切って帰ったとき、肩をもんでくれる人もいない。

今、あのころのことを振り返ってみると、笑ってしまう。離婚してから、6カ月しかたっていなかったんだから。たったの6カ月！　だけど、あのときには、永遠のように感じていた。

今、私は20年近くひとりで生きてきたことになる。今では、シングルの自分でいることにずっと安心できるようになった。朝から、リビングで70年代のロックに合わせて踊ったっていい。バスルームを大好きな野球選手カルロス・シルバの記念館にしたっていい。

私の人生は私自身のステージなんだから。[44]

ダイアンは寂しさに苦しんだのち、「シングルの自分」でいることに安心していられるようになり、自立を楽しめるようになるまでの進歩を書きつづっている。

ここには隠れた皮肉もある。結婚しているシニアの人々はひとりで過ごす時間がほとんどない。いつも、何をするにも、誰かと一緒だ。だが、彼らは最も寂しさに負けやすい人たちかもしれない。なにしろ、本当の孤独を一度も経験したことがないからだ。

結婚しているカップルが、孤独「筋肉」をまったく鍛えていないとすると、彼らはシングルよりも、寂しさや社会的孤立に負けやすくなっているのかもしれない。それが、離婚直後のダイアンが経験したことだ。

結婚したことのないシングルの高齢者にとっては、ひとりでいることは普通のことであり、ポジティブなことでさえありうるが、離婚した人たちや、配偶者に先立たれた人たちの場合は、孤独を生活のさまざまな面に組み込むことに失敗するせいで、感情的に落ち込んでしまうリスクが非常に高くなる。

ダイアンは「シングルの自分」を再発見するプロセスを経験した後で、やっと自分の孤独を心を慰めるもの、楽しいものと感じることができるようになっている。

この章の最初で紹介した66歳のソフィアを覚えているだろうか。彼女は親しい人とのふれあいに飢えていた。だが、彼女もまた、ブログを書き進めるうちに、寂しくて仕方がない時期から、孤独を楽しめる時期へと移行したことを語っていた。1年後に彼女はこう書いていた。

今では私は人生に満足している。好きなこと、つまり書くことに夢中になっている。それに、ほかのことでも忙しい。インターネット・ラジオの番組の司会をしたり、友だちとロールプレイング・ゲームをしたり。もうすぐラスベガスに旅行に行くことにもなっている。

いつのまにか、こんなおかしなことも考えていた。ひょっとして誰かに出会って、結婚することにでもなったら、今やっていることのいくつかはあきらめなければならないのかしら?って。[45]

見たところ、今も彼女のなかには両面が存在しているようだ。だが、このような過程を経て、彼女はひとりでいることに多くの利点を見出せるようになっている。重要なのは、彼女が物事を違う見方でとらえることができるようになり、満足感を抱いていることだ。

ひとりで年をとることへの不安は、主に、シングルであることに対して世間から押しつけられる汚名《スティグマ》と、「シングルでいることは無力で、悲しくて、寂しいことだ」という思い込みからきている。[46]

しかし、幸せなシングルシニアにとっては、シングルであることはみじめな生活をすることではない。多くの人が誰かと一緒に生きる必要を感じ、そうすることによって、自分のライフスタイルをパートナーに（そして、自分の子どもたちに）合わせていくわけだが、幸福なシングルシニアは、それとは異なる道を歩んでいる。

19世紀の思想家ヘンリー・デイヴィッド・ソローはこう言っている。

私はほとんどの時間、ひとりでいることが健康によいと思っている。
孤独ほど気のあう仲間はいない。

テーマ③高齢になった自分をどのように世話するか

アダムはシングルの32歳だ。仕事では大成功しており、ベルリンの郊外にすてきなアパートメントを所有している。

しかし、彼にインタビューしたところ、結婚するべき最も重要な理由として、彼は身体的な弱さを挙げた。いつか自由に動き回ることもできなくなり、深刻な健康上の問題を抱える日がくると思っているのだ。そういう可能性を考えるので、彼は誰かにしがみつきたい気持ちになっている。

もちろん、こういう考えは完全に筋が通っているとはいえないと自分でもわかっている。そういう日がくる前に離婚するかもしれないし、結婚した相手が病弱で、自分の面倒をみてくれることができない可能性もある。それはわかっているのだが、老後の不安が彼を結婚に駆り立てている。

アダムの話は、高齢期に体が弱るという心配に対する、若者と高齢者の態度の違いを示す興味深い例だ。予想に反することだが、若い人たちは高齢期に体が弱ることを、高齢者以上に不安に感じている。

ピュー・リサーチセンターの報告によれば、18~64歳の人たちが高齢期にはこうなるだろうと考える予想と、実際の高齢者からの報告には、大きなギャップがある。

例を挙げると、18〜64歳の57％が、年をとれば記憶障害になると予想しているが、65歳以上の人たちで実際に記憶障害を経験しているのは25％だけだ。このようなギャップは、65〜74歳、75〜84歳、85歳以上のどの年齢グループのあいだでも存在する。

また、年をとったら重い病気にかかるだろうと42％の人たちが予想しているが、65歳以上の人たちで実際に重い病気にかかっているのは21％だけだ。

そして、この章の中心的なテーマでもある「寂しさ」についてみると、若年層の29％が高齢期の寂しさを心配しているが、高齢者で寂しさを感じている人たちは17％だけだった。[47]

加齢による困難を経験している人たちも、人が想像する以上に、そのような困難にうまく対処している。

幸福なシングルシニアが、そうでないシングルの人たちと異なるところは、緊急事態を予測して、それに対する準備をする能力があるということだ。

その点について、私がインタビューしたシングルの高齢者のなかには、余分に貯金をしておく、仕事を続ける、予想外の事態も自分でコントロールできるように遺書を用意しておく、などと話してくれた人たちもいた。この第三のテーマについてみるなら、幸福感はシングルの高齢者が身体的、財政的な制約や、自分自身および他人に対する責任に対処するためにおこなう実際的な調整とも関係がある。

年を重ねたときに体が思うように動かせなくなったり、健康上の問題を抱えるようになったりしたときに確実にケアを受けられるようにするためには、財政的手段が特に重要だ。支援を受けるための資金を用意するには、保険に入っておくか、貯金をする必要があるが、そのためには前もって計算した投資が不可欠になる。だが、多くの国では、十分な備えを確保できる人は少ない。

こうした理由から、最近では世界中で新しいソリューションが生まれている。たとえば、共同居住を選ぶ人はひとり暮らしに伴う寂しさを減らし、コストを節約することができる。[48] 国際連合（United Nations）の人口部は、すでに今世紀のはじめに、独身のシニアのための住宅を作ることを提案していた。[49]

パリでは、テレーズ・クレールという女性が率いるエネルギッシュで熱心なフェミニストのグループが、年をとっても独立して暮らしたい女性専用の自治的な共同住宅コ・ハウジング・コレクティブ（cohousing collective）を考案した。[50] 必要に応じて医療スタッフが使用できる部屋をひとつ用意してはいるものの、彼女たちは料理人、看護師などのプロのスタッフの助けを借りず、おたがいの面倒をみている。

世界のあちこちで、同様の試みをするグループがある。たとえば、トロントでは、男女一緒の複合世代モデルがあり、若い人たちが高齢の人たちとともに暮らして、それぞれが異なる役割と責任を果たすことで、誰もが恩恵を受けている。

シングルシニアの人たちのなかには、若い人たちと住居をシェアすることでニーズを満たしている人たちもいる。若い人たちのほうも、お金を節約できるし、シングルの高齢者を含め、ルームメイトをもつことで社会的に恩恵を得ることもできる。

ジョナサンの例をみてみよう。

彼はエルサレムに住む26歳の独身で、収入の少ないフルタイムの学生だ。賃貸契約の期限を前にして、予期せぬコンピューターの問題が起きたせいで、銀行口座が借り越しになってしまい、家賃が払えなくなり、部屋を追い出されてしまった。だが彼は幸運なことに、70歳年上の独身男性ジェイコブが地元の掲示板にこんな広告を出しているのを見つけた。

――学生ルームメイトを求む。家の雑用をして、引退した大家のために週に数時間割いてくれれば、家賃と食事は無料。

ジェイコブはひとり暮らしで、体が不自由になっていた。乏しい年金では毎日介護を頼む余裕はないし、多様な社会生活を楽しむこともできない。しかし、ジェイコブの住居には小さな部屋が余っていた。

簡単な面接の後、ジョナサンはジェイコブのアパートメントに引っ越し、掃除や食料品の買い物など、基本的な手伝いと交換に無料で住めることになった。ジェイコブはほとんどなんの負担もなく、「住み込みのお手伝い」に来てもらえただけでなく、ふたりのあいだに芽生えた友情にも助けられるようになった。

おそらく自分たちでは意識していないだろうが、ジェイコブとジョナサンは、複合世代生活とホーム・シェアリングをおこなっているわけだ。

今では、学生とのホーム・シェアリングは世界中で人気を得ている。[51] 多くのホーム・シェアリングのプログラムはＮＰＯが運営しているが、その潜在的な恩恵、効率、さまざまなグループの人々の幅広い問題に対処する能力を考えれば、政府にとっても魅力的なプランとなるだろう。

シングルの高齢者にとっての恩恵は明らかだ。無理のない出費で、あるいは無料で、日常的な介護や家事のサポート、同居人との友情、そして、安心感を得られるのだから。さらに、援助の代償として、きわめて割安な家賃を受けとる場合も多いので、財政的に苦しいシングルシニアにとっては、新しい収入源ともなる。

近年人気のある、もうひとつのモデルは、孫が祖父母の家に住むというものだ。孫たちは家賃を払う必要もなく、気楽に祖父母と暮らし、祖父母の世話をする。[52]

そのほか、シングルの高齢者が空いている部屋を旅行者に貸すケースもある。この場合も、誰かが同じ住居内にいることで、たがいに安心感を得ることができる。

「The Freebird Club（ザ・フリーバード・クラブ）」はシニア向けの空き部屋マッチングサービスだ。このウェブサイトでは、電子メールが苦手なシニアが容易にゲストとやり取りができるように、テキストメッセージのわかりやすい通知を送るなど、特別な配慮をしている。

このプラットフォームの創設者は、配偶者に先立たれた自分の父親が、その美しい家に喜んでゲストを迎えているのを見て、このようなビジネスを始めたのだという。[53]

ひとり暮らしの高齢者を毎日訪問する慈善団体や、政府の運営するプログラムも増えている。[54] たとえば、カリフォルニアでは、州全体にコミュニティーによる成人サービスセンターが約250ある。[55] さらに、コミュニティー内の高齢者をサポートし、いろいろな講座や体育活動、社交の集まりを提供しているボランティアたちも多くいる。

50代のシャノンは、「ニューヨーク・タイムズ」紙の記事に、近所の年長の人たちとの交流を語るコメントを残している。

年上の友人たちが年をとっていったら、お世話をしようと思っている。子どものいる人たちもいるけど、その子どもたちは何千マイルも遠くに住んでいたりする。

年をとる前に自分が作りあげたコミュニティーこそが、最良の社会保障だと思う。ほかの人たちのために何かをしてあげる。おたがいにお世話をする。話を聞く。そうして、彼らが本当に私を必要とするまで続くような絆を築く。安定したコミュニティーで暮らすことは、本当に助けになる。

私は同じコミュニティーのなかで25年暮らしてきた。小さな田舎町の行き止まりの通りのコミュニティー。近所の人たちのほとんどは、60代後半から70代前半の親しい友だちで、私は50代前半。私が仕事を引退するころには、彼らはたくさんお世話してあげる必要のある年齢になっているでしょう。私はそれを今から楽しみにしている。[56]

アダムの話に戻ろう。

彼は32歳で、年をとったら、体が不自由になるのではないかと心配している。人の助けがいるとしても、それはまだまだ先の話だ。結婚しても、離婚したり、配偶者に先立たれたりする可能性もある。老後に助けが必要かどうか、予想と現実のあいだには大きなギャップがある。結婚以外にも支援の選択はいろいろある。

それにもかかわらず、アダムは未婚のままで年をとるのが不安だ。彼のこういう感じ方が困難のもとだ。どうして彼は自分の不安を手放せないのだろう？

それは単に身体的な不安というだけでなく、子どものころに染みついた感情的な不安によるものだという研究結果もある。[57]

成長の過程で、子どもたちは自分と同じ年頃の子どもに囲まれていることに慣れている。それが一般的な教育システムの基礎となっている。幼稚園から大学にいたるまで、子どもたちはいつも同級生に囲まれており、おたがいを守り、世話し合っている。

徐々に、それぞれの子どもの進む道は分岐していき、おとなになると、それほど集約的でもなければ、保護的でもない環境に入ることになる。だから、人が同級生のような存在や、おたがいを守る存在から離れたとき、パートナーを見つけたいという気持ちが高まるのは、偶然ではない。

だが、興味深いことに、自分の不安を和らげてくれる人を求める気持ちは長続きしない。ある研究によると、パートナーを見つけたい気持ちは、結婚の選択や、それに関連するほかのメカニズムを考慮に入れたとしても、年齢とともに急激に低下することがわかっている。[58] 結婚したいという社会的、心理的なプレッシャーはおとなになってまもない時期が最も強く、25～34歳の年齢層をピークとする釣鐘曲線を描いて、急降下する。

一方、幸福なシングルシニアたちは、おとなとして生きるうちに、結婚しなくても、さまざまな社会的な手配によって、安心感を得られるようになった人たちだ。

これまでに紹介してきたように、**自らの行動によって、シングルであるにもかかわらず、革新的な、同時に責任ある方法で、誰かがそばにいてくれる環境を整えている人は世界中にいる**のだ。

テーマ④シングルに対する偏見やステレオタイプのかげにある本当の自分とどう向き合うか

高齢のシングルたちは二重の社会的困難に直面している。年寄りだというスティグマとシングルだというスティグマの両方に対処しなければならないのだ。[59] 長いあいだシングルで生きてきたことによって、彼らは「どこかおかしい人たち」という意味合いをもつ批判を受けている。[60] さらに、高齢になると、「健康上の問題を抱えている」「人としておもしろくない」「お金や愛情に飢えている」などの偏見にさらされることになる。[61]

ジョヴァンニはイタリア生まれの54歳で、30年ほど前からイスラエル北部で暮らしている。彼にインタビューしたところ、こう話してくれた。

レストランにひとりで入っていくと、いつも、変な人みたいに見られる。以前はそうではなかった。それほど昔のことでもないが、ひとりでエイラート*に行って、ビーチにすわっていると、人が話しかけてきたものだ。女性たちでも、誰でも、「ハイ、元気?」ってね。だいたい、同じような年齢だと思うからだろう。

このごろでは、同じようにひとりでいると、距離をとられる。ひとりでいるなんて、頭の変な人なんじゃない?って感じでね。これは年齢の問題だよ。

ジョヴァンニは社会的な偏見を二度にわたって経験している。ひとりでいることが変だと思われているように感じ、その感覚は年齢とともに高まっている。もっと若かったころには、ある状況では、つまり、ビーチなどでは、ひとりでいることは許されることだった。だが、現在の年齢では、どんな状況であっても、それはもう許されないことになってしまったのだ。

しかし、私の調査からは**幸福なシングルシニアたちは、こういう社会的プレッシャーと**

偏見に対処するために自分のアイデンティティーを調整していることがわかった。

一口に「シングルの高齢者」といっても、結婚したことのない人たちと、離婚した人たち、配偶者に先立たれた人たちのあいだでは、自己認識は大きく異なっている。長期にわたって、一度も結婚したことのない人たちは、健康的に順応できているよい例だ。

未婚の人たちは、それ以外の人たちに比べて、高齢になったときに有利な点がある。彼らは結婚していることを自己承認のよすがとしたことがないからだ。同時に、彼らは自分の社会的状況に合わせた習慣を身につけることができている場合が多い[62]。

言い換えれば、長期にわたってシングルとして生きてきた人たちは、社交のチャンスを見つけることに慣れており、強い社会的ネットワークをもって、それによって自分のアイデンティティーを築いている。

したがって、たとえ批判されても、偏見や社会的孤立に直面しても、彼らの自己認識は、突然の生活の変化から影響を受けることが少ない。つまり、幸福の程度も影響を受けにくいということだ[63]。

実際、結婚したことのないシニアは、最近ひとり暮らしになったシニアに比べて、ストレスを感じることがあまりなく、ひとりで暮らすことを楽しみ、社会的支援の必要も少な

＊イスラエル南部の海辺の都市。

いことがわかっている。[64]

また、私が出会った**幸福なシングルシニアたちは、自分たちと、結婚している友人や家族との違いをあまり重視していなかった。**

自分がシングルであることによって当惑した経験があるという人も一部にはいたが、彼らはまた、「アウトサイダー」として扱われたことはないし、ライフスタイルや、結婚しているかどうかの違いだけで、劣った人間だと思われたこともないと強調していた。

他人と平等であり、偏見を受ける筋合いはないと自信をもっていえることは、シングルシニアの強さの源となっている。なかには、自分の長所を強調し、人生に意味をもたらすものは何か語る人たちもいた。そうすることによって、彼らは偏見とは異なる別のアイデンティティーを構築している。

たとえば、ジョージア州に住む60歳の未婚のメアリーは、インタビューの際にこう話してくれた。

あなたが思慮深い人なら、シングルとして生きる時間を、成長するため、発展するため、そして本当の自分になるために使うはず。自分は大丈夫だと思えるように、どんなことをして、どうやってバランスをとるか、それはその人次第だと思う。シングルであることを自分で選んだ人は、大丈夫なはずなのよ。

メアリーはシングルであることを前向きにとらえ、自己の成長と発展を重視している。メアリーはポジティブ心理学の理論を適用しているともいえるだろう。彼女は自分自身と、自分の主観的な経験に対して、ポジティブな態度をとることによって、ある種のネガティブな影響を最小化し、防ごうとしている。[65]

ポジティブ心理学の実際的な応用としては、肯定的承認、文章を書く練習、自己に対するご褒美などが挙げられる。[66]問題は、メアリーが主張するように、このような習慣がシングルの高齢者のウェルビーイングを増大させる効果があるかどうかということだ。

この点について、シングルの高齢者に焦点を当てた研究はまだ多くはないが、それでも、ポジティブ心理学的なアプローチが彼らに大きな効果をもたらすと示唆する研究結果は豊富にある。

ある研究からは、シニアの人々の幸福感の高さは、身体的な健康、認知機能、そして社会関係資本の豊富さとはっきりした相関関係があるとわかっている。[67]そこへポジティブな自己評価が加わると、興味深いことが起きる。健康状態の悪さ、認知機能の低下、限られた社会関係資本という悪条件の下で年を重ねている人たちであっても、自分自身についてポジティブな感情をもち、自分は幸福だと考えている人たちがたくさんいるのだ。

つまり、ポジティブな自己評価は、そのほかの要因、より客観的な要因を帳消しにすることもできる、非常に重要な要因だということになる。[68] この点は、死に対する態度という問題とも、密接な関係がある。

高齢の人たちにとって、死とは、常にそこにあるものだ。若い人たちと違って、高齢者のほとんどは、自分の親の死をみとってきたし、重い病気に苦しむ友人やきょうだいの死を目撃した人たちもいる。[69]

しかし、私が出会った幸福なシングルシニアたちは、死をたんなる、人生に訪れる「もうひとつ」の出来事にすぎないととらえていた。彼らはこのような考え方をしているので、死はそれほど怖《おそ》ろしいものではないと思えるのだ。

テーマ⑤愛に囲まれていると感じられるか

第五のテーマは、**親密な人間関係の代替となるものの構築**だ。

第4章で説明するように、あらゆる年齢の人にとって、社会的な支援は有益なものだが、シングルの高齢者の特徴、ニーズ、リソース、直面する困難を考えれば、彼らは特に、多様な社会的ネットワークの構築から恩恵を受けるところが大きい。

1003人の高齢者を対象におこなったある調査によると、社会的支援は高齢者の満足につながり、その効果は高齢の人ほど大きかった。[70] 別の研究によれば、社会的支援は、シングルの高齢者の不安を減少させると同時に、活動的で健康的なライフスタイルで過ごすモチベーションを増大させていた。[71]

また、友情が果たす役割も大きい。有機的に交流する配偶者や子どもたちのいないシングルシニアにとって、友人たちはウェルビーイングを向上させてくれる重要な存在だ。友人とは自分と同じくらいの年齢の人たちだと考える人が多いものだが、高齢のシングルの人たちの場合は、もっと多様な友情を楽しんでいる。[72] 彼らの友人たちには、シングルの人も結婚している人もいる。性別や世代も多種多様だ。[73]

過去の研究結果によれば、結婚している高齢者は、異性との友情はタブーであり、自分の配偶者にとっての脅威だと考える人が多かった。[74] それとは対照的に、最近の調査では、シングルの高齢者はこのような規範的な障壁に昔ほどは縛られておらず、異性の友人をもつ人も多いことがわかっている。[75]

こうした友情の多様性は、シングルの高齢者のウェルビーイングを増大させている。24年前に夫に先立たれた68歳のバーバラの例をみてみよう。彼女はこう書いている。

私は自分のほうから手を伸ばして、みんなに声をかけ、どこかへ行ったり、何かしたりする時間のある人を探す。いつも、それでうまくいく。手を差し出せば差し出すほど、私もいい気分になるし、みんなも同じ。あまりにも長いあいだひとりでいると、気分が落ち込む。

私は65歳で仕事を引退したけど、いつも、ガーデニングとか旅行とか、自分にできることをやっていて忙しいし、老人介護施設でボランティアとしてお手伝いをするのも好き。家でじっとしていたときもあるけど、そういうときは、みんなが様子を見に来てくれた。別の人が同じ状況だったら、きっと私も同じことをする。[76]

バーバラは友人たちとの活動を中心に自分の生活を組み立てている。エネルギッシュに社会的活動をし、頻繁に友人たちに声をかけている。このような生き方は自分のウェルビーイングを増大させるのに役立つとともに、友人たちもこのようなアプローチを温かく歓迎していると彼女は話している。

52歳のケンドラは、こう書いている。

寂しいことと年齢は関係ない。病気になることも、年齢とは関係ない。人にやさしく、人を助ける生き方をしていれば、自分のほうが必要になったときに、愛と支援を受けとることができる。

反対に、わがままな、自分のことしか考えない生き方をしていると、必要なときに助けてもらうことができないかもしれない。[77]

ケンドラは、年をとってからも未婚でいたら、同年代の結婚している人たちに比べて、何か足りないものがあるだろうか、寂しいと思うリスクが多いだろうか、と想像してみる。その答えは明白だ。社会的ネットワークを大切にしていれば、将来、自分が必要になったときにきっと報いがあり、安心できるはずだ。それを思うと、彼女は力強く感じるし、結婚に執着する社会のなかで、自分の意味を見出せる気がしている。

現代においては、テクノロジーの活用も人々が社会的支援を得る一助になっている。孤立していたかもしれない人たちも、テクノロジーを使えば、自分の知っている人たち、愛する人たち、それどころか、まったく見知らぬ人とでも、交流することができる。

実際、シングルの高齢者が利用できる多様なオンライン・コミュニティー、専門の支援サービス、支援ネットワークもすでに存在する。[78]「シニア・プラネット」というサイトで、ふたりのシングルシニアが交流し、ある投稿のコメント欄をつうじて、実際に知り合いになる様子を見てみよう。[79]

ゴードン：妻は2017年の1月に亡くなった。一緒に暮らす人がいたのはよかった。私は87歳だから、年寄りだと思うかもしれないが、55歳の友だちがいて、私のことを魅力的だと言ってくれる。でも、彼女は結婚していて、夫と別れて家族を悲しませる気はないんだ。こういう話、誰か興味あるかな？ [6/26/2017, 8:25 p.m.]

ヴィヴィアン：私もひとり暮らしで、33歳と26歳の子どもがいるの。まだ働いているんだけど、夜や、夕食のときには本当に寂しく感じるわ。
[6/29/2017, 11:54 a.m.]

ゴードン：ヴィヴィアン、フェイスブックを見てくれれば、私がどんな人間かわかると思う。最近亡くなった68歳の美しい妻の大切な写真もいっぱいある。メッセージをくれて、ありがとう。[6/29/2017, 1:14 p.m.]

ヴィヴィアン：ハイ、ゴードン。返信ありがとう。一緒にディナーや映画に行ったり、おしゃべりしたりできる人がいたら、どんなにいいでしょう。フェイスブックであなたを探してみるわね。どんな趣味があるの？　あなたのことを知りたいわ。楽しい一日を！　ヴィヴィアン:))　[7/5/2017, 1:54 p.m.]

ゴードンとヴィヴィアンはきっとフェイスブックで対話を続け、友だちづきあいを始めるために会う約束をしただろう。

世間に広まったステレオタイプからすれば、このふたりのような年齢の人たちは、スマートフォンやインターネット、SNSなどを使うのが苦手だということになるだろうが、いまどきの高齢者にとって、こういうものはハードルではなくなりつつある。[80]

事実、ここ10年ほどのあいだに、インターネットの利用とデジタル・テクノロジーへのアクセスが、シニアの人々の生活の満足感を高める鍵となっている。[81] 孤立や寂しさのリスクが増すシングルの高齢者たちにとって、友人や愛する人たち、特に若い世代とのコミュニケーションの機会が増えることは大きな利益となる。

また、シングルの高齢者たちの場合、既婚者と比べ、血縁関係がより重要になる。結婚している人たちは主に配偶者に頼っているが、シングルシニア、特に子どものいない人たちは、必要なときには、より広い親戚縁者のサポートを活用している。[82]

多くのシングルの人たちが、親戚の一員としての役割を真剣に果たしており、最近の研究によれば、彼らはその役割を結婚している人たち以上に大切に考えていることがわかっている。[83]

私のおこなったインタビューでも、幸福なシングルシニアたちは、親戚関係を大切にすることによって、高齢になってからのシングル生活に備えていることがわかった。特に、未婚の高齢者はきょうだいとの緊密な関係を保っている人が多く、兄弟姉妹と一緒に暮らしている人たちもいた。[84]

シングルの高齢者の生活における姪《めい》や甥《おい》の役割に注目した研究もある。[85] 子どもたちはふつう、おばやおじを長く知っており、家族の歴史を共有し、長期的な関係を築き、似たような価値観をもっている。だからこそ、おばやおじが年をとったとき、特に彼らが結婚していない場合、姪や甥たちと有意義で相互的なつながりを保つ場合も多い。

ある女性ブロガーは、こう書いている。

私は姪をすごくかわいがっていて、彼女のことをすごく自慢に思っている。それから、犬を飼っていて、自分の子どものように考えている。もちろん、本当の子どもとは違うってわかってるけど、でも、私にとってはこれでいいの。[86]

コミュニティーに根ざしたサービスも、シングルシニアの寂しさを減少させ、彼らが直面する困難の悪影響を弱めるうえで非常に重要であり、効果的だ。

いろいろな活動や、クラブなどを組織するシニア・センターをはじめとするサービスは特に効果がある。緊急事態の場合にシェルターとなり、安全も提供してくれるからだ。こうしたセンターは、自分と同じような困難に直面しているほかのシニアと一緒に過ごしたいという人のニーズにも役立ってくれる。同じような趣味をもった人々と興味をともにすることができるし、その年齢に適したイベントに参加することも可能だ。

こうしたサービスは、子どものいないシングルシニアや、子どもと遠く離れて暮らしている人たち、それにマイノリティーのシニアにとっては、特に重要な意味がある。[87]

また、動物介在活動に参加したり、単に自宅でペットを飼ったりするだけでも、動揺や落ち込み、怒り、自傷などのネガティブな行動パターンが減少し、心身の健康向上に効果があることがわかっている。[88]

特に、犬のような動物を飼えば、外出と運動が必要になる。ペットを連れて散歩することは、地域社会との関わりを強めることにもつながる。近所の人との会話のきっかけになったり、会話の時間が増えたりする効果があるためだ。[89] シングルシニアにとって、これは特に重要なことだといえる。彼らはたいてい、労働市場からはすでに退出しており、他者と交流する機会が減っているからだ。

幸せに年を重ねるシングルたち

シングルとして人生の円熟期をどう生きるかという疑問は、ある意味、幸福なシングル生活の中心的な原則を内包しているといえる。人生の後ろのほうの段階をひとりで生きることを想像して大きな不安に直面し、それゆえに結婚に踏み切る人が多くいるからだ。[90]

本章で紹介したさまざまな研究結果やシングルの事例を踏まえると、シニア期の寂しさに対処しながら、健康で心安らかに生きるには、結婚だけが唯一の解決策とは必ずしもいえないのではないだろうか。

年を重ねてから寂しい思いをするのが不安だという理由で結婚する人が多い一方で、結婚したことのない人たちのほうが、実際には、シングルの生活に備えるためのいろいろな枠組みを用意している。

自身の状況を受け入れ、ひとりでいることを楽しみ、身体的困難をサポートしてくれる人たちのネットワークを構築し、ステレオタイプや偏見を克服し、恋愛関係に代わる人間関係を見つけ出すことによって、長期間シングルとして生きてきた人たちは、ひとりで生きることに順応し、より幸福になっており、寂しい思いをすることも少なくなっているのだ。

これらの調査結果の因果関係は、すぐに明らかになるものではない。シングルの人たちは、現実に順応する必要に迫られて、自らのウェルビーイングを増進するための施策の種類を増やしていく。

もしかしたら、ひとりでいることを楽しむ人たちが、シングルになったり、シングルでいたりするのであって、その逆は成り立たないのかもしれない。この仮定は、この本で述べていく戦略が正しいのかどうかという、より大きな疑問に関わってくる。

今までに紹介してきた、自分の現実に順応できているシングルの人たちの物語からもわかるように、これらの戦略や生き方は習得可能かつ、学ぶことのできるものなのかもしれない。

これから長い期間にわたって自分はシングルでいるだろうと悟り、これらの戦略を採用する人々の能力は、調査のなかでも特に顕著なものだった。

ソフィアはその好例だ。彼女がブログを始めて、自分の状況を理解し、受け入れるまでに9年かかった。そして、シングルとして輝いて生きるためのいくつかの戦略を採用するまでには、さらに1年かかった。

それらの戦略は彼女のもともとの習慣ではなかったが、彼女はそれらの戦略を自分のものにすることによって、単にシングルとして生きるだけでなく、「幸せなシングル」として生きることに成功している。

イヌイットの神話も教えてくれるように、**私たちは、いつひとりになるかを選ぶことはできない。しかし、寂しく思わないと決めることはできる。**

あの年老いた女性は、自分が見捨てられることになるとは、予想していなかっただろう。ちょうど、新婚の若いカップルが、将来、別離や配偶者の死によって寂しいときを迎えることをほとんど想像してもみないのと同じように。

それでも、あの年老いた女性は新しい現実に順応し、虫と友だちになることによって、しっかりと人生を歩んでいった。

それと同様に、予想に反してシングルの境遇になってしまったと感じている人たちも、自分のまわりにある豊富なチャンスを最大限に生かしていくことができる。

読者の皆さんはシングルシニアがどれほど生活を楽しんでいるかを知って、驚いたかもしれない。イヌイットの神話では、狐は年老いた女性に襲いかかって彼女を殺してしまうだろうと思われたが、実際には彼女に明るい未来を与えてくれた。

これと同じように、私たちはシングルで生きることを、苦しく寂しく暮らすものだと決めつけがちだ。だが、実際には、長い期間シングルで生きることによって、適応力を身につけ、年を重ねたときの孤独感を軽減すると同時に、本当の幸福を得ることができる。

私が出会ったシングルシニアたちは、将来ひとりで直面する困難に対処するために、社会的、経済的、そして居住面でのクリエイティブな解決策を編み出していた。彼らから学ぶところは大きい。

シングルシニアたちがどのようにして、現実に対処し、輝いて生きているかを理解することで、私たちは、シングルの人たち、カップルの人たち、両方のウェルビーイングを増進するにはどうしたらいいのか、理解できるのではないだろうか。

また、そもそも私たちはなぜ結婚するのかという、重要な問いについて考えてみることで、自分自身の生き方や社会全体のあり方を見直してみることもできるかもしれない。

第3章

社会的プレッシャーに負けないために

「すぐにパートナーを見つけることができますよ」

期待外れの「シングル向け」ワークショップが示唆するもの

ある日、私はリベラルなことで知られる都市テルアビブの中心にある、美しいコミュニティーセンターにいた。

ここに来たのは、とてもおもしろそうなワークショップへの招待メールを受けとったからだ。それは、「どうしたら、シングルは幸せに生きられるか」というテーマのワークショップの第1回だった。

私は興奮していた。シングルの人たちが幸福《ハッピー》なシングル生活を送るために、プロが助けてくれるのだ。そして、それがどのように役立つかを知ることのできる、完璧な機会だ。私は早く内容を知りたくてうずうずしていた。

入り口にこんな掲示があった。

——匿名のシングルの集まり　４階。

階段を1段上がるごとに、ますます期待が高まった。きっと、新しい運動の始まりを目撃することになるはずだ。

これから始まるワークショップは、砂漠のなかのオアシスのようにきらめいている予感がした。家族が今も重要視され、経済協力開発機構（ＯＥＣＤ）に加盟する国家のなかで最も出生率の高いイスラエルにあって、そこはまさしく救いと受容の場所に違いない。

部屋のなかはかなり混んでいた。30人以上いて、ほとんどが30〜45歳といったところだろう。ワークショップが始まった。興奮した雰囲気が伝わってくる。イスラエルのシングルの人たちにとって、これは突破口《ブレイクスルー》になるのではないだろうか？

——自分はシングルで幸せだと思う人は、手を挙げてください。

ワークショップのリーダーが質問した。手を挙げたのは、ひとりの女性だけだった。

――自分はシングルで不幸だと思う人は、手を挙げてください。

ふたりの女性が手を挙げた。そのうちのひとりは、さっきも手を挙げた女性だ。彼女は自分のことを、幸せだと、そして、不幸だとも思っているらしい。

ほかの人たちはどう感じているんだろう？　私は不思議に思った。周囲で次々に聞こえるささやき声から、その答えはすぐにわかった。

――私はシングルでも平気なんです。ただ、「とにかく早く結婚しろ」ってまわりの人たちに言われるのにうんざりしてるの。

ひとりの女性が後ろのほうで言った。真ん中あたりにいた男性はこう言った。

――私もだ。えり好みし過ぎるんだって言われるのは、もう飽き飽きだ。

別の誰かがつぶやいた。

——自分を愛していない、自分に自信がないんだって思われてるんだ。

ワークショップのリーダーが、その場をまとめた。

——OK、ありがとう、皆さん。このワークショップでは、どうすれば自分にお似合いのお相手を見つけられるか、いろいろなコツを伝授します。デートの仕方、おたがいを勇気づける方法など、さまざまな戦略をやってみましょう。

皆さんもすぐにパートナーを見つけることができますよ。

彼女は説明を続けた。

——交際相手募集の自己紹介の書き方、異性に対する正しいアプローチの仕方も勉強しますよ。

……ちょっと待ってほしい。みんなが望んでいるのは、そんなことじゃない。

この部屋にいる人たちのなかには、確かに、デートのコツとか、魅力的な自己紹介の書き方とか、異性へのアプローチの仕方とかを知りたい人もいるのかもしれない。だけど、彼らが本当に困っていることについては、教えてくれないのか？　シングルの生活で、今の彼らの境遇のままで、幸せになりたいという人たちはどうなるんだ？　どう考えたって、ここにいる多くの人たちは、魔法や、ロマンスや、一角獣《ユニコーン》を求めて来たわけじゃないはずだ。彼らはただ、自分の境遇に適応し、自分たちが経験している、社会からのプレッシャーに立ち向かいたいと思っているだけだ。

まったく、来る前によく考えれば、わかったはずのことだった。私は楽観的過ぎたのだ。「匿名のシングルの集まり」というタイトルを見ただけで、理解できたはずなのだ。

このタイトルの「シングル」を、「薬物依存症」「ギャンブラー」「アルコール依存症」などと置き換えてみればいい。参加者はそういう名前の汚名《スティグマ》を着せられているのだ。つまり、シングルでいることは、避けるべきことであり、克服すべきことだと考えられている。いや、もっと悪いかもしれない。それは罠《わな》であり、そこから脱出しなければならないとさえ思われているのだ。もし、自力で脱出できないなら、すぐにプロの助けを借りたほうがいい。

「シングルでつらい」なんて、どんなことがあっても、絶対に誰にも言ってはならない。それは魅力のないことであるばかりでなく、恥ずべきことなのだ。見苦しい皮膚の発疹のように、隠しておかなくては。そうすれば、誰にも気がつかれずにすむかもしれないから。

テルアビブはほかの場所と特別違うわけではない。世界のどこでも、個人が恋愛や結婚に関する選択をおこなう際には、文化的、社会的態度が反映される。子どもたちは、結婚して、安定した家族を築くように教育され、社会化されていく。[1] シングルであることは、社会からも、個人からも、ネガティブにみられることが多い。女性の場合は特にそうだ。[2]

結婚するべきだという社会的プレッシャーがあるにもかかわらず、結婚しないままでいることを選ぶシングルの人たちが世界的に増えている。だからこそ、ここである疑問が生じる。

彼らはいったいなぜ、また、どのようにして、その選択をしているのか？　社会から押しつけられるスティグマを克服し、周囲からのプレッシャーに抵抗するために、彼らはどんな新しい戦略を用いているのか？

これらの疑問の答えを見つけるためには、まず、シングルの人たちに対する社会からのプレッシャー、スティグマ、差別の問題を理解することから始めるのがいいだろう。

そうすることで、幸福なシングルの人たちが社会的プレッシャーを克服するために用いているさまざまな戦略についても、検討していくことができるだろう。

シングルへのスティグマと社会的プレッシャー

「スティグマ」とは何か

スティグマという言葉の語源は、「汚点《ブレミッシュ》」とか「印《しるし》」というような意味で、ギリシャの文化に深く根ざしている。

スティグマは、裏切り者や犯罪者、奴隷の皮膚にはっきりとつけられた刺青や烙印《らくいん》のことで、それを見れば彼らが道徳的に劣った人間であることがわかるようになっていた。公然と避けて、遠ざけるべき、「汚染された人間」というわけだ。その意味は当時から少しずつ変わってきた。

こんにちでは、スティグマは、精神的、身体的な障碍《しょうがい》や、人種、民族、健康、教育など、いろいろなかたちで存在し、さまざまな面で人々に影響を与えている。[3]

人が一度スティグマを与えられると、それはその人の感情や信念にネガティブな影響をもたらす。特に、そのネガティブな心理的作用は精神疾患を引き起こし、[4]自己肯定感を低下させ、[5]落ち込みや、[6]ネガティブなアイデンティティーの原因となる。特に、危機的な状況ではそうなりやすい。[7]

また、スティグマは教育的、経済的、法的に深刻な影響を及ぼす。たとえば、スティグマを与えられた人間は、友人や職場の同僚たちによって、なんらかの活動から除外されるかもしれない。

シングルの人は十分に成熟していないし、友好的でもないから、自分たちの社会的サークルに参加するべきではないと考える人たちもいる。[8]それはまた、影響を受けた人の行動をかたちづくり、その人の社会経済的地位をさらに低下させることにもなるかもしれない。

「既婚者＝成熟している」「シングル＝未熟」という勝手な思い込み

意外に感じる人もいるかもしれないが、多くの欧米諸国で、シングルは成人の過半数を占めているにもかかわらず、おおいに汚名を着せられている。

　本書でも先述した、ある研究では、１０００人の大学生に「結婚している人たち」「シングルの人たち」に対して彼らがもっているイメージの特徴を挙げてもらった。[9] シングルの人たちに比べて、結婚している人たちは、「成熟している」「幸せ」「正直」「愛情のある」などと表現されることが多かった。

　一方、シングルの人たちは、「未熟」「不安定」「自己中心的」「不幸」「悲しい」「寂しい」など、ネガティブにみられていた。

　この研究の次の部分では、同じ学生たちに、25歳と40歳という、二つの年齢における「結婚している人たち」と「シングルの人たち」のイメージを語ってもらった。その結果、シングルの人たちのネガティブなイメージは、年齢の高い人たちに対しては、より強くなっていることがわかった。

　40歳のシングルの人たちは、「社会的に未熟」で、「適応できていない」、また、「嫉妬深い」と思われていた。さらに、シングルの人たちの生活環境は、結婚している人たちより劣っているとみなされている。このことは、シングルであることは、規範から逸脱した存在だという現実を作り出している。[10]

　このような社会的規範は、「独身差別《シングリズム》」（singlism）と呼ばれる、シングルの人たちへの差別のかたちであらわれることもあれば、[11]「マトリマニア」(matrimania) という結婚熱のかたちであらわれることもある。[12] この二つが組みあわされると、ますます、シングルを孤立させることになる。

シングルに対するネガティブなイメージは、彼らを望ましくないものとして描くさまざまなメディアや文章によって、さらに増大し、維持される。[13] シングルの人たちは、このような差別、スティグマ化、社会全体に広がるステレオタイプを内在化していく。

また、離婚後、配偶者の死後にひとりで生きていこうと考えている人たち、あるいは単にシングルでいることを選択した人たちに対して与えられる、ネガティブな社会的、教育的、経済的、法的な含蓄をも内在化していく。[14]

シングルに対する差別の程度を試算するために、私は欧州社会調査 (European Social Survey) を分析してみた。残念ながら、差別に関しては、独身差別についての直接的な設問はなかった。しかし、民族、人種、言語、宗教、年齢、ジェンダー、障碍、国籍など、別のタイプの差別を除外することによって、独身差別が存在する程度を計測し、推定することができた。

その結果、**結婚していない人たちは、結婚している人たちと比べて、50%多く差別を経**

験していることがわかった。
最も憂慮すべきなのは、ほかの差別を受けているグループと異なり、シングルの人たちは、偏見から保護されないままでいるという事実だ。その原因は、**シングルであることは、そもそも、保護するに値しないと考えられている場合が多い**ことにある。

家庭や職場で浴びせられる「悪気のない」言葉

結婚しなければならないというプレッシャーは、「恋愛関係―家族構造」という覇権《ヘゲモニー》に適合している。

人は結婚しているだろうという思い込み、あるいは、もしそうでないなら、シングルでいるのを不本意に感じているはずだという思い込みは、どちらも非常に強く規範化されているので、独身差別の罪を犯している人たちは、自分たちがシングルの人たちを傷つけていることに自身では気づいていないのだ。

多くの場合、このような偏見は家族のなかで口にされている。

たとえば、42歳のマータは、シカゴに住む両親から遠く離れてロサンゼルスに住んでいるが、それでもプレッシャーを感じているという。彼女と同じような気持ちの人は多い。

私の家族は、私が結婚していないことを理由に私を悪く言う。父は自分の面倒をみてくれる男を見つけないのは馬鹿だと言う。母はいつも、私のことを心配しなくてすむんだったら、彼女の人生はいいものになるはずだって言ってくる。私は母に、結婚していれば安心安全というものではない、妻と別れたり、妻を見捨てたりする男はたくさんいると主張してみる。でも、母からすれば、男は結婚しているほうが、相手を捨てにくいものらしい。

「あなたの彼氏が結婚する気がないんなら、いつか、きっとあなたを捨てるでしょう。昔、私が付き合っていた（当時）14歳のボーイフレンドがそうしたようにね」。

残念なことに、マータは、自分が「愚か」である、安心安全でない、母親を心配させている、相手に捨てられる可能性が高い、というメッセージを受けとっている。マータは自分の家族と一緒にいるときでさえ、世界中のシングルが、家庭内でも、友人たちのあいだでも、職場でも経験している、シングルに対する不安や偏見と闘わなければならない。

このようなシングルに対するネガティブな態度は、特に、年齢が上がるにつれてひどくなる。彼らは、若い人たちよりもっと弱くて、人の世話になる存在だと思われているからだ。[15]

悲しいことだが、マータがもう少し若かったら、そして、もし男性だったら、彼女のシングルという状況も、もっと受け入れやすいものと受け止められていたかもしれない。シングルの女性は、シングルの男性よりもっとひどくスティグマに苦しめられることが、調査結果からわかっている。[16]

これらの研究によれば、差別、偏見、加えて社会からの期待すべてが、女性に対して、より強く向けられる。というのも、女性は男性に比べて、地位や権威のあるポジションにつける人が少なく、ほとんどが不公平な条件で働いており、また、専業主婦になる人も多いからだ。

家族の形成に重きを置く、伝統的かつ宗教的で、保守的な社会の人たちのあいだでは、スティグマを与えられることが特に多い。[17] だからこそ、伝統的な社会に生きるシングルマザーはさらにスティグマを付与されるリスクが高い。シングルでありながら子育てをすることは、伝統的な家族の規範から最も逸脱したものだと考えられるからだ。[18]

シングルに対する差別の例

シングルの人たちはいろいろな意味で（公然との場合もあれば、暗におこなわれる場合もあるが）、社会から排除され、差別されている。独身差別に関する文献や資料は、そのほんの一端を明らかにしているにすぎない。独身差別が当たり前のようにおこなわれている分野をみてみよう。

不当な解雇

よく知られている例として、2014年にビュート・セントラル・カトリック・スクールから解雇されたシーラ・エヴェンソンのケースがある。彼女が独身なのに妊娠しているという手紙が教区に送られたためだ。[19] 何年にもわたる面倒な法的手続きのすえに、やっとのことで、学区とローマ・カトリック教会へレナ教区とのあいだで和解協定が結ばれた。

アメリカの法廷はこれまでに何度も、結婚せずに妊娠している教師の解雇は無効だという判決を出してきた。それでも、このような差別的な行為は後を絶たない。[20]

たとえば、こういう例もあった。イギリスの正統派ユダヤ教の保育園で働く24歳の教師ゼルダ・デ・グローンは、恋人と「罪深い生活」を送っているという理由で解雇されたが、これは宗教的、性的な差別にあたるということで勝訴した。[21]

ゼルダは上司たちから屈辱的な面談を強いられ、23歳のときに結婚するべきだったと言われた。雇用裁判所は、このような扱いは「侮辱的で、名誉を傷つけるものであり、攻撃的である」と裁定した。[22]

私たちは、人種、民族、性的指向を理由とする差別の例は見慣れているが、結婚していないことを根拠に独身の人を解雇したり、そもそも雇用しなかったりといったことも、それらと同じくらい、しょっちゅう起きている。

彼らが結婚していないのは、単に自分の私生活において自分自身の選択をしている結果にすぎないにもかかわらずだ。

2010年にも、サウスカロライナ州の共和党の元上院議員ジム・デミントが、「ボーイフレンドと一緒に寝ている結婚していない女性は……教室にいるべきではない」とあからさまな発言をしている。[23]

小さな町では特に、多くのシングルが学校の採用委員会の選考に合格できなかったり、子どもたちのそばにいるべきではないと暗にプレッシャーをかけられたり、あるいはあからさまにそう言われたりしている。[24]

「家族がいないなら、もっと働いて！」

結婚している人たちに比べて、シングルの人たちの私生活は、正当なものでも、重要なものでもないという考えもはびこっており、シングルの人たちは毎日の職場でもしばしば差別にさらされている。

欠勤している同僚の仕事をカバーしたり、残業したりするように命令されるのは、暇があるはずだと決めつけられているからだ。既婚者より多く出張に行くべきだと思われているし、既婚者が家族と過ごすために休暇をとっている時期には勤務シフトを引き受けるべきだと考えられている。

その結果、シングルの人たちがわずかな残業代で、あるいは報酬なしで、既婚者より長時間働かされるのもよくあることだ。

次に紹介する匿名の独身男性の投稿を読めば、このような決めつけが、はっきりとではないにしても、しょっちゅうおこなわれていることがわかるだろう。

私は職場でひどい独身差別がおこなわれていることに気づいた。結婚している人たち、特に子どものいる人たちは、自分たちのスケジュールは私のスケジュールより優先だと考えているらしい。なぜかというと、私は独身だから、彼らのような責任がないと思われているわけだ。

3週間ほど前、会社が研修を企画し、2日間のうちの1日を選ぶようになっていた。研修の通知を受けとると、私はすぐに前のほうの日に申し込んだ。後のほうの日は休暇をとってあって、親友とバーベキューをしに行く予定だったからだ。

研修のわずか2日前になって、ミーティングがあった。研修の日程が話題になって、文句を言い始めた人たちがいた。

「その日は子どもの面倒をみることになってるんです。だから、絶対無理」とか、「その日はうちの子の大事な試合があるんだ。その日はダメ」とか、「その日は子どもたちの医者の予約があって、変更をお願いしたら、診てもらえるのはずっと先になってしまう」などなど。

で、彼らは前のほうの研修日に申し込んでいる人たちに、ほかの人の都合に合わせて、後のほうの日に変わってもらえないかと言い出した。設備の関係で、1日目と2日目の各クラスに入れる人数は限られているからだ。

もちろん、大勢が私のことをあてにしていた。私が独身だと知っているから、彼らに言わせれば、**「あいつが替わってくれていいはずだ。独身で、責任がないんだから」**ということらしい。

私はただ、「悪いけど、交代はできません。その日はバーベキューの予定があるから」と言った。彼らは、おまえの「娯楽」のバーベキューがうちの子どもたちより重要だっていうのか、と言わんばかりだった。[25]

この話も、シングルの人が自分の優先事項をあきらめ、もっと仕事をするようにプレッシャーをかけられた多くの事例のひとつだ。シングルの人たちはレジャーの時間をあきらめるように要求されるだけではない。シングルであることが理由で、既婚者より収入が少ないことにも気づいている。

ある研究によると、既婚者は同等の仕事をしているシングルよりも約26％多く報酬を受けとっている。[26] さらに、多くの雇用主が従業員の配偶者や同居しているパートナーの医療費そのほかの福祉手当を負担しているが、シングルの従業員の親やきょうだい、親友のためにそのような福祉手当を提供することはない。[27]

このような慣習や偏見は仕事上の昇進にも影響を与えており、シングルの人たちの昇進を既婚者よりも遅くしている。[28]

「既婚者優遇」の法制度

独身差別はまた、別の姿でもあらわれている。それは、シングルの人たちには支援をせずに、結婚している人たちを制度的に有利な立場にする法的措置だ。

たとえば、国によってはカップルや家族には、政府による保険や社会保障制度などの恩恵があるが、シングルの人たちにはそれがない。[29] 結婚している人たちは、配偶者の介護をするために特別休暇をとることができるが（たとえば、アメリカでは、家族・医療休暇法がある）、シングルの人たちは、配偶者と同じくらい近しい人を介護する場合でも、同等の恩恵に浴することはできない。

欧米のいくつかの国々では、結婚しているかいないかによる差別は法律で禁止されているが、このような法律が世界中どこの国にもあるわけではない。たとえあったとしても、効果的に執行されているとは限らない。[30]

フェイスブックで、シングルのグループに投稿しているカレンは、これは社会的不平等の問題だと考えている。

きのう、年に一度のレビューのために、財政アドバイザーに会った。これまで、シングルの人たちが定年後、どれほどひどく差別されているか、気がついていなかった。本当に腹が立った。特に、アメリカは富裕層や大企業のために減税をしているんだから。彼らのほうが、そういう極端に高い税率にだって耐えられるはずなのに。[31]

カレンは税制や法律による独身差別に気がついた目撃者のひとりにすぎない。

「ジ・アトランティック」誌の詳細な記事によれば、一生をつうじてみると、結婚しない人は、結婚している人に比べ、医療費、税、個人退職金、社会保障費などを、100万ドルも多く支払っている。

この記事の著者たちによると、**シングルの人には手に入らない、結婚している人たちだけのための公然で法的な、あるいは財政的な恩恵を提供している法律は実にたくさんある。**アメリカ合衆国連邦法第5章第3部に、「大統領は、結婚しているか、いないかの違いによる差別を……禁止する規則を規定することができる」とあるのにもかかわらず、そうなっているのだ。[32] **まさにこれは社会的不平等の問題といえるだろう。**

家を借りるのにも一苦労

住宅供給の面でもこうした不平等が起きている。

ある研究では、54人の不動産業者に対して、結婚しているカップル、恋愛中で同棲《どうせい》しているカップル、「たんなる友人」だという男性と女性の3種の選択肢だったら、不動産を貸す場合にどのような優先傾向があるか、質問した。[33] 希望者の学歴、職業、趣味などの条件はほぼ同じようなものであっても、明らかに多数（61%）の不動産業者が結婚しているカップルを好み、24%は同棲中のカップルに貸すと回答し、友人どうしのふたりに貸したいと言ったのは、たったの15%だった。

不動産業者が既婚のカップルを好み、シングルの人には家を貸したくないと回答したときに研究者たちが、その決定は差別的だと抗議すると、彼らの典型的な反応は、「友人どうしのふたりがシングルであること自体が理由であって、偏見や差別ではない」というものだった。

このように、**人種差別、男女差別、そのほかのよく知られている種類の差別とは異なり、独身差別は、差別的な行為だと意識されないままでおこなわれているの**だ。

はっきり定義しにくいものかもしれないが、このような差別はシングルの人たちのウェルビーイング（健康と安心）に対して、考えられているよりはるかに大きい影響を与えている。この点については続く部分で詳しくみていこう。

差別が人々に与える悪影響の深刻さ

複数の研究結果が明らかにした差別と心身の健康の関係

ほかのマイノリティーのグループについての研究からわかるとおり、シングルに対する差別は彼らの心の健康やウェルビーイングを大きく損なう可能性がある（残念ながら、独身差別の影響を計測した臨床研究や、統計的な研究はまだおこなわれていない）。

ある研究では、差別と受けとられる言動が、レズビアンの女性、ゲイの男性の心の健康に与える悪影響を調査した。[34] すると、感じられた差別と、心理的苦痛、精神疾患、人生はつらくなる一方だという感覚、人生が妨害されているという意識などの心の健康の指標とのあいだには、相関関係があることがわかった。

ほかの調査からは、感じられた差別が人種的マイノリティーの人たちの心の健康を害することがわかっている。アフリカ系アメリカ人の若い成人に関する研究では、参加者が報告した人種差別的な出来事の数にもとづいて、心の不健康状態が予測できるとしている。[35] 難民や移民の心の健康についての研究からも、似たような結論が導き出されている。[36]

もっと最近のメタ分析からは、差別されたと感じると、心の健康だけでなく、身体的健康も悪影響を受けることがわかっている。[37] 実際、マイノリティーの人たちのあいだでは、差別を感じたことと、体重増、肥満、高血圧には強い関係がある。[38]

また、別の研究では、差別を受けることと、喫煙の程度の悪化、アルコール消費、薬物の乱用のあいだにも相互関係があるとしている。[39] マイノリティーかどうかに関係なく、女性の場合、差別的な行為と体の健康に関係があるという調査結果も出ている。[40]

「誰か見つけたほうがいいよ」

差別のタイプによって、それが心と体の健康に悪影響を与えるメカニズムは異なるが、全体的なトレンドからみると、いずれにしても、シングルの人たちは苦しめられている。これは、私の研究からも確認できたことだ。インタビューに答えてくれた人たちの多くが、差別のせいでダメージを受けたことを報告していた。

イギリスのマンチェスターに住む53歳のジョンは、こう話していた。

ほかの人から、プレッシャーを受けていると感じる。自分自身に対するプレッシャーだ。まったく。「急いで、誰か見つけたほうがいいよ」とか言われるわけだ。重荷に感じるんだよ。それから、しばらくのあいだ、納得できない気持ちになるんだ。

このような感情は、離婚した人たちや配偶者に先立たれた人たちのあいだでは特に強い。彼らの属する社会や、彼ら自身の状況によっては、それ以外のシングルの人たちに比べて、スティグマを与えられる傾向が強いからだ。[41]

こうしたネガティブな影響は、周囲の環境が非協力的だと、さらに悪化する。その人のコミュニティー内の支援があれば、差別を感じることによる心の健康へのネガティブな影響を減少させることができるが、[42]そうでないシングルの人たちのなかには、さらに悪影響にさらされやすくなる人たちもいる。特に、年齢の高い人たちはそうだといえる。

しかし、**私たちは差別的な慣習も、社会からのプレッシャーも、拒否することができる。**幸福なシングルとは、このような現象を回避するすべを学んだ人たち、それに、力強く対抗するすべを学んだ人たちだ。だから、ほんの少しでもいいから、彼らのように幸福で、差別から自由なシングルになるための「道具箱《ツールボックス》」にはどんなものが入っているのか、深く考えてみることにしよう。

社会的プレッシャーと差別に立ち向かうための5つの戦略

シングルの人たちに対するあからさまな文化的嫌悪が存在し、また、結婚していない人たちを差別する政策まで定められているにもかかわらず、[43]シングルでいることを選択し、充実した人生を送っている人が増えている。[44]

シングルの人たちは、ネガティブな自己認識に慣れてしまっている。しかし最近では、人口統計上の変化もあり、独身差別やスティグマ化の影響に簡単には傷つかない、むしろ、まったく屈しない「新しいシングル」が次々と誕生している。[45] そして、最新の調査結果によれば、この新しく生まれたシングルの人たちは、以前のままのシングルの人たちより、幸福だということがわかっている。[46]

彼ら、新しいシングルを助けている戦略がどんなものなのかこれから詳しくみていこう。

戦略①独身差別に対する意識を高める

最初に明らかになった戦略は、**シングルを取り巻く差別と社会的プレッシャーを認識すること**だ。この戦略を理解すること自体は容易だが、実行するのはそう簡単ではない。

差別を受けたという意識が、シングルの人たちの自己肯定感に与える影響を探った研究によると、シングルの人たち自身でさえも、独身差別についてまったく無知であることがわかった。[47]

シングルの人たちのうち、「シングルの人たち」という項目を、差別されているグループとして自発的に選んだのは、たった4%だった。そして、シングルの人たちはスティグマ化されているかと、はっきり質問されたときに、「イエス」と答えた人は、シングルの人たちの30%、カップルになっている人たちの23%だった。

これとは対照的に、ゲイの男性の100%、肥満の人たちの90%、アフリカ系アメリカ人の86%、女性の72%が、自分たちのグループは差別されていると答えている。これらの結果からは、独身差別という習慣は容認できるものだと考えられていることがわかる。

それ以上に重要なのは、独身差別についての認識を高めた回答者たちは、同時に、自尊心と幸福感をも増大させているということである。つまり、**差別を認識することこそが、独身差別の影響を回避するための重要な第一歩**なのだ。

この点について、ロリという人物は次のような投稿をしていた。

世界には独身差別と結婚至上主義が満ちていると気づいた自分は頭がおかしいわけではないとわかって、私はかえって、自分のことでも気分がよくなったし、物事を以前より明確にとらえることができるようになった。今ではそれに気づけてよかったと思っている。

もちろん、ときどき、ムカつくこともある。でも、ムカついていたのはずっと前からだったのに、私は自分の怒りには理由があるということに気づいていなかった。[48]

差別に気づいて、「これは差別だ」と認識したことで、ロリの気分は以前よりよくなった。シングルの人たちが差別を認識し、その効果が彼らの心の健康にあらわれるということは、一見すると理解しにくいことかもしれない。

しかし、そのほかの疎外されたグループのことを考えてみれば、彼らもまた、さまざまな社会運動をとおして、自分たちの置かれている状況に対する意識を高め、差別の問題を公共の課題とすることによって、自分たちの心の健康を増進させてきたのだ。

実際、シングルの人たちが自分たちに向けられたネガティブな社会的態度を認識できていないことを考えると、こんにち、社会運動はとりわけ必要になっているのかもしれない。

ロリはまた、こういう投稿もしている。

独身差別を「差別だ」と認識していない人たちがどれほどたくさんいるだろう。私も働き始めたばかりの20代のころには、自分をそういうふうに扱うことは「正しい」ことだと思っていた。[49]

戦略②ポジティブな自己認識をもつ

第二の戦略は、ポジティブな自己認識の構築だ。

たとえば、664人の若い成人が参加したある研究によると、ポジティブな人間関係と自己認識は、希望的な見通しとウェルビーイングの増大につながっている。[50] 研究からは、**ポジティブな自己認識は高レベルの幸福感と相関関係がある**ことがわかった。個人主義の傾向の強い文化にあっては特にそうだが、それ以外の国でもやはり同様である。[51]

60歳で、離婚の経験のあるパトリシアは、こう話した。

結局、自分にどれだけ自信をもつかだと思うの。自分自身が、「ああ、シングルだなんて本当に情けない」なんて言っていたら、まわりの人たちももちろん、いろいろ言ってくるわけ。だけど、**シングルでいることは、私の人生にとっては問題でもなんでもないの**。私は自分で選択したんだし、私はシングルでいることが上手にできているの。

パトリシアはインタビューのあいだ、ずっと機嫌がよかった。自分の状況をポジティブにとらえているし、自信をもっている。

彼女の話を聞いていると、シングルでいるという自分の選択についての自信が、全体的な自己認識につながっており、自分自身、そして、シングルの女性であるという現実に対しても、満足していることがわかる。

ドイツのフランクフルトに住む37歳のリナは、パトリシア以上に、ポジティブな自己イメージと自己受容の重要性を強調する。

私の考えでは、(自己イメージと自己受容の)多くはあなた自身のかもし出すイメージに左右されるんだと思う。あなたが自分を受け入れれば、ほかの人たちも多分、あなたを受け入れるようになる。

おかしな話なんだけど、ドイツに来たとき、私は結婚してないのに、教会にいた人たちが、もっと子どもをもつ気があるのかって何度も聞くの。

「次の子どもはいつ産むつもり?」って。

私は、「ちょっと待ってよ。その前に結婚しなきゃ」って言ったわ。しばらくしたら、その人たちにもわかってもらえた。
つまり、こういうことなのよ。**自分で自分を受け入れることができれば、まわりの人たちも、そのままのあなたを受け入れるようになる。そのままのあなたであることを、彼らも問題にしなくなる。**

私の統計的な分析でも、ポジティブな自己認識は、離婚した人たち、配偶者に先立たれた人たち、結婚したことのない人たちの幸福感と同様の関係があることがわかっている。結婚していない人たちの場合、ポジティブな自己認識のレベルがほんの少しでも上昇すれば、そのたびに、結婚している人たちの場合よりも大きな効果があらわれる。
見方を変えて、年齢、教育、収入、性別、子どものあるなしなどのほかのあらゆる変数を考慮に入れるなら、ポジティブな自己認識をもつシングルの人の幸福感は、ポジティブな自己認識をもたないシングルの人に比べて、30%近く高まっている。

ニューヨークに生まれ、現在はロンドンに住む、31歳のマヤはこう話している。

これはみんなにいうべきことだと思うし、見ていればおもしろいと思うんだけど、人は誰でも自分自身の人生の旅をしているの。誰でも、自分自身をもっとよく把握することができれば、ありのままの自分に対してもっと居心地がよく感じられるようになっていく。

楽観主義も、同様の役割を果たしている。楽観的な態度でいることは、私のインタビューでも、重要なテーマになった。楽観的な考え方こそが、自己認識と主観的なウェルビーイングをつないでいることは、ほかの研究結果からもすでに判明していたことだが、私の調査の結果もそれと一致している。[52]

スウェーデンに住む54歳のヨルゲンはこう言う。

自分がシングルだっていう気はしないんだ。うれしいことに、自分は守られてるって気がしてるし、あんまり心配することはない。いい人生を生きていると思ってるし、それで十分だ。

私が統計を分析した結果でも、楽観的な見方をするシングルの人たちは、そうでない人たちに比べて、35%多く幸福を感じている。人は楽観的でいたほうが気分がいいことは明らかだ。

ここで疑問となるのは、シングルの人たちのポジティブで前向きな自己認識のために、結婚している人たちの場合と比べて、楽観主義がより重要な役割を果たしているかどうかだ。

私はその答えを、自分のおこなった別の統計分析のなかから、見つけることができた。それによると、楽観主義は、結婚していない人たちにとって、特に重要な役割を果たしていることがわかった。

この理由として考えられるのは、ポジティブで前向きでいるという内的な傾向は、子どもや配偶者という外的な「セーフティー・ネット」をもたないシングルの人たちにとってはプラスになっているということだ。このような内的な傾向が、人が逆境と闘うための自信と自立の意識を育ててくれる。[53]

ポジティブな自己認識のもうひとつの側面は、自分は価値ある存在であり、教養を備えていると感じられることであり、それは仕事や趣味、あるいは友人たちをつうじて得ることができる。

第6章で詳しく述べるが、シングルの人たちは、よりフレンドリーで、物質的なことにはあまり執着せず、ほかの人たちより多くの意味を仕事から見出《みいだ》す傾向がある。たとえば、シングルの人たちは、結婚している人たちと比べて、よりおもしろく、挑戦しがいがあり、達成感のある仕事を探すこと、また、仕事をつうじて結婚している人たちより多くを内在的に得ていることが、研究によってわかっている。[54]

私の分析もこの研究を支持している。自分は価値ある存在であり、教養を備えているという感覚をもっていれば、結婚したことのない人たち、離婚を経験した人たち、そして配偶者に先立たれた人たちの幸福感のレベルは、結婚している人たちと比べて高くなっている。

これは、自分は教養を備えた、価値のある存在だと感じるだけで、シングルの人たちは結婚している人たちとのギャップを埋めることができるという意味だ。その理由は簡単だ。シングルの人たちは、核家族の外に意味を見出し、それによって自尊心を高めることができているのだ。

この章で説明している**ポジティブな自己認識を構成する要素は、自信、楽観主義、自分には価値があると思えることの3点**であり、これらの要素がシングルの人たちの自己認識を高めうる道筋を示している。

確かに、ポジティブな自己認識を育てるのは、簡単なことではけっしてない。また、シングルの人たちの自己認識は、ほかの複数の要素によって決まる。

それらの要素とはつまり、収入[55]、教育レベル[56]、家族のサポート[57]、それに宗教への信心[58]だ（これらの要素はどんな人の場合でも、自己肯定感を左右している）。ある研究によれば、教育レベルが高いほど、家族のサポートが多いほど、そして宗教心が弱いほど、シングルの人たちの自己受容は高い傾向がある[59]。

別の複数の研究によれば、文化的な要因、特に、個人主義が人々の自己肯定感を左右していることがわかっている[60]。したがって、シングルのポジティブな自己認識は、これらの多様な要素と関連しつつ、彼らを内側からも、外側からも支えているといえるだろう。

戦略③ネガティブ思考をやめ、シングルにやさしい環境を選ぶ

第三の戦略は、**シングルの人たちを取り巻いているプレッシャーと差別を避ける**ことだ。

ロサンゼルス、ロンドン、東京などの大都市では、シングルにやさしい環境が数多く発展している。こうした地域では、年齢に関係なく、ひとりで生きることが「クール」で「かっこいい」と思われている。

52歳のジャスティンは、自分の住んでいるロサンゼルスを絶賛している。

> ロサンゼルスのようなところでは、まわりにいる自分と年齢の近い人たちのほとんどがシングルなんだよ。大都市は、特にロサンゼルスは、「身をかためて子どもを作ろう」なんていうよりは、もっと遊び好きな都市なんだ。こういう都市に住むのは、本当に楽しいね。

ロサンゼルスのような大都市はプライバシーを大切にする。そこではシングルの人たちは消極的になることなく、ほかの人たちとつながり、多くの活動を楽しむチャンスを得ることができる。第1章で説明したように、空前の数のシングルの人たちが大都市に集まってきたのも不思議なことではない。

しかし、現代のシングルのニーズに応えることができる場所は、大都市だけではない。地方のもっと宗教心の強い地域でも、シングルにやさしい環境が生まれつつあるし、アメリカの多様な教会で、シングルの生活は熱い話題になってもいる。[61]

２０１３年には、カトリックの伝統の文化のなかでもシングルの人数が増えたことを考慮して、シングルの人生を認め、祝福するようカトリック教会に対して働きかける異例の記事も発表された。[62] この記事は、カトリックのコミュニティー全体で反響を呼び、非常に多くの賛同を得た。

このようなシングルにやさしい環境においては、シングルのコミュニティーの描写のされ方や社会的構成が、ポジティブな自己認識を促進する条件を生み出すものとなっている。こうした環境は、シングルのライフスタイルを正常なものととらえているので、自己肯定感の低下につながる独身差別や結婚至上主義を弱める助けになっている。[63]

さらに、シングルの人たちを支援する共同住居や、集団生活のプランも誕生している。[64] 近年では、さまざまなソリューションが展開されており、そのなかには、一日計算でオフィス空間を貸し出すWeWorkの系列企業で、シングルをターゲットにした市場志向型のWeLiveがある。WeLiveは今、ワシントンDCとニューヨークのマンハッタンで、以下のようなコンセプトで営業しているという。

> WeLiveは、コミュニティー、柔軟性、そして、私たちはみな、自分を取り巻く人たちと同じ人間なのだという信念にもとづいて発展した新しい生き方だ。メールルーム（郵便物の仕分けのための部屋）から、バーやイベント・スペースの役割も果たす洗濯室、

共同キッチン、ルーフデッキ、浴室にいたるまで、WeLiveは有意義な関係を育てる実際の空間を作ることで、伝統的なアパートメントの生活以外のあり方を模索していく。[65]

このようなコミュニティー・スペースは、衣食住の面で似たような考え方の人々を集めるだけでなく、帰属意識をもつことのできる柔軟な社会的ネットワークを提供することによって、人々を結びつけている。

私たちはWeLiveの声明に内在している非常に慎重な言い方に注意を払うべきだろう。「有意義な関係を育てる実際の空間」というとき、「長続きする」ではなく、「有意義な」という言葉を選んでいるし、関係（relationships）は「s」を付けて複数形にしているから、一対一の献身的な関係を意味しているわけではない。

このような背景で、LGBTQ［レズビアン（Lesbian）、ゲイ（Gay）、両性愛（Bisexual）、トランスジェンダー（Transgender）、クィア（Queer）またはクエスチョニング（Questioning）の人たち］のコミュニティーのことを考えてみるのは興味深い。

性的少数者の人たちは実際、「性的少数者であること」と「シングルであること」の二重のスティグマに対処しなくてはならない。しかし、このような二重の重荷を背負っているにもかかわらず、ＬＧＢＴＱの人たちの住居形態と社会的習慣を調査してみると、彼ら、特に高齢の人たちは、ＬＧＢＴＱ以外の人たちに比べて、共同の住居で暮らしている人が多く、性的少数者にやさしい環境で暮らすことの恩恵を受けている。[66]

つまり、社会的なスティグマに慣れているＬＧＢＴＱのコミュニティーの人たちは、現実には、ほかのシングルの人たちが直面する、「結婚しなければならない」という社会からのプレッシャーを受けることも少なく、その結果、友人と一緒に暮らす人たちが異性愛者のシングルの人たちよりも多いのだ。

彼らはもとより、自分はアウトサイダーだと感じている。だからこそ、少なくとも、考えを同じくする人たちと一緒に暮らすことから得られる多くの利点を享受することを選んでいるのだ。

また、アイデンティティーを共有し、同じ困難に直面し、自分の社会的状況について全面的に共感できる人たちと一緒にいることで、幸福感を増大させ、気分が落ち込むリスクを軽減させることができる。研究からも、自分と同様の友人たちと一緒にいる性的少数者の人たちは、より多くのものを享受し、快適な生活をしていることがわかっている。[67]

実際、民族的にもマイノリティーのＬＧＢＴＱの高齢者は、三重、四重の社会的スティグマを受ける可能性もあるわけだが、彼らは自分と同じアイデンティティーをもつ人たちと一緒にいることから、とりわけ恩恵に与《あずか》っている。[68]

そう考えると、シングルにやさしい環境を見つけることができたシングルの人たちは、社会関係資本による利益だけでなく、ほかの人たちと分かちあい、共感を得られるという付加価値をも手に入れることができる。

戦略④差別的な習慣を真正面から拒絶する

第四の戦略は、**差別的な習慣を真正面から拒絶する**ことだ。

このようなアプローチは、これまで自分たちの権利と社会のなかでの居場所を求めて闘い、すでに各国の政府や組織から認められるに至った多くの民族的、性的な少数者のグループにとっては、けっして新しいものではない。[69]

しかし、このような戦略はまだ、シングルの人たちには受け入れられていないし、当たり前のことにもなっていない。シングルの人たちは、差別的な習慣に対して、独創的な方法で、個人的に闘わなくてはならない。

「アイリッシュ・タイムズ」紙に掲載されたロスの発言によれば、典型的な差別的習慣とはこういうものだ。

首を傾けて、いかにも同情してるような声で、「ああ、まだ独身なんですか」って言われる。お返しに、いかにも同情してるような声で言ってやりたくなるよ。「ああ、まだ結婚してるんですか？　自分でなんとかできないんですか？」ってね。ああいう言い方は、「シングルの人間である自分は無価値なものだ」って言われてるのと同じだ。[70]

ロスには結婚生活を攻撃する考えはなく、彼がこう返答したいと思った言葉は、自衛的な意図で思いついたものだと強調する。そう返すことで、人の生き方はさまざまだということを指摘して、ほかの人たちのものの見方を変えることができるかもしれないと彼は思ったのだ。

そのような返答をすることで、もしかしたら、シングルの人たちが受け入れられるようになり、「結婚しなければならない」という社会からのプレッシャーをもっとはね返すことができるかもしれない。

49歳の離婚経験者レイチェルは、ロスよりもっと率直だ。彼女は自分のブログに、「シングル・アクションの呼びかけ」というタイトルの闘争的な記事を書いている。

最も基本的なサポートを結婚と家族に頼る現在のシステムを受け入れてしまうと、私たちは「自分たちはシステムのなかの悪なのだ」と罪の意識を感じなければならなくなってしまう。

私たちを思いやりのある社会から遠くへ遠くへと押しやる勢力に立ち向かうときがきたのではないか？

シングル・アクションを開始するときがきたのではないか？

シングル・アクションとはすなわち、シングルの人間として、社会構造のなかに組み込まれているはずの社会的サポートのために闘い、おたがいを支えあう責任を真剣に果たしていくことだ。

シングルの人間として、真の独立とは相互に支えあうことなのだと、私たちは誰よりもよく理解している。私たちは、もっと思いやりのある社会にするために、この知恵を使おう。

少しでも多くのシングルの人たちが、どんな仕事で生計を立てているか、年齢はいくつかなどに関係なく、たとえ、一生シングルでいることを選んだとしても、必ず、大事にされるようにしよう。[71]

彼女が心から望むのは、スティグマを軽減するとともに、シングルの人たちを排除したり、シングルの利益に反対したりすることのない社会を築くことだ。こう考えているのは、レイチェルひとりではない。

このような呼びかけの声は日に日に高まっているが、本当の変化はほんの少ししか起きていない。[72]それでも、こうした動きは実際に社会の変化を起こすだけでなく、ほかの種類の社会運動の場合と同様に、参加する人たちに恩恵とエネルギーを与えていることが研究からわかっている。[73]

こうして、私たちは差別的な習慣を積極的に拒絶することによって、社会的アイデンティティーを構築し、差別的な習慣によって引き起こされる困難を軽減することができる。そういう意味では、抗議することこそが、シングルの人たちが権限《パワー》と自信を勝ち取るための第一歩なのだ。

戦略⑤自らの権限を強化する

第五の戦略は、**自分がシングルであることについて、無視されているとか、魅力的でな**

いなどと考えるのはやめて、もっとポジティブな見方をすることにより、自分の権限を強化することだ。

この戦略は、ポジティブな自己認識を育てることとは異なる。個人のことに焦点を合わせることとは違い、シングルである自分の状況に関わることだからだ。この場合、幸福なシングルの人たちは、結婚していないという自分の状況をポジティブなものととらえ、シングルであることが自分の幸福に不当に影響を与えることを許さない。

近年、研究者たちは、シングルの生活や人生、ステレオタイプについて研究する際、シングルの人たちをひとつの同質的なグループではなく、二つのタイプとして基本的に区別しなければならないと考えている。

第一のグループは、「自分の選択でシングルでいる人たち」で、彼らはシングルであることを幸福に思っており、パートナーを求めてはいない。第二のグループは、「状況によってシングルになった人たち」で、結婚を希望している人たちや、現在も結婚しようと思っている人たちが含まれる。

もちろん、それぞれの個人は現在属しているグループから、もうひとつのグループに移行することもできるが、二つのグループは、自分がシングルであることをどう感じているか、シングルであることをどの程度まで受け入れているかという点で異なる。[74]

永続的にシングルである、あるいは一時的にシングルであることを幸福に感じている人たちに権限を付与することは特に重要だ。なぜなら、こういう人たちは、最も厳しい社会的な問題に直面しがちだからだ。

意外にもこういうシングルの人たちは、できればカップルになりたいと思っているシングルの人たちに比べて、もっとネガティブに受け止められている。[75]なかでも、自分の選択によってシングルであることを選んでいる人たちは、なりゆきによってシングルになっている人たちに比べて、特に哀れで、孤独な存在だとみられている。後者のシングルの人たちのほうが、成熟していて、社交的だと思われているのだ。

このような結果になった理由を考えてみると、自分の選択でシングルでいる人たちは、結婚至上主義という社会的規範に反抗しているとみられて、他者の怒りを引き起こすが、状況によってシングルになってしまった人たちのほうは共感を得ることができるからだ。[76]

シングルの人たちの権限を強化するためには、当事者たちがシングルでいることを心地よく感じるだけでは十分ではない。社会と、そして、周囲の人々がより親切になるように、シングルの人たちに対する解釈の仕方を再定義しなければならないのだ。

ポジティブなものの見方を身につけるためには、いろいろな方法がある。シングルの権限を強化することを目的として最近書かれた本や記事は、変化をもたらす迅速で、簡単な方法の一部とみることができるだろう。懐疑的な立場をとる人たちもいるかもしれないが、ポジティブな考え方を奨励する本は、読者のウェルビーイングに持続的なよい効果を残すことが、各種の研究からわかっている。[77]

また、なんらかの講座を受講する、ワークショップに参加する、コンサルティングを受けるなど、権限を与える介入をおこなえば、シングルの人たちの幸福を増大させ、彼らが社会的緊張や、差別に立ち向かえるようにすることができるという分析結果もある。[78]

このことは、ある意味で、私が参加してみたシングルのための匿名のワークショップを思い起こさせる。

シングルの人たちのなかには、自分にふさわしい相手を見つけたい、結婚という道を歩んでみたいと望む人たちもいた。だが、そうではなくて、自分のシングルという状況に不安を感じないようになりたいと切望する人たちもいた。

結婚していない自分の状態を安らかに感じられるようにサポートしてくれるワークショップは、めったに開催されていないが、そのニーズは確かにある。

そういうワークショップは、どんな内容であるべきだろう？　世の中にごまんとある、結婚生活を向上させ、長続きさせるためのセミナーのことを考えてみよう。それらのセミナーと同じように、心理学者や教育者たちは、シングルのライフスタイルに役立つワークショップや講座を開発することができるはずだ。

実際、離婚した人たちや、配偶者に先立たれた人たちが感じる喪失と別れを克服するサポートをおこなう支援グループはすでに数多くある。だが、過去を乗り越えるだけでなく、さらに必要なことがある。

結婚していない人たちも、自分の新しい状況を楽しむことができるのだから、離婚したばかりの人たちや、配偶者に先立たれたばかりの人たちのためのセミナーも、それを目標にして計画するべきだ。

同様に、学校も、その教育カリキュラムのなかで、シングルのライフスタイルについての情報を提供するべきだ。**今の子どもたちの一部は一生結婚しないだろうし、誰もが長い人生のいつかの時点で、必ずシングルとして生きていくことになる。シングルとしての生活の仕方、結婚至上主義への対処の仕方は、私たち全員の社会生活の道具箱に用意されていなければならない。**

本書では、幸福なシングルの生き方の多くの側面を紹介してきた。

この章では、幸福なシングル生活を送るための最も重要なステップを紹介した。この章で説明した5つの戦略——①独身差別に対する意識を高める、②ポジティブな自己認識をもつ、③自分に適した環境を選ぶ、④差別的な習慣に屈しない、⑤自らの権限を強化する——は、どれも、必ずしも個人のニーズや意志と結びついていない社会的連鎖を破るためには不可欠なことだ。

社会的な重荷から自己を解放することができさえすれば、シングルの人たちは必ず、力強く生きるすべを見出し、本当の意味で幸せなシングルライフへの道を切り開くことができるだろう。

第4章

ベッドはひとりで、ボーリングはいっしょに

1960年代の映画にみる人間関係の可能性

1965年、映画『戦場のピアニスト』で知られるロマン・ポランスキー監督は英語の映画としては第1作になる『反撥《はんぱつ》』を発表した。この映画の主人公は、ロンドンで姉と暮らすネイリストのキャロル・ルドゥーだ。

美人で内気なキャロルは、ハンサムな若者に言い寄られているのだが、まったく相手にしない。彼女は自分の美貌によって得をしようとすることはなく、自分の殻に閉じこもり、悲劇的な死に至る。

映画批評では忘れられがちだが、この映画ではシングルの人の社会的な交流が描かれている。キャロルは、姉と暮らすアパートメントの窓から、隣にある女子修道院の庭で修道女たちが楽しそうにキャッチボールをするのを何度も繰り返し眺めている。

友情が男女関係の代わりとなって、おたがいに支援と幸福をもたらしているこうした社会的関係の可能性について、この映画はこれ以上詳しく語らない。

そのことは、1960年代という時代にふさわしかったのだろう。その時代にはまだ、そうしたオプションは宗教の世界以外では異質なものだったのだ。それでもポランスキーは、このような人間関係の可能性を最も良識のある、最も魅力的なものとして描いている。

今では、キャロルのようにパートナーを求めるのを拒否することも、狂気だとは考えられなくなった。この映画が発表されたときには、18歳以上の成人の72％が結婚していたが、今ではその割合は50％ほどだ。[1] しかしながら、社会がキャロルの恐怖をどのように克服してきたのかはいまだによくわかっていない。

この謎は、ひとりでいること、孤立していると感じることからくる恐れに対処するために、現代のシングルの人たちが用いている戦略のいくつかを明らかにすることで、解明することができるだろう。ここからは、社会関係資本《ソーシャル・キャピタル》の研究とともに、シングルの人々にとって、社交性がどれほど役に立つか、明らかにしていく。

そうすることで、修道院の中庭で遊んでいる修道女たちを見つめるキャロルの心に何が去来していたかを読み解くとともに、どうしたらシングルの人たちが自分のウェルビーイング（健康と安心）を向上させることができるかを明らかにしていけるだろう。

ひとりでいるのが嫌いになる瞬間

「憂鬱な週末がやってきた！」

誰でも、社会の一部になるためには、パートナーをもたなければならないようにみえる。まるで、社会というパズルの最も小さいピースが、最小でもふたりの人間からできているとでもいうように。

結婚していることの最大の利点は人と一緒にいることであり、結婚のなかにある依存関係だと考える人は多い。[2] 結婚は、個人のウェルビーイングを著しく低下させるおそれのある長期的な孤立に対する、最も一般的に普及したワクチンだと考えられているのだ。[3]

ミーガンは30代で、結婚したことはない。尊敬される職業につき、ニューヨークで快適に暮らしている。ミーガンは友人からも、同僚からも好かれていて、誰もが彼女と一緒にいたがるが、日曜日がくると、彼女は追いつめられた気持ちになる。彼女はブログにこう書いている。

長いあいだ、シングルである私は日曜の朝が大嫌いだった。目を覚ますと、自分はひとりだと感じて不安になる。

パートナーがいたら、自己嫌悪のせいでできた傷口に塗る軟膏《なんこう》になってくれるのに、と思っていた。パートナーと一緒に「怠惰な日曜日」を過ごすのを夢みていた。けだるい朝のセックスをして、寄り添って、それから、コーヒーかブランチ……。でなきゃ、コーヒーを飲んでから、ブランチも食べて。満ち足りた気持ちが二日酔いを和らげてくれて、手をつないで散歩するとかね。[4]

ミーガンのように、多くのシングルの人たちが、核家族という仲間がいないために、週末につらい思いをする。[5]

これには、主に二つの理由がある。第一に、週末は仕事がないから、シングルの人たちは何かをする時間が余るほどある。第二に、同僚や顧客と社交的な交流をしようにも、まわりに人がいない。パートナーや子どもがいれば、人とコミュニケーションを図るという欲求も満たすことができるし、週末の自由時間を一緒に過ごせる。これらのニーズが満たされないことで、シングルの人たちは心理的な苦痛を感じ、ウェルビーイングが損なわれるときもある。[6]

シングルの人たちは、ひとりで大丈夫だと思っていても、ある種の社会的な交流の際に、自分は場違いだと感じ、自分の価値が減少するように考えることがある。多くの場合、このような感情は、社会の偏見を反映している。

前の章で説明したように、社会がシングルの人たちを重荷であるとか、ひどい場合には脅威であるとみていることを示す証拠はいくらでもある。シングルの人たちは、普通より暴力的だとか、不安定だとか、助けの必要な人たちだなどとみられている。[7]

この章の冒頭で紹介したポランスキーの映画『反撥』は、シングルの人たちはひとりでいることに耐えられない、すぐに狂気に陥るという、社会における根深い恐怖感を強調した名作でもある。映画の最後で、キャロルは自分に好意をもつ青年とアパートメントの大家の両方を殺してしまう。ひとりで生きている人はこうなるのではないかという、社会の究極の恐れを思い知らされて、荒涼とした気持ちになる。

ピンチの時はやっぱり心細い

このような感情面での困難に加えて、シングルの人は、家事をするうえで、また、失業した場合や、病気になったり、体が動かなくなったりした場合には、肉体的、物質的な困難に直面することがある。

パートナーのいる人たち、まして、パートナーと子どもの両方がいる人たちであれば、そういう場合には不自由しないだろう。近親者がすぐに助けてくれるはずだからだ。[8] 失業すれば、パートナーはセーフティー・ネットの役割を果たしてくれるし、病気やけがで、体の動きや食事、着替えに困難が生じたら、サポートしてくれるだろう。

セイラという女性が書いたある記事では、ひとりで生きることの困難が次のようにつづられている。

——

ひとりで生きているのは嫌だと感じるときや、シチュエーションには、二つある。

まず、何かを開けることができなかったときだ。このあいだなんか、買ったばかりのサルサの瓶をタイルの床に力いっぱい叩《たた》きつけて、割れたガラスから食べようかと思ったくらい。だけど、瓶のふたを叩いたり、ひねったり、タオルを持ってきたり、角を打ちつけたりして、5分後にはなんとか開けることに成功した。手がすっかり痛くなったけど。

もうひとつは、病気のとき。正直いって、ひとりでいて、具合が悪いことほど嫌なことはない。それがそんなにつらいのは、寂しさそのものではないの。起き上がって、ベッドからトイレより遠いところまで歩いて、料理をしながら食べ物のにおいをかがなくてはならないって思っただけで……。

控えめな言い方で言っても、とても、そういう気分にはなれないでしょう？　だから、栄養不足で死んでしまうかも、って思う。何日も食べないから。[9]

セイラは、何かが必要なときに立ち往生してしまうことを恐れており、瓶のふたを開けることのような、日常の平凡な仕事における困難について書いている。

瓶や缶を開けられなくて困ったときに電話をかけられる緊急電話番号などない。シングルの人たちは、その場ですぐ、単純な、しかし必要な助けが欲しいと思ったときには、無力感や悔しさを味わうこともあるかもしれない。高齢になればよくある、身体面での不自由さや食事の問題においては、困難さがさらに増していく。

セイラと同様、多くの人がひとりの生活をそれなりにうまくこなしていると語りながらも、何か早急に助けが必要になったとき、困難に陥ってしまうことがある。

実際、人々が結婚に踏み切るのは、「誰かと一緒にいることはすばらしい」というファンタジーによるものではなく、自分の弱さを心配してのことが多い。結婚は、肉体的に衰えたときに備える保険のようなものと考えられているのだ。

結婚は、その問題に対するソリューションか？

障碍《しょうがい》を抱える人たちの事例が示す「結婚保険」の限界

結婚はピンチのときのためのセーフティー・ネットだという考え方は広く信じられている。しかし、この考え方にはおおいに疑問がある。[10] その点をはっきりさせるために、ある種のリトマス試験紙として、障碍を抱える人の場合、結婚という支援システムにどれほどの実力があるか、検討してみよう。

障碍のある人たちが自分で自分の世話をする能力が損なわれたとき、たいていは、近親者や親しい友人が介入し、手助けするものと期待される。それが毎日の場合も多い。

結婚がこうした支援を提供するものと考えられているわけだが、欧州社会調査（European Social Survey）の分析によれば、30歳以上の人で、結婚している人たちのうち障碍のある人の割合は、3・1％だ。未婚の人たちのうちでは6・3％、そして、離婚した人たちの場合は7・2％となっている。

つまり、実際には、助けの必要な人ほど、離婚後、ひとりで暮らしていることが多いといえる。いや、むしろ、放っておかれているというべきかもしれない。

結婚している人たちのグループと離婚した人たちのグループの差は憂慮すべきものとなっている。障碍のある人たちは、そうでない人たちに比べて、離婚する可能性が42％も高いのだ。結婚は本当に助けが必要になったときのための保険の役割を果たすと期待されているが、これは明らかに、障碍のある人たちにとっては当てはまらないことになる。

障碍のある人たちは、弱い立場のグループのひとつの例にすぎない。

同様に、仕事を失った人たちも、周囲から放っておかれるリスクがある。配偶者が失業すると、離婚の確率が高くなることが複数の研究からわかっている。[11] 多くの人が、パートナーからサポートしてもらえる代わりに、非常にストレスな状況に陥り、それはやがて離婚につながる。

残酷な言い方に聞こえるだろうが、失業は収入の推算を歪《ゆが》めてしまい、その結果、結婚から期待できる利益の大きさが変わってしまう。そしてそのことが、パートナーを以前ほど「価値のない」存在にしてしまうのだろう。[12]

「欲深い結婚」の落とし穴

人が一度障碍や失業という困難に直面すると、離婚の可能性が高まるだけではない。彼らがもし、結婚したままでいたとしても、重荷はすべて彼らのパートナーの肩にのしかかる。自分たち以外の人々との関係が弱まってしまうからだ。

その理由をこのように説明する学者たちもいる。伝統的な家族の単位は、サポートと専心的な配慮を提供するものと期待されているが、自分たちの核家族のなかで内向きになり、その外にいる人々に背を向けやすくなる。

しばしば、「欲深い結婚」(greedy marriage)と形容される現象がこれだ。[13]カップルが結婚したままでいたとしても、長年のうちに周囲の社会的リソースが枯渇してしまっているために、何か負担となる事柄が起こると、その負担に耐えられなくなってしまうのだ。

男性は特に「欲深い結婚」の落とし穴に陥りがちだ。既婚男性が自分たちの社会的なつながりにつぎ込むリソースは少ない。[14] だから、いざ助けが必要になったときに、彼らはより弱い立場になり、彼らが得られる経済面、感情面でのサポートも少ない。[15]

38歳のエレノアは、かつてロングアイランドに向かう電車のなかで年上の女性と会話した際、エレノアがシングルだと聞いたときのその女性の反応を思い出す。

女性：まあ、大変！　年をとったら、誰に面倒をみてもらうの？

私　：さあ、わかりません。あなたは年をとったら、誰に面倒をみてもらうんですか？

女性：私には夫もいるし、子どもたちもいるから。みんなが面倒をみてくれるわ。

私　：そんなこと、どうしてわかるんですか？

私が「そんなこと、どうしてわかるんですか？」と言ったとき、彼女は、別の席にすわればよかったと思ったみたいだった。私は、あらゆる理由を並べ上げて、彼女が年をとったとき、私より安心というわけではないと説明した。

「だって、人生は本当に不確かなものでしょう？　保証されていることなんてなんにもないですよ。夫や子どものいる女性がすべて、年をとったときに面倒をみてもらえるなら、どんなにいいでしょうね。でも、残念ながら、現実はそうとは限りませんよ……」。

私は説明を続けた。

「私の友だちの高齢のおば様は独身で、とても元気な方で、最近『とても安らかに』亡くなりました。夫も子どももいなかったけど、亡くなる前の数週間は親戚やお友だちが大切にお世話をしていました。私たちに必要なものはそれだけでしょう？　私たちを愛してくれて、喜んで世話をしてくれる人がいれば、それで十分です[16]」。

エレノアは、結婚こそが助けを必要とするときのための究極の保険だという、その女性の思い込みに疑問を投げかけたのだ。

先述の調査からみても、パートナーに頼ることは危機の際の保証にはなりえず、それどころか、ほかの支援のリソースを弱体化させる可能性もあるというエレノアの主張は正しいことがわかる。

特に、伝統的な事柄が疑問視されがちな現代にあって、このような結婚への不信感から、多くの人々がまるで家族のようなネットワークを築くようになっており、そのようなネットワークが家族よりももっと効果的な場合もしばしばある。

「ネットワークでつながる個人たち」

かつては家庭が支援システムの基礎だった。しかし、最近では、個人どうしがつながる方向へシフトしてきている。「ネットワークでつながる個人たち」と呼ばれる現象だ。[17]このトレンドは、個別化とテクノロジーに伴う接続性によって促進され、世界的なスケールでますます進行している。[18]

パートナーでなくても「力を貸してくれる人たち」

特に、比較的若い世代のシングルのあいだでは、日常生活のなかで友情がより大きな役割を果たすようになっている。以前なら家族によって提供されていた感情的、社会的、物質的、経済的なサポートが、社会的ネットワークによって提供されるようにもなっている。[19]

若者に限らず、中高年にいたるまであらゆる年齢のシングルの人生に親、きょうだい、友人たちがいて、彼らを愛し、気づかっており、必要なときには頼ることができる。[20]

先ほどのリトマス試験紙の話に戻ってみよう。障碍のある人たちの社会的状況を検討すると、ネットワークでつながった個人主義の状況がよくわかってくる。たとえば、30歳のシングルで、子どものいないフンニは、友人たちが自分の障碍に対処する支援システムの役割を果たしてくれているとブログに書いている。

幸運なことに、私には、物事がうまくいかないときに助けてくれる友人たちや家族のすばらしい支援システムがある。ときには体を自由に動かせないこともあり、自分自身の交通手段もないので、遠くに行かなければならないときは、人に連れていってもらっている。どこかに行く必要があるときは力を貸してくれるみんなに本当に感謝している。[21]

フンニには、障碍をカバーしてくれる夫や子どもはいない。その代わり、友人たちが手を貸している。フンニはこのネットワークはとても強いものだと感じているが、その強さの理由のひとつは、ネットワークが大きいために、誰かひとりだけに大きな負担がかかることがないからだ。

みんなが「力を貸してくれる」と彼女は書いている。実際、結婚しているカップルの場合はどうしても内向きになってしまうものだが、シングルの人たちにはより多く、親戚や友人を助ける用意がある。その結果、当然、お返しをしてもらうこともできる。

また、結婚している人たちが夫婦の関係にエネルギーのほとんどをつぎ込んでいるのに比べて、シングルの人たちは、より豊かで多様な社会生活を維持している。

たとえば、インディアナ州に住む47歳のフィルの例をみてみよう。私のおこなったインタビューで、彼はこう話してくれた。

友だちはすごくたくさんいる。定期的に会って、話をする友だちのネットワークがある。最近も、友だちと交流する機会がたくさんあった。いろいろ違った方面に友だちの輪があるんだ。自分の人生の異なる領域にいる友人たちだ。そのほうが、社交的な選択肢が増えるわけだからね。

多くの研究が、フィルの証言を裏づけている。カップルに比べて、シングルの人たちのほうが社交的であり、周囲の子育てを手伝い、誰かと一緒に帰属意識の感覚を深める経験をするのを楽しみ、助けが必要な人の世話をし、より広範囲の社会的サークルから、感情

的、実際的、そして物質的なサポートを受けていることがわかっている。[22]

ますます「欲深く」孤立するカップルたち 人的ネットワークでよりつながる個人たち

もちろん、これらの研究の多くは時間の流れのある一点においてのみ、検討しているのであって、結婚は社会関係資本の減少の原因とはいえないと主張することもできるだろう。言い方を変えれば、結婚している人たちが友人をないがしろにしがちなのか、それとも、シングルだったときから、友人をないがしろにしがちな人たちのほうが、結婚する確率が高いということなのか、どちらか、はっきりわからないということだ。しかしながら、2000人以上を対象にしたアメリカの全国家族世帯調査（NSFH）の最近の長期的な分析は、前者の判断を支持している。[23]

興味深いのは、「欲深い結婚」がこの数十年のあいだにますます欲深いものになっていることだ。[24] 1980年のカップルと2000年のカップルの社会的活動の違いを比較すると、2000年のカップルは、友人との交流、共通の趣味の活動、外出などを含む幅広く多様な社会的活動には、ますます参加しなくなっていることがわかったのだ。

この間に、シングルの人たちのほうは、人間関係のネットワークをますます巧みに築くようになっている。結婚している人たちは時間がたつにつれて、ますます寂しさと孤立のリスクにさらされるようになっているが、シングルの人たちのほうはここ数十年のあいだに適応し、うまくいっているように見受けられる。[25]

シングルのインターネットの使用とカップルのインターネットの使用を比較すると、「欲深い結婚」への動きは特に顕著だ。私の分析からも、多くのシングルがテクノロジーとインターネットを使用して、友人たちや親戚とつながっているが、カップルのそのような行動はシングルより少ないことがわかった。

過度なＳＮＳの利用は、心理的なウェルビーイングをリスクにさらすが、[26]これらの活動は、他人と出会うルートとして働くので、社会関係資本を築くチャンスを提供する。現代では、カップルを組まない人たちは、より多くの人とつながり、自分の社交サークルを広げ、多方面でサポートを受ける機会を見出《みいだ》している。

このようなトレンドは、次のような疑問を提起する。

発展しつつある新しいシングルのコミュニティーにおいては、まだ研究ではわかっていないどんなことが起きているのだろうか？

シングルが幸せに生きるうえで、社会関係資本は実際にどのように役立っているのか？

そして、社会関係資本は本当にシングルの幸福を増幅させ、結婚という制度を代替できる価値あるものとなっているのか、それとも、それは一時的で、不満足なソリューションにすぎないのだろうか？

シングルの人生において社会関係資本《ソーシャル・キャピタル》がもつ意味

幸福感を大きく左右する「社会関係資本」

すでに137ページでも言及したとおり、社会関係資本という概念は、「相互利益のための集団行動を促進する規範とネットワーク」を意味する。[27] ここ数十年のあいだに特に注目されるようになり、幸福やウェルビーイングとの関係について、多くの研究がなされている。[28]

社会関係資本を理解すれば、着実かつ直接的に、その人のウェルビーイングを推測できることがわかっている。[29] また、人生の満足感は、趣味のクラブや、政治や経済活動以外のコミュニティーで過ごす時間と強く結びついていることも明らかになった。[30] 高齢者のあいだでは、特にその傾向が強い。

世界規模のデータの分析を見ても、社会的状況の変数が、主観的なウェルビーイングの国ごとの違いにおおいに影響を与えている。[31] また、一般に教会などへの出席率から計測される宗教的社会関係資本も、ウェルビーイングに対してポジティブな関連がある。[32]

私自身がおこなった国際的な調査でも、対象となったヨーロッパ諸国のほとんどで、本人の回答による幸福度レベルと、社会関係資本とのあいだに強い関連があった。この調査結果を、図5に示している。

社会関係資本は個人のウェルビーイングに直接的な影響を与えているだけではない。二次的な要素をつうじても、幸福感を左右している。

たとえば、社会関係資本が形成されると、意識の向上や身体的トレーニングによって健康状態が改善するので、その結果、生活上の満足感も高まる。[33] 社会関係資本はまた、経済的支援を増加させ、外的なストレスに対処する能力も向上させる。結果として、個人のウェルビーイングの向上にもつながる。[34]

これらの調査結果は、シングルにとっては特に重要だ。これまで述べてきたように、シ

図５　国別にみた、30歳以上の人たちの社会的活動・社会的な集まりの程度と幸福度の関係

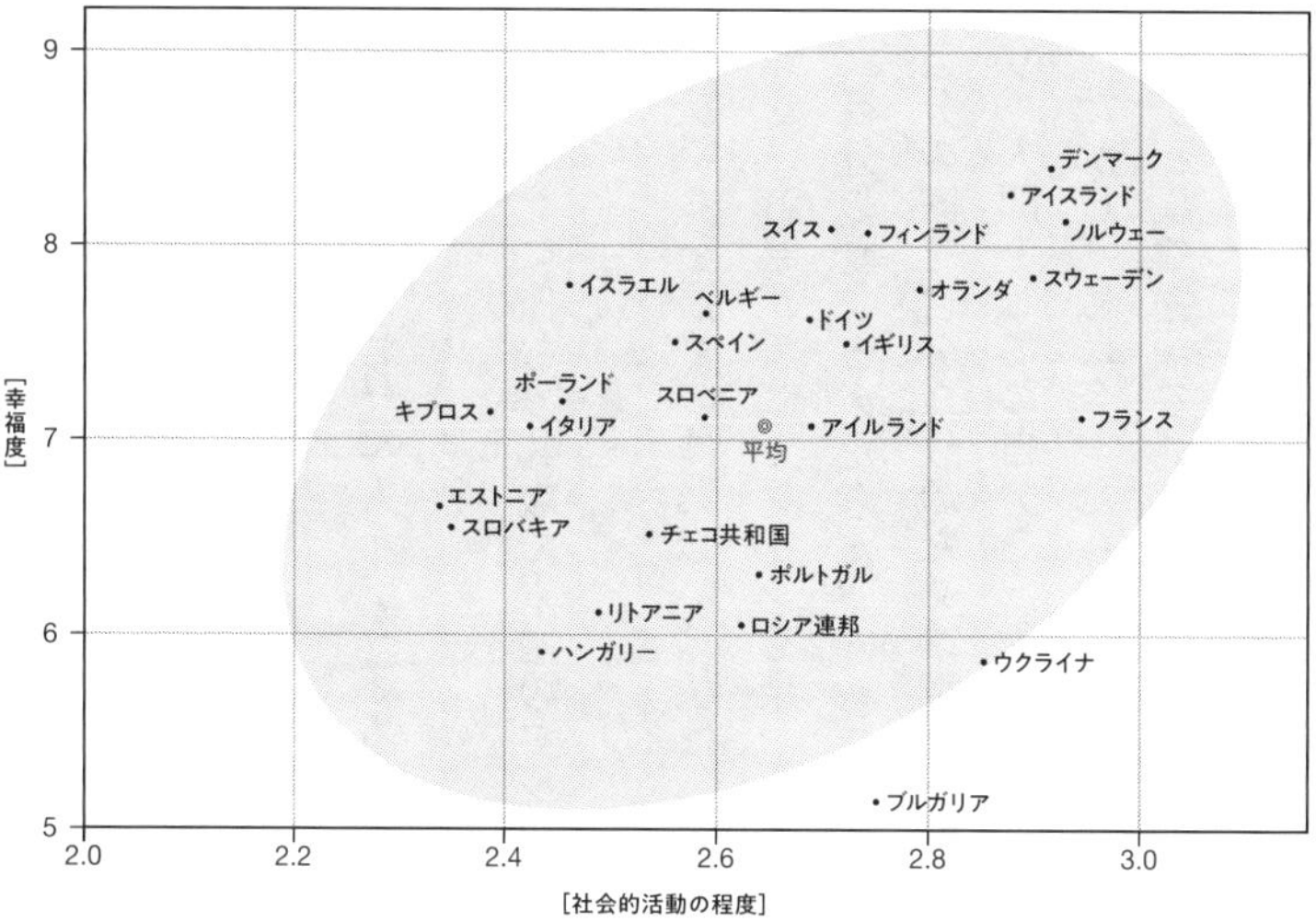

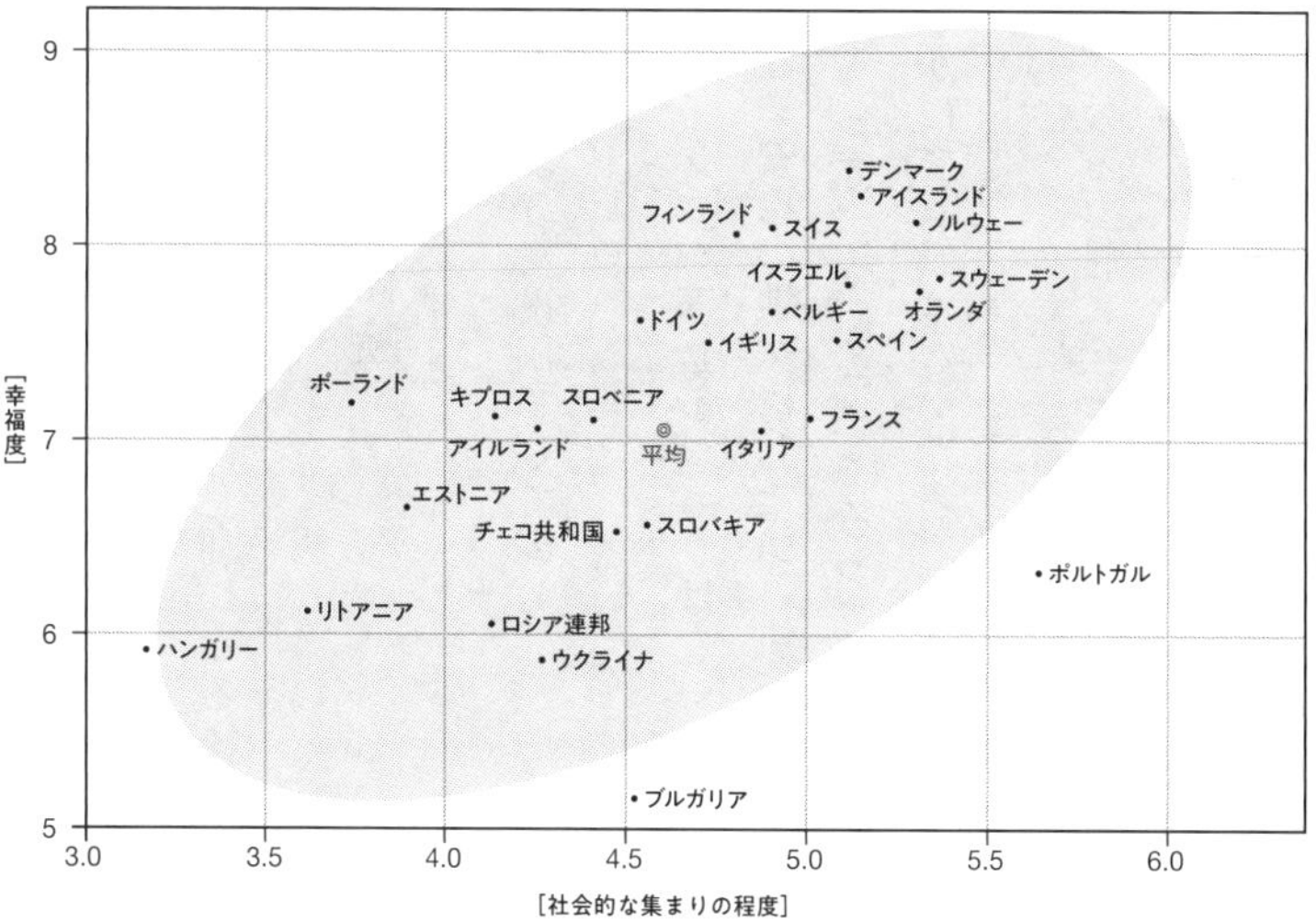

出典：欧州社会調査（European Social Survey）

注：グレーの楕円形は95％の信頼区間（平均値の信頼性を示す統計的指標。母数の存在範囲の推定指標）をあらわす

ングルの人たちのほうが社会的にアクティブであり、ネットワークで結ばれた個人主義を発展させている。このことは、直接的な支援や、フィットネス意識の高さ、経済的つながりなどをとおして、シングルの人たちの幸福とウェルビーイングに有利になる場合がある。

満たされた人生を送るシングルたちの実体験

ロンドンに住む、40歳で未婚のアンナは、以下のような投稿をしている。

友だちを招くのは楽しい。私は「孤立するタイプ」を演じるつもりはないし、自分の家を、音楽が流れ、ワインを楽しめる、小さな「安息の地」にしたいと思っている。自分の愛する人たちが、うちに来て、私に会って、歓迎されてるって感じてほしい。自分の家を自分だけのための聖地とか、繭とかにする気はないから。ここは私の家であり、人間としての自分を反映する場所にしたい。

だから、私に会ったら、あるいは私と似たような女性に会ったら、なりゆきで仕方なくひとりで生きているかわいそうな人たちだなんて、思わないでほしい。

いろいろな人に話を聞いたけど、みんな、自分の選択でこういう生き方をしている。

私たちは幸福だし、独立していて、自由なの。いつでも、私たちのところに遊びに来て。ワインを持ってきてね。みんなでおしゃべりしましょう。本当に楽しいから![35]

アンナはひとり暮らしを楽しんでいるが、自分の生活に友人たちを招き入れるなどして、友人たちの重要性を強調している。シングルに対する誤解があることを意識しており、自分は今の生き方で幸せなのだと語る。

アンナのようなシングルの人たちのほうが、友人たち、きょうだい、両親、コミュニティーと連絡を保っている場合が多く、これらの社会的、あるいは血縁によるつながりからの実際的なサポートを利用することができている。[36]

また、シングルの人たちは、周囲の人々との緊密な関係によって、より幸福に暮らしているだけではなく、敵意に直面しても、より強靭《きょうじん》な回復力をもって対処することができている。

たとえば、離婚は精神的な健康にネガティブな影響を与えるものの、離婚経験者たちは、こんにちのリベラルな社会にあっては、強い社会的ネットワークを活用し、別離や離婚による汚名《スティグマ》や、その悪影響を軽減させることができている。

離婚した人たちは、その後の経済的、感情的な困難に対処しながら、社会的ネットワークのなかで、重荷を分かちあい、助言をもらい、一緒に出かけたり、レジャーを楽しんだりするチャンスを見つけている。このような社会的ネットワークが離婚した人たちの幸福とウェルビーイングを増大させているのだ。[37]

シングルペアレントも、友人たちや親戚からのサポートに助けられている。

実際、広範囲の社会的サークルとつながることは、シングルペアレントにとっては、特に助けになる。子どもの世話という責任を分かちあえる、ほかのシングルペアレントを見つけることができるからだ。[38]

こんにちのシングルペアレントたちは、ふた親のそろった家庭の重要性をあまり強調しない世界にうまく適応することによって、自分たちの子育てをサポートしてくれる多様な社会的ネットワークを築くことができている。

32歳のジャッキーは、シングルマザーである自分は、そうでなかった場合にパートナーから受けていたであろうよりも、もっと大きなサポートを受けていると話している。

私は「シングルペアレント」という言葉は使わないことにしている。寂しさを暗示す

る言葉だと感じるから。寂しいというのは、まったく正しくないから。これほど多くの友人たち、親戚たちがいて、寂しいとか、ひとりだとか、感じる時間はない。本当に、シングルペアレントにならなかった場合を考えてみると、今のほうがずっとサポートを得られていると思う。[39]

ジャッキーにとって、周囲の人たちから受けるサポートは、物質的な意味で彼女を助けているだけではない。もっと深い、感情の面でも助けになっている。彼女が寂しいと感じることは、ほとんどない。

「幸福度ギャップ」の分析が示すもの

私の欧州社会調査（European Social Survey）の分析も、ジャッキーの主張を裏づけている。社会関係資本は、シングルの人たちのウェルビーイングを増幅させる重要な手段となり、パートナーのいる人たちと比べた場合の「幸福度ギャップ」もほとんど埋めてくれる。カップルの人たちよりも積極的に社会的交流をおこなっているシングルの人たちは、幸福指数でカップルの人たちを追い越すことさえできる。

シングルの人たちは、差別的な政策や、カップルを優遇するさまざまな特典、それに結婚へと導く選択メカニズム[40]（もともと幸福感の強い人ほど結婚しやすいというメカニズム）のせいで、幸福感の基準ラインは低くなっているのだが、それでも、これらの逆風をたやすく克服することができているのだ。

この重要な発見をよく理解するためには、シングルの人たちと結婚している人たちの幸福度とウェルビーイングの差の基準値を思い起こさなければならない。この差は通常、1ポイントより少なく、0～10の尺度で計測され、だいたい0・7ポイントとなっていた（118ページ参照）。

しかし、アプリオリな選択の影響を考慮に入れるなら、実際の数字はさらに小さくなるものと思われる。そもそも、もともと幸福感の強い人のほうが結婚しやすいからだ。

長期にわたる調査からわかったのは、選択効果は、同様の0～10の尺度で、結婚している人たちと結婚したことのない人たちのあいだの人生満足度に、0・3ポイントの差をもたらすということだ[41]。

つまり、いずれは結婚する人たちは、その前の何年間かにわたってもっと幸福だったということになる。したがって、結婚の効果は、より大きなウェルビーイングの原因としては、たったの0・4ポイントにしかならないということになる。

また、すでに述べたことだが、この優位さえもが減少していき、2年間の「蜜月期」を過ぎると、基準レベルに戻ってしまう。だから、長期的な優位はもっと小さいことになる。[42]

この0・4ポイントの差に留意しつつ、国レベルの違いだけでなく、年齢、性別、教育、収入などの個人レベルの違いも織り込むと、私の分析では、社会的活動（たとえば、コミュニティでのボランティア活動）や、社会的な集まり（友人たちとの外出など）が、幸福感のおよそ0・8～0・9ポイントを占めており、幸福感に強いポジティブな影響を与えていることがわかった。さらに、これらの調査結果は、健康的なライフスタイル、意義のある仕事、脱物《ポスト・》質主義《マテリアリズム》的な価値観など、シングルの人たちの幸福感を増大させるほかの要因とは無関係である。これについては、次の章で詳しく説明する。

これらの調査結果からまずもたらされる第一の結論は、**カップルの人たちよりも積極的に社会的交流をおこなっているシングルの人たちは、幸福指数でカップルの人たちを追い越すことができる**ということだ。

社会的な集まりや活動に積極的なシングルの人たちは、結婚している同等の人たちに比べ、0～10の尺度の幸福度で約1ポイントの差をつける。これはごく小さな差に思えるかもしれないが、この差によって、これらのシングルの人たちは、幸福感とウェルビーイングの程度において、全体の上から5分の1、あるいは10分の1に位置することになる。つまり、こうしたシングルの人たちは、自分たちの幸福とウェルビーイングを大幅に、そして持続可能な方法で向上させることができるということになる。

だが、ここで、第二のもっと複雑な問題を考えてみなければならない。シングルの人たちは、結婚しているカップルに比べて多くの社会関係資本を利用して、幸福感とウェルビーイングを向上させているわけだが、それは社会的交流が、幸福感を促進させるうえで、シングルの人たちにとってはより「効果的」だということを意味するのか？　つまり、結婚している人たちと結婚していない人たちでは、同じ程度の社会関係資本が幸福感に与える影響が違っているということになるのか？　シングルの人たちは、一回ごとの社会的交流から、結婚している人たちに比べて、より大きな恩恵を受けているということなのだろうか？

その答えは、圧倒的な「イエス」だ。

社会関係資本は、シングルの人たちの幸福に、同棲《どうせい》中の人たちや、結婚している人たちの場合に比べて、はるかに大きな影響を与えている。**シングルの人たちは、より社交的であることで、そして、見方によっては、結婚している人たちと同じ程度の社会的交流から、より大きな幸福を引き出すことで、「ウェルビーイングのギャップ」を埋めることができ**

ているのだ。

この点をはっきりさせるために、5人の人物を紹介しよう。ひとりは結婚している。ふたり目は同棲していて、3人目は結婚したことのない人、4人目は離婚した人、5人目は配偶者に先立たれた人で、年齢、教育レベル、収入などは同じくらいの人たちだ。

この5人がみな、コミュニティー内でボランティア活動をしたり、クラブ活動に参加したりするなど、社会的にとてもアクティブな人だとすると、後の3人、つまりシングルである人たちのほうが、結婚している人、同棲している人よりも、0～10の尺度で見たとき、0・5ポイント程度高く幸福度を上げることができている。[43]

言い方を変えれば、社交性はシングルの人たちのウェルビーイングを、パートナーのいる人たちに比べて、大きく向上させている。

私がおこなったインタビューの多くでも、この調査結果と同様の声が聞かれた。たとえば、ジョージア州アセンズに住む49歳のデイヴは、離婚後、さまざまな社会的活動から多くの恩恵を得ている。

――バレーボールのクラブに入ったし、自転車の仲間もできたし、水泳にも行ってるし、

――コーラスに入ったし、教会にも行ってる。いろいろな面でコミュニティーとつながっているんだ。

デイヴによれば、これらの社会的活動のおかげで、彼の人生は豊かになり、いつも何かに熱中し、エネルギッシュでいられるという。主な目的は、アクティブな状態を保つとともに、離婚の後も人とのつながりをもつことであって、パートナーになる人を見つけることではない。多様な活動に参加する目的はこの二つのどちらなのかと質問したとき、彼は躊躇《ちゅうちょ》せずに前者だと答えた。

――いろいろな活動をしていると、いろいろな人と出会えるのがいいんだ。ただ、それだけだよ。

社会関係資本がシングルのウェルビーイングに役立つ5つの理由

以上の調査結果については、さらに説明する必要があるだろう。シングルの人たちは、自分たちのウェルビーイングを向上させるために、なぜ、そして、どのように社会的交流を利用しているのだろうか？　さらに重要なのは、シングルの人たちが、カップルよりも、社会関係資本から多くの恩恵を得ることができるのはなぜなのか、ということだ。

シングルの人たちにインタビューし、投稿やブログの記事を分析した結果、主に5つの理由を見つけたので、それをこれから詳しく説明しよう。

理由①より幅広い交流により幸福感が増す

第一に、**シングルの人たちが社会関係資本からより多くの幸福感を得ているのは、彼らが結婚している人たちよりも、もっと多様な人々に出会い、さらに幅広い活動に参加しているから**だ。すでに登場してもらったフィルは、この点について、こう話してくれた。

自分の生活のなかでさまざまに異なる部分、さまざまに異なる分野から、幅広い友だちのネットワークを作っているんだ。

このような大きなネットワークが、シングルの人たちが直面するさまざまな状況で、彼らを助けている。そして、必要なときには、もっと効率的に、より広い支援の範囲を提供してくれる。

さらに、シングルの人たちには、結婚している人たちよりも多様な親友がいる。特に、シングルの人たちの場合、その親友には親戚以外の人たちも含まれる可能性が高いからだ。[44] 信用してなんでも話せる人たちのグループを多様化することで、シングルの人たちは、結婚している人たちよりも、もっと強いコアなネットワークを作ることができ、孤独を感じることが少なくなっている。

ウィスコンシン州に住む43歳の離婚歴のある女性アグネスはこう話していた。

私にはたくさんの友だちがいて、私は友人たちの相談にのってあげたりするし、友情のためにたくさんの時間を使っている。友人たちもそのお返しに私を助けてくれる。だから、とてもハッピーな状態だと思う。

実際、**より強く、幅広いネットワークは、感情的なウェルビーイングとポジティブな相**

関係がある。[45]

シングルの人たちのなかには、積極的に自分の社会的ネットワークを多様化させる人たちもいるし、パートナーと暮らしているのではないからこそ生じてくる新しい出会いに対してオープンな態度でいるので、自然とそういうネットワークができてくるという人たちもいる。

ニューヨークに住む30代の未婚の女性エルシーは、そういう楽しい状況について書き記している。

クリスマスから始まるホリデー・シーズンは、シングルの人たちが一年で最も孤独に感じるときだと思われているのは当然のことだろう。

私たちの誰もがカップルになりたいと望んでいるわけではないけれど、たいていの人は誰かと一緒にいたいと望んでいる。腕を組みあうカップルから成る家族の輪から、締め出されているように感じる人たちもいる……。

でも今年、私たちは今までやってみたこともないことをやった。屋根の上に上がって、1ブロック向こうの別の屋根の上でパーティーが開かれているのを見つけて、全然知らない人たちなのに声をかけて、新年のお祝いを叫んだの。ちょっと沈黙があって、それから、「ハッピー・ニュー・イヤー!」って、私たちに応える叫び声が聞こえた。

2010年、私はこの思いがけない発見をずっと覚えていたいと思う。人生とは、人間として、ほかの人たちとも共通の状況を分かちあっているんだと認識し、自分をほかの人たちに向けて広げていくことなのであって、結婚とか、核家族とかいう人工的な境界のまわりだけで交流することではないという発見だ。

私はシングルなのであって、孤独なのではないということを覚えていたい。私はこの世界で、同じ望み、同じ恐れ、同じ葛藤、同じ満足をともにするたくさんの人たちと一緒だ。[46]

エルシーは、以前は最も孤独を覚えがちだった大晦日《おおみそか》に、友人たちとつながっていると感じ、孤独を味わいがちな大晦日を彼らと一緒に祝ったことをつづっている。

しかし、社会的なつながりとは、その日のパーティーのことだけではない。

私が出会った、自分の人生に満足しているシングルの人たちのなかには、自分自身の社会的ネットワークを構築し、市民組織やチャリティー活動へのボランティア参加などをつうじて、コミュニティーに貢献しようという人たちが多かった。つまり、幸福《ハッピー》なシングルの人たちは、ちょうど、前に紹介したデイヴが話していたように、自分の時間を他人のために惜しげなく使っているのだった。

理由②柔軟なネットワークの構築により、ニーズを満たしていく

シングルの幸福を増大させる社会関係資本の効果の第二の説明としては、ネットワークの構築の柔軟性が挙げられる。**カップルの人たちに比べて、シングルの人たちは柔軟に変化を受け入れ、ますます巧みに自分のニーズに適した社会的枠組みを構築できるようになっていく**[47]。

社会学者バリー・ウェルマンは、「ネットワークで結ばれた個人主義」の意味を説明しながら、家族単位ではなく、個人的なネットワークのほうが変化に対する適応力があるため、より大きく、より効果的なサポートの供給源になると主張している[48]。

カップルの人たちは人間関係の制約に縛られることもあるが、シングルの人たちは、個人の具体的なニーズにもとづいて、意識的に、あるいは無意識に、このような支援のネットワークを用意している[49]。つまり、こうした適応性が、シングルの人たちの幸福を促進する社会関係資本の能力を増大させているのだ。

スコットランド出身の未婚で75歳のケネスはこう話している。

シングルの仲間意識が私を幸福にしてくれる。

何年も前のことだが、毎年夏には、友だちと一緒にニューヨーク郊外の森のなかの家を借りていた。一緒にばかばかしいことをいっぱいやって、楽しかったよ。女性とつきあうのもいいが、友だちとグループでいるのが本当に楽しいんだ。

女性のパートナーがいなくても、友人たちがその代わりになってくれる。友だちがたくさんいれば、パートナーはいらないと思うよ。友だちのひとりがボートを持っていてね。いつも一緒にテニスをしてる友だちだ。

ある意味、自由でいられるんだよ。それに、私はいつでも新しい人たちと知りあうのが大好きなんだ。

理由③社会的関係をより重視し、生かす

シングルの人たちの社会関係資本の相対的な有効性を説明する第三の理由としては、**シ**

ングルの人たちのほうが社会的な人間関係によく注意を払っており、それを自分たちの生活の中心にしているということがある。

この事実は「欲深い結婚」理論とも一致している。カップルの人たちは内向きになり、自分たちのあいだの関係に集中するようになるが、シングルの人たちはより広い範囲の親戚や友人たちとの関係を大切にする。[50] シングルの人たちはそのような社会的なサークルを大切にすることによって、恩恵を得ている。

恋愛感情やセックスとは関係のない、どんな場合でも頼ることのできる人たちだと思えばいい。

パリに住む離婚経験のある50代のフィリップはそう話している。

このような社会関係資本を重視することによって、フィリップも、ほかの多くのシングルの人たちも、その社会関係資本の質をさらに向上させて、それによって自分たちの幸福をおおいに増進させている。[51]

それとは対照的に、カップルは自分たちの関係に集中して、サポートを受ける可能性を制限してしまい、第2章で説明したように、年齢を重ねていくと、それが心理的な不安の原因になることもある。[52]

理由④テクノロジーを有効活用する

シングルの社会関係資本の第四の力は、こんにち提供されるようになっている、彼らの社会関係資本をさらに効率化するテクノロジーのサービスの利用と関係がある。

すでに述べたように、**シングルの人たちは、カップルよりも多く、人と交流するためにテクノロジーを利用している。**また、シングルは自分たちの社会関係資本をさらに効率的にするためにも、テクノロジーを利用していることもわかった。

ゴードンとヴィヴィアンを覚えているだろうか？　ふたりはある記事のコメントのセクションをつうじて、オンライン上で出会い、フェイスブックでコミュニケーションを続け、実際に会うことにしたはずだ。

フェイスブック上では近年、シングルのグループが盛んに活動している。シングルであることについて、シングルの人たち本人が書いているブログを、そうした場で私があれほどたくさん見つけたという事実そのものが、テクノロジーがシングルの人たちに対して、自己表現をし、感情を共有できる人を見つける場の提供を助けていることをものがたっている。
2017年、「テレグラフ」紙は、「シングルの人たちが今年のバレンタインデーに使うべき、出会い系ではない12のアプリ」という記事を掲載した。[53]
この記事にリストアップされたアプリのなかに、Tourlinaがある。これは、女性のソロ旅行者のためのもので、同じ地域への旅行を計画しているほかの女性とつながるためのものだ。ほかに、Meetupというアプリもある。これは似たような事柄に興味をもつシングルどうしを紹介するものだ。
このリストにはWhatsApp、フェイスブック、インスタグラムなどは含まれていないが、それでもまだまだたくさんのアプリが紹介されている。そういう意味では、テクノロジーはいまや、シングルの人たちを、これまでにない速さでより大きなサークルに結びつけているといえるだろう。

理由⑤新しいサービスやそこから生まれる社会関係資本をうまく活用できる

シングルの社会関係資本の第五の、そして最後の強みは、最近の市場の動向に関わるものだ。

市場は、シングルの増加に適応して、新しい製品、サービス、それに、マンション内のコミュニティー・スペースといったシングル向けの住居形態などを提供している。[54] このようなスペースで、彼らはより多くの友人を作り、社会的絆《きずな》を築くことができる。シングル市場を直接狙ったソーシャル・イベント、退職後の住居、活動プログラムなどもあり、シングルの人たちがたがいにつながることを容易にしている。

これとは対照的に、結婚している人たちは、これらの新しいサービスのターゲットにはなっておらず、社会的つながりのさざ波を作り出す新しく発展する産業から締め出されている。

言い換えるなら、**シングルの人たちは社会関係資本をよりうまく活用できている。**彼らの社会的ネットワークは、より多様かつ柔軟な効率的なものであり、彼らの幸福にも重要なものになっているからだ。

自分なりの生き方を楽しむ「新しいタイプのシングル」たち

これまでにみてきたように、程度の差はあるものの、社会関係資本はこんにちのシングルの幸福レベルの上昇の鍵となっていることは確かだ。

1960年代、この章の冒頭で紹介した映画『反撥』の主人公のキャロルは、キャッチボールをする修道女たちにすぐ手が届きそうなところに立っていた。もしも今、似たような脚本だったとしたら、キャロルは、多様な社会的活動への招待やチャンスを受け入れていたことだろう。

自宅という狭い空間から解放され、職場で男女関係についての不平ばかり聞かされることもなく、簡単に一歩を踏み出し、多様な社会的グループのどれにでも参加することができただろう。もう傍観者でいる必要はない。宗教やその制約に黙って従う必要もないし、遠くから見ているだけの人でなくてもいいのだ。

フェイスブックやTourlina、Meetupなど、数限りないSNSが、キャロルのようなシングルの人たちを、パートナーを見つけなくても、社会のゲームに参加できるのだと勇気づけている。

発展する多くのシングルのグループ、つまり、キャロルのような心の底からのシングル、自らの選択でシングルでいたいと望んでいる人たちを結びつける新しい手段が、次々に作り出されている。[55] 先述のアンナはこう書いていた。

――私たちのことを、なりゆきでシングルになってしまったかわいそうな人たちだなんて思わないでほしい。いろいろな人に話を聞いたけど、みんな、自分の選択でこういう生き方をしている。私たちは幸福だし、独立していて、自由なの。いつでも、私たちのところに遊びに来て。

このような新しいタイプのシングルの人たちは特に、自分たちの社会関係資本をより活発に利用している。彼らは結婚したり、未来の配偶者から支援を受けたりしようとは思っていない。それとは反対に、彼らは自由と創造性と新しい体験を謳歌《おうか》している。

これが急速に勃興しつつあるシングルの特徴だ。彼らは眠るときはひとりでいたいが、友人と一緒にボーリングすることにこだわる人たちなのだ。

第5章

「脱物質主義《ポスト・マテリアズム》」の世界を生きるシングルたち

物質主義から「脱物質主義《ポスト・マテリアリズム》の時代」へ

世界各地で始まる「自分婚」の動き

招待状は美しく装飾され、お祝いムードは高まるばかり。間違いなく、記憶に残る結婚式になりそうだ。こういう式に友人を招く人もいるし、家族や親戚が参加する場合もある。自分たちだけで祝う人たちもいる。みな興奮して、ドレスアップしている。だが、この式では、当の本人の隣に立つ配偶者はいない。結婚相手はほかでもない自分自身だからだ。まだまだ、極端なものと考えられてはいるが、「自分婚」の動きは盛んになりつつある。たとえば、京都では、シングルのための旅行を専門に扱う旅行会社が2日間の自分婚のパッケージツアーを販売している。約2500ドルのパッケージには、ドレス、花束、ヘアスタイリング、会場へのリムジンによる送迎、記念写真アルバムが含まれているという。この種のサービスが今、アメリカ、東アジア、ヨーロッパで盛んになりつつある。[1]

自分婚はメディアでも扱われるようになってきている。２０１０年、テレビドラマ『glee/グリー』のあるエピソードで、チアリーディング部の顧問のスー・シルベスターは、自分婚の決心をする。これは、別のドラマ『セックス・アンド・ザ・シティ』の主人公で、ブランド物の靴が大好きなキャリーが、高価なマノロ ブラニクの靴をなくしてしまい、結婚祝いのプレゼントの希望リストを作成したいという理由で自分婚を決行したのにならったものだった。[2]

もちろん、自分婚のセレモニーは芝居がかったものでもあるし、おおいに物議をかもしているが、それでも、今、世界中の若い人たちが共有している一連の価値観をあらわすものだといえる。つまり、個人主義と脱物質主義的価値観だ。[3]

１９７０年代以降の世界に起きた変化

「自分婚」の事例にみられるように、現代社会において、人々はますます社会的共同体（それはさらに、仕事と生殖という機能的単位である家族に分割される）よりも、個々人の生き方や自己表現に焦点を当てるようになっている。その動きは、先進国から始まり、もはや世界中へと広がっている。

こうした変化は、私たちが自分の人生のなかで、社会的機能や人間関係上の機能を考える際に、大きな影響を与える。その主な対象となるのは、かつてはより大きな社会構造の基盤であった家族の重要性についての考え方だ。

言い換えれば、**多くの人々にとって、結婚と生殖ではなく、各自の願望が最も重要なものとなってきているのだ。**

これを理論家たちは「脱物質主義の時代」と呼んでいる。

なかには、「脱物質主義的価値観は人々の幸福を破壊する」という主張もある。だが、こうした主張は必ずしも的を射たものではない。

脱物質主義という言葉は、アメリカの政治学者ロナルド・イングルハートが、その著書『静かなる革命　政治意識と行動様式の変化』[4]（東洋経済新報社）のなかで初めて使用した。

イングルハートによれば、1970年代までは、物理的な安全や経済成長などの物質主義的価値観が世界的に優先されていた。大恐慌や二度の世界大戦、冷戦など、世界が危機と不安定を経験したことを考えれば、それも当然だろう。

しかし、1970年代になると、静かなる革命が始まった。特に欧米諸国では、人々の最優先の価値観に質の高い生活が含まれるようになった。脱物質主義者たちは、創造性の発揮、環境保護、言論の自由、人権の尊重などの目標を重視するようになった。

このような動きは、生き延びることがおぼつかない時代から、生き残ることが確実な時代への変化を反映している。経済的繁栄、新たに締結されたさまざまな平和条約、福祉制度の発展などによって、世代間の価値観の変化がもたらされたのだ。フェアトレード（公正な取引）、普遍的な政治的権利、環境正義*などを促進する新しい重要な運動が生まれ、社会の政治的、文化的規範を徐々に変えていった。

こうした物質主義からのシフトによって、多くの人々が個人主義と自立を志向するようになり、[5]ひとりで生きることを考えるようになった。[6]

大恐慌や、二度の世界大戦の時代に生まれた人々は、深刻な物質的困難を経験したため、秩序や経済の安定、強大な軍事力を求める気持ちが強かった。一方、20世紀の後半に生まれた世代は、自己表現、楽しみ、自由、創造性を追い求めた。[7]

前者の世代は安定した家族生活を切望し、早く結婚して、その相手と添い遂げようと望んだが、後者の世代は伝統的な家族を重視する価値観から離れ、多くの人たちが自分の脱物質主義的価値観を実現するためにシングルでいることを選んでいる。[8]

＊すべての人が、環境汚染や環境負荷による影響から平等に守られるべきという考え方。

結婚の脱制度化は、二つの段階を経て生じたといえるだろう。

第一に、結婚の役割が、社会的な期待を実現し、生存を維持することから、話し相手としての親密な関係を提供することへと発展した。[9] 第二の段階では、制度としての結婚を犠牲にした、(ときには、一時的な愛情関係による)個人の選択と自己啓発の重要性が増していった。[10] アメリカの心理学者アブラハム・マズローは1940〜50年代に、この二つの段階を予言していたといえるだろう。彼は人間の欲求に関する、影響力の大きい著作のなかで、人間にとっての物質的、肉体的欲求が満たされた後、初めて、それ以外の欲求が重要になってくると示唆していた。

つまり、愛情、それに話し相手としての親密な関係であり、その後にくるのが尊重と自己実現だというのである。[11] その意味では、結婚の脱制度化は、まさに、人間の欲求の梯子《はしご》を上るように、物質主義から脱物質主義への重点のシフトを明示するものだ。

この章では、個人主義と脱物質主義の価値システムが、どのようにシングルの人生をより豊かに、より実り多いものにできるかを深く探り、こんにちの世界でシングルとして幸福に生きていくための秘訣《ひけつ》を提示していきたい。

脱物質主義時代の女性たち

フェミニズムの歴史と現在

脱物質主義革命の価値観を具体化する主要な動きのひとつは、女性の解放とフェミニズム運動だ。それは、女性の自己実現に対する願望の高まりであり、制度としての結婚に大きな影響を与えることになった。

1960年代以降、アメリカでフェミニズム運動の第二の波が始まり、欧米やそのほかの諸国にも広まって、脱物質主義的価値観が強調されるようになった。自由と自立が重んじられるようになり、個人主義が議論の焦点となった。[12]

それでも、ジェンダー・ロール（性別による役割分担）が再構築され、シングルの女性たちが真に解放されたのは、1990年代前半にフェミニズム運動の第三の波が始まってからだ。[13]

フェミニズム運動の第一の波では、女性の法的地位に着目していたが、それでもまだ、女性を家族という単位の一部分とみていた。第二の波では、社会のなかでの女性の権利を強化しようとしたが、それでも家族という背景から離れていなかった。

第三の波によって、女性たちはついに自分の望むように生き、家族、性的区別、仕事の分担に異議を唱えることができるようになった。[14] 価値観の変化は女性を解放し、結婚の外への進出を助けた。

ニューヨークに住む35歳のメリッサはこう書いている。

これまでの10年ほど、私はどこまでも自分の夢を追いかける喜びと特権を享受してきた。イリノイ州やデラウェア州で映画やテレビのスターになることを夢みたり、シドニーに5カ月住んで、オージー（オーストラリア人）の生活を楽しんだり、人に縛られないことによって、真の自由を楽しんできた。[15]

メリッサは、シングルでいるからこそ、世界中を旅して、新しい土地での生活を経験できたと述べている。誰かに縛られていたら、それは難しかっただろう。パートナーがいれば、その人の要求、仕事の必要性、ビザの問題、家族とのつながり、言語や文化の障害が付きものだからだ。[16] メリッサは、より柔軟に生きることのできる、今のシングルとしての状況を幸運に感じている。

しかし、国によっては、そのような女性の自由は受け入れられないこともある。主流になりえないばかりか、場合によっては許されないことでもある。

世界のいろいろな国で、女性たちは今もなお、物質主義から脱物質主義への移行の初期段階にいる。彼女たちが自分の創造性を発揮し、自己実現しようと思えば、命が危険にさらされることさえある。

こんな例がある。2012年、「ニューヨーク・タイムズ」紙に、カブールを本拠地とする「ミルマン・バヒール」という秘密の文学協会の記事が掲載された。[17] このグループは、若過ぎる結婚に反対し、結婚の強制に抵抗するアフガン人の女性たちが結成したものだ。

彼女たちは、自力で教育を受け、詩を書いていた。グループの一員には、ザーミナという女性がいた。ザーミナはカブール市外に住んでいたので、文学協会の集まりにいつでも参加することはできなかったが、ほぼ毎週、こっそり電話をかけて、自分の詩を朗読し、仲間たちに聞かせていた。

しかし、あるとき兄弟たちに見つかり、ひどく殴られた。両親はすぐに彼女を自分たちの決めた男性と結婚させることにした。彼女は抵抗し、自殺した。それは、両親、家族、そして社会全体に対する悲劇的な抵抗だった。

カブールで起きている社会の変化を背景に考えると、ザーミナの悲劇は、脱物質主義的価値観が、女性たちの進歩と自己実現のための苦しい闘いとともに進んでいることを象徴しているといえる。[18]

女性は母親になるべき？

このような進歩は、結婚の形式にも影響を与えている。すでに第1章でみたとおり、世界中の女性たちが、結婚する前にキャリアを発展させたり、教育を終えたりしたいと望むようになっているので、家族の形成が遅れ、シングルの期間が長くなる傾向にある。[19]

女性の解放は、結婚だけでなく、母親になるかどうかの決定にまで及んでいる。キャリアの可能性が増大したことで、女性たちは子どもをもつことを先に延ばしたり、まったく子どもをもたない選択もするようになったりしている。[20]

カナダ人の匿名の39歳のブロガーは、こう書いている。

子どもをもつべきかどうか、私にはわからない……。私は自分の空間、自分の時間、自分の静けさが好き。私はすごく利己主義な人間で、それでもいいと思っている。[21]

このような「告白」が徐々に当たり前のものになりつつあるし、社会的に受け入れられるようにもなっていることは、個人主義的な価値観が強くなっていることを示している。男女の平等が比較的達成されている社会では、女性たちも学術や職業で活躍することが奨励され、女性に対する「結婚して子どもをもて」というプレッシャーも減少している。[22]

BBC、「ハフポスト」、「ザ・ガーディアン」紙などの主要メディアも、この現象についての記事を掲載している。子どもをもったことを後悔している母親たちへのインタビューにもとづいた最近の研究は、おおいに注目を集め、『母親になって後悔してる』（新潮社）という本としても刊行された。[23]

同様に、『The Mother Bliss Lie: Regretting Motherhood（母親であることがハッピーだという嘘 私が「母親ではなく」父親になりたかった理由）』（未邦訳）という本も、広く読まれた。結婚率、出生率が著しく下がっているドイツでは特にそうだった。[24]

こうした著作の増加は、子どもをもたない決断をすることが当たり前になり、主流の考え方に加わっていることを示している。このような考え方が主流の一部になることで、多くの女性たちが職業上の野心をもち、実験的な考え方をし、結婚すること、家族をもつことを選ばない自由を得るようになった。

「ひとりでいたい！」

女性たちの社会進出は、脱物質主義の時代の表明のひとつにすぎない。脱物質主義は、男性、女性の両方に共通のものであり、創造性、新しい物事の試行、自己実現などの価値観を包含している。人々が安全だと感じて生きるようになると、それぞれが個性を発揮し、自分の可能性を実現したいと望むようになる。[25] その結果、家庭生活を営むことを放棄する人たちが多くなる。

31歳の匿名のブロガーはこう書いている。

世の中に出ていって、同時に、陽気で、活動的で、創造的で、野心のある、本来の自分であり続けるために、私はこの完全に個人的で、神聖な時間を必要とする。そういう時間がたくさん必要だ。

恋人がいたときには、多くの時間が、その人と話しあって決めたやり方で流れていく感じだった。誰かとつきあうということは、自由な時間のすべてをその人と過ごそうと望むことだという期待のもとに、時間が消えていった。

私の経験では、誰かとつきあっているときに、静かに思索できるプライベートな時間をもつことはとても難しかった。[26]

このような発言は、前述のメリッサのような世界を旅する自由を超えた意味を示唆している。彼らは、それだけでなく、創造的で、活動的でありたい、新しいことを試したい、なんらかの野心を達成したいと望んでいるのだ。誰かとパートナーの関係をもつと、自分の目標に集中することができなくなると彼らは考えている。

このように考えているのは、メリッサ、そして先に引用したふたりの匿名のブロガーに限ったことではない。私がおこなったデータ分析からも、未婚の人たちは、結婚している人たちとは異なる価値観をもっていることがわかっている。

脱物質主義的な考えをもつ人の増加が、結婚率の低下と同時に起きているだけではない。

結婚率の低下は、個人主義、資本主義、女性の自己実現、それに都市化までをも含む、さまざまな道筋やメカニズムをとおして起きているのであり、脱物質主義の高まりは、その原因になっているともいえるはずだ。

このような「脱物質主義のシングルの人たち」は、結婚している人たちと比べると、どのように幸福なのだろうか？　そして、彼らを、脱物質主義的価値観をもたないシングルの人たちと比較してみるとどんなことがわかるだろうか？

「現代のシングル＝不幸」という4つの決めつけ

ジャーナリスト・ティーマンの主張

シングルの人たちは、ほかのグループの人たちに比べて、脱物質主義的価値観をもつ傾向がある。だが、果たして彼らは、人生に対するより大きな満足感や幸福感を得ているのだろうか？

このような価値観を極端なまでに称賛すること、たとえば、自分婚のセレモニーなどに対しては、批判が広まっている。

2014年、人気のあるオンライン雑誌「デイリー・ビースト」は、自分婚を辛辣に批判する記事を掲載した。この記事で、ジャーナリストのティム・ティーマンはこう書いている。

自分婚は、自分のことしか考えられない、自分勝手な人たちによる、やり過ぎの行為だ。それは冗談にすぎない。だが、おもしろくもなんともない冗談だ。自分と結婚することは、肯定や安全を求めるシングルの人たちのための答えではない。それは、自暴自棄な行為だ……。

そんな儀式は、人にパワーを与えるものではない。フェミニズムの宣言でもない。個人の気高い宣言でもない。たんなる象徴主義の哀れなお芝居があるだけだ。[27]

つまり、シングルであることを選択の問題にしたり、祝う理由にしたりするなどということは、まったく受け入れがたいというのだ。

この批評家の結論は、実にストレートだ。シングルでいることを選択し、個人主義的な価値観を採用するなどということは利己的であり、自暴自棄であり、むしろ哀れなことだというのだ。

ティーマンは2016年にNLGJA（LGBTQのジャーナリストの団体）による「今年のインタビュアー」賞と、「今年のジャーナリスト」賞を受賞しているのだが、それでも、ほかのマイノリティーの人たちが共有するステレオタイプにしがみついている。これでは、シングルを未熟で、自己中心的で、不幸な人たちとネガティブに決めつける態度の継続でしかない。[28]

意識的に、そしてセレモニーまでおこなって、カップルになることではなく、シングルでいることを選択することは、彼らを不幸せにするのだろうか？　このような自分婚のセレモニーはまったくのいんちきなのだろうか？　さらに、これらの個人主義と自立を大切にする新しい世代のシングルの人たちは、概して、本当にみじめな人たちなのだろうか？

これらの疑問に対する回答を探す前にまず、脱物質主義的価値観をもつシングルは不幸であると決めつける4種類の主張について、検討してみよう。

主張①「楽しみと自由」の重視は、より大きな幸せにはつながらない

第一の主張は、たとえば、楽しみと自由といった脱物質主義的価値観をもつことは必ずしも、より大きな幸せにはつながらないというものだ。自由という価値を重んじることは、幸福を減少させる結果になり、増大はさせないというのだ。

この論理は、資本主義との関連で語られるときに、広く主張されている。たとえば、1990〜2000年の中国では、資本主義が台頭したが、自由の高まりは幸福の減少の原因となったと主張する人たちがいる。[29]

これと似たような現象が、1990年代に共産主義から市場主導の体制にシフトした東欧諸国でも確認された。[30] 自由は競争、ストレス、不平等を増大させるというのだ。

また、シングルの人たちは、ひとり暮らしの継続的な不安定さに疲れ切っているという主張もある。ひとりで生きるという自由は、新しい物事を経験するための過酷な——結局のところは空虚な——競争と結びつけられて考えられているのだ。

主張②強い社会的差別を受けることに変わりはない

脱物質主義的価値観は必ずしも幸福につながらないという第二の主張は、シングルの人たちが、たとえ、結婚しないことによる経済的、心理的、行動上の困難と、それに伴う自由と不安定の重荷を克服することができたとしても、それでもまだ、かなり強いレベルの差別に直面しないわけにはいかないというものだ。[31]

シングルの人たちがシングルでいることによって幸福であればあるほど、そして、そのように生きていこうと本人が選択しているからこそ、自分がシングルであることを不幸に感じて、カップルになりたいと望んでいる人たちよりも、はるかにネガティブな見方をされることが、研究からもわかっている。[32]

第3章で述べたように、自分の意志でシングルでいることを選択している人たちは、社会の主流に逆らう反抗的な人たちだとみなされ、批判を受けることになる。一方、なりゆきによってシングルでいる人たちは、ふさわしい相手を見つける手助けをしてやらなければならない、かわいそうな人たちだと思われるだけだ。

脱物質主義的価値観をもつ人たちは、流れに逆らって泳いでいるために、社会からのより厳しい排斥を受けることになる。

主張③ひとりで生きることは総合的にみて「コスト」が高い

第三に、脱物質主義的価値観をもち、シングルで生きることを選ぶと、経済的、心理的、行動的、物質的なコストの面で非常にネガティブな影響があると多くの人たちが主張してきた。[33]

ある研究者は、若い人たちは結婚の恩恵をちゃんとわかっていない、脱物質主義的価値観によって結婚しないでいると、結局、自分のウェルビーイング（健康と安心）を損なうことになると主張している。[34]

確かに、結婚している人たちのほうが財政的に豊かであり、精神的、身体的な健康のレベルも高いようだと示唆する証拠はある。[35] したがって、シングルで生きていくのがよいと考える人たちは、財政的、物質的、精神的な不利益をより多く被る可能性もある。

たとえば、結婚していないがために、家賃の負担が大きくなることもあるかもしれない。家賃をパートナーと分担することができないからだ。そうした場合、その経済的な不安はますます強く感じられるかもしれない。

主張④「マズローの5段階欲求」を満たすことができない

第四の主張は、心理学者マズローの考え方に従うもので、脱物質主義的価値観をもつシングルの人たちは、欲求のアンバランスに苦しむ可能性があるというものだ。

何か（たとえば、自己実現）を手に入れるために、別のこと（たとえば、安定したパートナーとの関係）を犠牲にするのはよい取引だとみなすのは一見、筋が通っているようにみえるかもしれない。だが、マズローの理論によれば、そんな取引は不可能だという。自己実現は欲求のピラミッドの最上位にあるので、下のレベルにあることを犠牲にしてしまえば、達成するのは不可能だというのだ。

つまり、欲求のヒエラルキーにおいて、シングルの人たちは誤ったアプローチをしており、人と人との交流や感情面の満足という、最も基本的な欲求を満たさないままで、自由と自己実現という高いレベルの欲求を満たそうとしているというのである。

まるで、家庭生活を犠牲にしてキャリアにすべてをつぎ込むワーカホリックのように、この理論によれば、脱物質主義的価値観をもつシングルの人たちは、基本的な感情面の欲求をないがしろにしたままで、世界を旅行するなどの刺激的な経験を追い求めていることになる。低いレベルのニーズが満たされていないために、彼らのウェルビーイングは損なわれる可能性があるというのだ。[36]

「それでもやはり幸せだ」といえるわけ

「ひとりで生きる準備」ができた人々の証言

個人主義と脱物質主義は、シングルの増加の原因になっているわけだが、私の研究によれば、これらの価値観はシングルの人たちに恩恵をもたらすこともできる。つまり、**脱物質主義的価値観をもつシングルの人たちは、それ以外のシングルの人たちに比べて、シングルで生きることに対して、準備ができている**のだ。

仮に、脱物質主義的価値観をもつことが、シングルの人たちのウェルビーイングをいくらか後退させているのだとしても、その不利を相殺できるほど、恩恵は大きい。もしかしたら、それが、この脱物質主義の時代にあって、ひとりで生きることを選ぶ人々が増えている理由なのかもしれない。

34歳のサーシャは、脱物質主義的価値観に関連する恩恵を列挙しながら、この問題についてこう話している。

今年、私は自分が今でもシングルでいることをありがたいと思うようになった。正直なところ、去年だったら、そうは言わなかったかもしれない。私は今年、仕事を休んで旅をしていた。ひとり旅だ。今年の感謝祭のころ、私はシングルでいることがなぜありがたいことか、よく考えていた。

パートナーがいたら、それにすごく時間をとられると思う。でも、シングルだったら、仕事やそのほかの義務にとられる時間以外は、すべて自分の時間で、その時間に喜びを見出《みいだ》すことができる。その時間を使って、それに感謝すべきだと思う。

シングルでいれば、自分の生活のなかにもっと多くの喜びを作り出す機会が得られる。誰か、ほかの人がそうしてくれることを期待する必要はない。ひとりで旅をして、ひとりで探検する自由がある。[37]

サーシャはシングルであることにかつては苦しんでいたが、自由、個人的な成長の認識、新しい物事の発見などに脱物質主義的価値観を取り入れることで、喜びと感謝を覚えるようになるまでに変化した。彼女は「時間を無駄にするパートナーとの関係」よりも、自分自身に時間を使っている。彼女は少なくともこれからしばらくは、シングルでいることを好んでいるだろう。

69歳のリックもシングルで、オレゴン州に住んでいる。彼はシングルであることについて、自分の考えをこう話していた。

——（シングルであれば）自分の考え方をもつべきだ。何よりすばらしいことは、自分の考えどおりにやらなきゃならないってことだ。すべては、自分の選択なんだ。

データが裏づける幸福感と脱物質主義的価値観のつながり

私のデータ分析の結果も、サーシャが新しく発見した心のなかの平和とリックの陽気な考え方を裏づけるものだった。

脱物質主義の考え方は、シングルの人たちのあいだのより大きな幸福感と矛盾なく結びついていたのだ。性別、教育、富などの副次的変数を考慮に入れても、幸福感は脱物質主義的価値観と強く関係している。

たとえば、自由や楽しみという価値に最高の点数をつける未婚の人たちは、これらの事柄は重要ではないと考える未婚の人たち（すなわち、これらの価値に最低の点数をつけた未婚の人たち）に比べ、幸福感が10％高かった。同様に、創造性と新しい事柄を試してみることを重視する未婚の人たちは、幸福感が15％高かった。

このようなパターンは、シングルのほかのグループ（別離した人たち、離婚した人たち、配偶者に先立たれた人たち）の場合もまったく同様で、脱物質主義的価値観をもつことで、幸福感は増大していた。

さらに重要なことは、シングルの人たちは、たとえ、カップルの人たちと同じレベルの幸福感だったとしても、脱物質主義的価値観から、より多くの恩恵を得ているということだ。つまり、脱物質主義的価値観をもつシングルの人たちは、大幅に幸福感が高いだけでなく、脱物質主義的価値観のひとつの項目を新しく身につけるたびに、カップルの人たちより大きな恩恵を引き出していたのだった。

これらの結果が示唆しているのは、脱物質主義的価値観がシングルの人たちの幸福の増大におおいに貢献しているということである。事実、シングルの人たちの場合、高度に脱物質主義的な価値体系をもっていると、幸福感を上昇させることができ、これによって、もともとは結婚している人たちに比べて不利だったものを逆転できる可能性もある。

スコットランドの33歳のアーリーンは、「BBCマガジン」に宛てた手紙にこう書いている。

> 私はシングルでいて、完璧に幸せです。なんでも、自分のやりたいことを、やりたいときにすることができるから。毎日の生活、生活のなかの贅沢《ぜいたく》、自分の生き方、自分の幸福、すべてに自分で責任を負っている。こんにちでは、カップルになることに対して、あまりにも期待が大き過ぎると思う。自分がそうするべきだとは思えません。
> 私は個人として生まれ、おとなになるにつれて、自分のことを考えるべきだと勧められてきました。だから、自分が何かを経験しそこねているとは思いません。いつも、友人たちにはこう言っています。
> 私はシングルでいることがすばらしいと思っているし、別の考え方をする日がくるとは思っていないって。[38]

アーリーンの主張は嫌味でもないし、攻撃的でもない。たんなる事実の宣言だ。

彼女はシングルの生活を愛している。彼女は、自分と同世代の人々や、上の世代の人々とは異なる価値観をもっており、シングルであることは、処罰ではなく、幸運だと感じている。結婚によって拘束される代わりに、シングルでいることによって、自由でいられると考えている。

ここで特筆すべきことは、結婚している人たちと同棲《どうせい》している人たちのあいだでは、脱物質主義的価値観から生じる幸福感にはほとんど違いがないということだ。

同棲しているカップルは、結婚しているカップルに比べて、脱物質主義的価値観のレベルが高いのだが、それによって幸福感が高くなるということはない。おそらく、同棲している人たちの生活状況や、社会的構造が結婚している人たちとよく似ているからだろう。

メリッサとサーシャがブログに書いていたように、脱物質主義的価値観は、旅や冒険をしたいと願う、パートナーのいない人たちにとっての自由の重要性を反映しており、シングルの人たちに貢献している。

もちろん、現実はそれほどはっきり二分されたものではないし、脱物質主義的価値観について、それほど同意しない人たちもたくさんいる。

それでも、ここには明らかな原則がある。脱物質主義的価値観はシングルの人たちに恩恵をもたらすのだ。

脱物質主義的価値観がシングルに利益をもたらす理由

脱物質主義的価値観がどのように、そしてなぜ、シングルの人たちに恩恵を与えているか、また、彼らのウェルビーイングに貢献しているのかについては、多くの説明が可能だろう。

理由①社会からの偏見に立ち向かう免疫の役割を果たす

第一の説明としては、脱物質主義的価値観はシングルの人たちに、社会の偏見に対する免疫を与えている可能性があることが挙げられる。

脱物質主義的なものの見方をするシングルの人たちは、規範や伝統を比較的気にしないので、自分を社会のほかの人たちと比べようとする傾向があまりない。このような姿勢は、ある意味では、脱物質主義に特有のものともいえる。自由や、新しい物事を試してみることは、規範や伝統の順守とは相いれないものだからだ。

実際、分析を進めると、脱物質主義的価値観と、規範や伝統を順守することが重要だという考え方のあいだには、明らかに強い負の相関関係があることがわかった。

このように、脱物質主義的価値観はシングルのライフスタイルを奨励するだけでなく、シングルの人たちを、他人から非難されているという感覚から解放している。このことは、特に重要だ。シングルの人たちは社会からネガティブな見方をされているからだ[39]。

2002年に自分婚をしたヘロンはこう書いている。

長年のあいだ、私は承認されたい、注目されたい、愛情を示してほしいという強い欲求を感じてきた……。自分婚をしてからは、平和と安全、所属感、そして率直な愛の深い感覚がある。自分の中心は自分のなかにあるという感覚だ[40]。

自分婚をする前、ヘロンは体に合わないスーツを着ているような感じがしていた。そのイライラ感の原因はなんなのか、彼にははっきりわからなかったが、何かが間違っていると感じていた。自分がシングルであることに居心地の悪さを感じていたのだ。自分婚が何かを変えたわけではなかったが、世界に対するヘロンの宣言の役割を果たしたのだ。

――私はこのとおりの私だ。それでいいと思う。

理由②自分のニーズを再定義し、それを満たすことを可能にする

脱物質主義的価値観がシングルの人たちの助けになっている第二の説明は、シングルの人たちが、意識的であれ、無意識のうちであれ、同棲や結婚をすることなしに、自分の家族に関するニーズを定義し、かなえていることだ。

実際、シングルの人たちは、家族を代替するグループや、コミュニティーに参加することで、友人を見つける機会を増やすようになっている。[41] シングルの人たちがひとりで生きることを勇気づけている脱物質主義的価値観が、その一方で、代替的な生活形態に対して彼らの心を開く役割も果たしているのだ（このような新種の生活形態については、本書の後の部分で詳しく述べる）。

そういう意味で、脱物質主義のシングルの人たちは、欲求のヒエラルキーの上層レベルにより重きを置いているかもしれない。また、多くの場合、自分自身のためにより多くの時間とリソースを使ってはいるものの、[42] 愛されているという実感や、所属意識をもつとい

う欲求をないがしろにしているわけではないということだ。
インドネシアの38歳の女性インタンは、恋人と別れて、ふたりのあいだに生まれた息子をつれて2015年にベルリンに移住した。

自分のニーズはだいたい満たされていると思っています。そもそも、パートナーから何を望むっていうの？　セックス？　セックスの相手ならいる。一緒に過ごす仲間？　友人たちがいるわ。人との関係で、それ以外に必要なことってある？　私の考えでは、今の自分の生き方で、セックスも仲間も手に入っている。だから、パートナーがいるかどうかなんて、たいしたことじゃないでしょ？

インタンは、自分のニーズはセックスメイトと友人たちの存在によって満たされていると感じている。インタンのようなシングルの人たちは、人生の満足を結婚から得ようとする代わりに、テクノロジー、コミュニティー、大都市に住むことなど、より実験的で、流動的なところからそれを見出そうとしている。
大都市に住むことに対しての考え方の違いは、結婚している人たちと未婚の人たちのあいだでは特に顕著で、この二つのグループのあいだにはしばしば、都会と郊外の断絶がみられる。[43]

別のインタビューで、32歳で未婚のジョーゼフは、ベルリンのような大都市で生きることの重要性を語っていた。

まわりには、研究者たちもたくさんいるし、すごく進歩的な生き方をしている人たち、新しい人生のモデルで生きている人たちがいる。彼らは決まったパートナーを探してはいないし、そもそもパートナーをもちたいとは思っていない。大都市以外ではもっと伝統的で、保守的な生き方をする人も多い。そういう生き方もあるとは思うけど、私が望んでいるのとは違う。

ボンに生まれ、インタビューの数カ月前にベルリンに移り住んだジョーゼフは、ベルリンを新しい人生のモデルの中心だと思っており、そこでは、パートナーをもつことは不必要だし、時代遅れでもあるという。

シングルの人たちは、ますますこのような大都会の環境に引き寄せられるようになっている。そこでは、自分をほかの人たちと比べることによるプレッシャーを抑えることができるだけでなく、豊かで多様なコミュニティーとつながるチャンスを見つけることができるからだ。[44]

理由③幸福感を上げる活動への参加を促進する

第三の説明としては、脱物質主義的価値観は、さらに幸福を促進する要素から構成されていることが挙げられる。

たとえば、脱物質主義的価値観をもつシングルの人たちは、スポーツに参加する人が比較的多いので、健康が増進され、そのおかげで、ウェルビーイングも向上する。ある研究では、脱物質主義的価値観となんらかのスポーツ活動への参加のあいだには、明らかな関係があることがわかっている。[45] 特に、ランニングなどのソロ・スポーツの場合は、その傾向が強い。[46]

その背後にある論理として挙げられるのが、物質的な意味で安全だと感じている人は、自分自身を発展させ、自分自身に挑戦したくなるというものだ。肉体的、精神的な健康を促進する有酸素運動は特に好まれる。

創造性や、新しい物事を試してみることを大切にする人たちはまた、仕事以外の社会的活動に参加する場合が多い。何かの学習のクラスや趣味のクラブに入ったりして、さらに幸福度を上げている。

イギリスに住む36歳のクロエは、インタビューでこう話していた。

パートナーとの関係がないほうが、自分は自分だと感じられる。ハッピーでいられて、自立を享受できる。パートナーがいると、自己満足に陥っちゃう。だけど、私は全力を尽くしたいし、いろいろな場所に行きたいし、たくさん人に会いたいし、いろんなことをしたい。

パートナーがいると、社会的交流の面で、怠けものになってしまう。ご覧のとおり、私は社交的な人間なんだけど、パートナーがいると、それはだんだんにネガティブなことになってしまうわけ。でも、シングルだったら、こう感じるでしょう。「何かしよう。旅行もいいな」ってね。私はオーストラリアに行くことにした。それは、パートナーがいたら、できなかったと思う。

クロエは、自分のことを「社交的」だと言っている。しかし、誰か決まった人とつきあっていると、束縛されているように感じるのだ。そして、誰かとパートナーになった途端に、自己満足しているように感じ、社会的なダイナミズムは失われてしまう。パートナーとの関係という「碇《いかり》」がなければ、クロエは自分の人生のボートを未知なる航路に進め、エキサイティングで新しい方向に向かって探検できると考えている。

「新しい価値観」を現代、そして次世代のシングルたちの「助け」とするために

これまでにみてきたように、脱物質主義的なものの見方は、結婚を邪魔したり[47]、ティーマンが主張するように[48]、人をかわいそうにみせたりすることによって、幸福を危うくするわけではない。

むしろ、脱物質主義的価値観は、シングルの人たちが社会の偏見やステレオタイプを克服し、パートナー以外の仲間を見つけ、ひとりでも心地よく感じられる活動に参加するよう勇気づけ、幸福感を高めてくれてさえいる。

脱物質主義的価値観の高まりは結婚率の下降、さらには、シングルとして生きる人たちの財政的、法的、社会的な特権の減少にもつながることは確かだ。だが、まさにそのような価値観こそが、いろいろな面で、シングルの人たちのウェルビーイングを向上させるための鍵なのかもしれない。

確かに、価値観というものは容易に身につけたり、捨て去ったりすることのできないものだ。また、前の章で勧めた社会的活動への参加に比べれば、脱物質主義的価値観を育てることは難しいことかもしれない。

それでも、多くの場合、冒険的な旅行や、実験的なワークショップ、認知セラピーのセッション、あるいは自分婚のような象徴的なセレモニーまでも含めて、意識的であれ、無意識のうちにであれ、脱物質主義的価値観と一致する行動をとることはできる。これらの活動はほんの始まりにすぎないが、それだけでも、シングルの人たちに精神的な恩恵を与えるには十分かもしれない。

脱物質主義的価値観について、若いうちから考えておくことは、包括的、根本的な意味で、シングルのおとなたちの助けとなる可能性もある。**脱物質主義的価値観がシングルの人たちのウェルビーイングを向上させることを理解すれば、次世代のシングルの人たちを教育し、彼らがシングルの生き方を選べるようにサポートすることもできるだろう。**[49]

自分婚の動きは今後も物珍しいものにすぎないかもしれないが、それは、シングルの人たちへの新しい見方を示してくれている。自立、創造性、個人の自由、そして新しい物事を試してみるという価値観を教えることは、アメリカの子どもたちの25%にあたる（アメリカだけでなく、世界の子どもたちも含めて）、一生結婚しないだろうと予測されている子どもたちのためにもなるのではないだろうか。[50]

特に、その呼び声は、ザーミナのような女性たちが結婚の自由を求めて闘っている、カブールなどのはるか遠くの都市にまで響かせなければならない。

第 6 章

よく働き、よく遊べ

時代とともに変化した仕事観

とらわれの海神プロテウスが訴えかけるもの

パリ・ヴェルサイユ宮殿のあたりを歩きまわっていると、高さが約3メートルもあろうかという、すばらしい彫刻があるのに気づくはずだ。2匹のアザラシを従えたギリシャ神話の海神プロテウスが、太陽神アポロンの息子アリスタイオスによって鎖につながれ、それを振り解《ほど》こうともがいている。

1714年に設置されたこの彫刻は、神話に登場する挿話のダイナミックな瞬間をとらえようとした、彫刻家セバスチャン・スロッツの最高傑作のひとつだ。

アリスタイオスはミツバチを飼っていたのだが、ある日、ミツバチたちが呪いによって死んでしまう。そこで彼は、予言と変身の能力をもつプロテウスに助言を求める。ところが、プロテウスは他者に干渉されることを嫌い、自分の変身能力を使って逃げ続けようとする。

神話によれば、アリスタイオスは母親の助言に従ったという。「プロテウスを服従させるには、彼がどんな姿に変身しようとも、つかまえ続けることです」。

そこで、アリスタイオスは力ずくでプロテウスをおさえつけようとした。だが、プロテウスはもがき続けた。自分のプライバシーを守りたかったのだ。いろいろな動物に姿を変え、さらには火や水にまでなった。しかし彼は負けてつかまってしまった。自由になるために、アリスタイオスに助言を与えないわけにはいかなくなったのだ。

アリスタイオスは最後にはプロテウスを解放したが、皮肉なことに、何世紀も後になっても、白い大理石に刻まれたプロテウスは、鎖につながれた恥ずかしい姿のままだ。

ひょっとすると、プロテウス自身、こうなることを望んでいたのかもしれない。未来の世代に自分のメッセージを伝えるために。「気をつけろ、おまえがどれほど柔軟であったとしても、どれほど自由を望んでいたとしても、他人は自分の利益のためにおまえを利用しようとするんだから」、と。

変幻自在《プロティアン》なキャリアを重視する人たち

スロッツのこの彫刻がヴェルサイユに設置されてから約260年後の1976年、プロテウスの遺産は「プロティアン・キャリア」（変幻自在なキャリア）という新語のかたちで生き返った。

アメリカの心理学者ダグラス・ホールが、組織によるキャリアから、その人の教育、訓練、仕事における多様な経験から成る個人的なキャリアへの移行を表現する語として、この言葉を提唱したのだ。

ホールによれば、プロティアンな人は、専門分野を変え、職場を移動しながら、自己実現の探求の一環として、自分のキャリアのコースを見つけようとする。このような新しく出現したキャラクターの人たちにとって、成功の尺度は内的なものであり、外的なものではない。[1]

実際のところ、ほとんどの人々の仕事やキャリアに対する考え方は次の3通りのうちのどれかだ。

第一に、仕事とは財政的な報酬であり、生存・扶養し、必要な経費を支払うために欠かせないものだという考え方だ。

第二に、キャリアは収入を得るという必要を満たすためのものではあるが、同時に個人の発展をもたらし、自分は成功して有能であると感じるような付加価値を生むという見方である。

そして、第三に、自分の仕事を天職とみなすものだ。自分の仕事を個人的な喜びや充実感のために選ぶ、あるいは、変化を起こすことや、大きな理念を重視して選ぶという考え方である。[2]

近年では、自己実現のために働くことの重要性は、これまで以上に強調されるようになっており、単に「仕事についている」という考え方は、「プロティアン・キャリア」や、「天職」という考え方に比べると、あまり魅力的なものではなくなってきている。

20世紀をつうじて、グローバル化と市場の融合によって、競争はますます激しくなり、多くの業界が労働者の利用を促進し、時間の有効性を高める方法を求めるようになった。[3]このようなプレッシャーは、労働のペースの加速もあいまって、労働者に理不尽な要求を課すようになり、彼らの個人生活にも、精神的・肉体的健康にも、ネガティブな影響を与えている。[4]

とはいえ、最近では、このようなトレンドに対する反発の動きがみられ、働き手は仕事の性質を変えようと主張し始めている。人々はだんだん、自己実現を感じることなしに、身を粉にして働くことを喜ばなくなってきている。

この傾向は若い世代のあいだでは特に顕著だ。ポスト・ベビーブーマーの世代は、親の世代に比べて、仕事により大きな期待をしており、積極的に社会に関与している雇用主や、専門的職業の発展のチャンス、目的のはっきりした仕事を好む傾向がある。[5]

雇用主の側もこのような動きに応えて、すべての従業員が自己実現の追求にもとづいて雇用の決定をおこなえるような企業文化を形成するようになってきている。[6]

さらに、自己実現は、幸福への重要な道筋になってきている。自己実現、つまり、自分の希望・夢・野心の実現は、今では、幸福を手に入れるための直接的で正当な手段になっている。[7]

それが、個人の目標を達成することであれ、あるいは、より深い人生の意味を探すことであれ、自己実現のできている人たちはたいてい、ほかの人たちより幸福である。[8] 特に、個人主義の台頭とあいまって、世界のほとんどの地域で社会秩序が変化し、自己実現が重視されるようになってきている。[9]

こんにちでは、多くの人たちが、人から必要とされ、意味のある存在になることを求めており、自分の人生の満足度をはかる場合にも、このような側面を重視するようになっている。

だから、セラピストや、精神の健康に関わる専門家たちが、自己実現の追求をウェルビーイング（健康と安心）と心理療法の重要な原則として用いているのも、不思議なことではない。[10] したがって、「プロティアンな」種類に属する仕事を見つけることは、人生の満足の源になりうるわけだ。

イギリスのある研究によれば、教育や医療の分野で働く人たちは、たとえ、給料にはそれほど満足していないとしても、仕事については、全般的に高い満足感を得ていることがわかっている。彼らが満足している理由は、自身が仕事をしながら感じている、社会に貢献しているという感覚、そして、達成感によるものだ。[11]

シングルと仕事の関係

仕事から得られる満足感をより多く享受する

今まで述べてきたことは、シングルの人たちを幸福にすることと、どんな関係があるだろうか？　私の研究によれば、どうしたら、幸福《ハッピー》なシングルの人たちを作り出せるかということを究明するためには、仕事が非常に重要だ。幸せなシングルの人たち、特に、長期間シングルでいる、結婚したことのない幸福なシングルの人たちは、核家族を形成することよりも、むしろ、キャリアによる自己実現を求めることで、自分のウェルビーイングを向上させている。

私の分析によれば、**仕事における満足は、結婚している人たちの場合よりもずっと強く、シングルの人たちの全般的な幸福に貢献している。**ここで、「仕事における満足」とは、「好都合な仕事」や、「よい給料」を意味しているのではないことに注意する必要がある。

私の分析では、「好都合な仕事」と「よい給料」は除外している。「仕事における満足」とは、それらよりはるかに深いものであり、仕事から意味と自己実現を引き出すことに関わっているからだ。

この点をもっとわかりやすくするために、年齢、教育レベル、収入、健康などの条件がまったく同じで、仕事に対しても同じように満足を感じている、結婚している人と未婚の人を考えてみよう。

このような場合、結婚している人と未婚の人の全般的な幸福感のギャップは、70％以上も縮小する。そう、これほどまでに大きく差が縮まるのだ。残りは、すでに説明したように、結婚に至る選考の過程に起因するものである（結婚が幸福の原因になるというよりは、むしろ、幸福感の強い人たちが結婚するということだ）。

シングルの人の幸福とウェルビーイングにおける仕事の満足度の重要性は、結婚したことのないシングルの人たちだけでなく、それ以外のシングルの人たちについても同じようにいえる。

離婚した人たち、配偶者に先立たれた人たちの場合でも、満足度の高い仕事は、結婚している人たちの幸福感とのギャップを、約50～60％埋める効果がある。未婚の人たちに比べ効果がやや薄いのは、別離・死別によって彼らの幸福感がより下がっているからだ。

「自分の好きな仕事」に出会った3人のストーリー

私のおこなったインタビューでも、この効果が発揮されている例を見つけることができた。夫と別れてニューヨーク州北部に住むジェインは62歳で、医療業界で働いている。彼女はかつての専業主婦としての暮らしと現在の生活を比べて、こう語った。

人生で一番重要なことは、自分の好きな仕事をすることだと思う。それが一番重要。そうすれば、自分自身に満足できる。

私は専業主婦だったの。10年間、車を運転して、子どもたちをこっちの学校から、あっちの学校へと送り迎えしていた。一日中、何かしていた。そして、一日の終わりには、みんなが寝るのを待って、それから、ひとりですわって、日記を書いた。それが自分の時間だった。だけど、朝になれば起きて、また同じことの繰り返し。いつも何かしているんだけど、ひとりになると思うの。「どうして?」って。

ジェインは専業主婦として子どもたちの面倒をみる生活の意味はなんだろうと考え、ひとりになって、何か書くことのできる短い時間を一日中待っていた。
対照的に、今のジェインは、看護師としての仕事が自分にとって重要であり、その仕事ができてどんなに幸せかを強調する。仕事のおかげで、彼女は自分に満足できている。

今でも、私はたくさんのことができる。やめさせられなければ、退職しないと思う。70代、80代まで働きたいというアメリカ人が多いのには、まったく驚かないわ。

幸せでいるために、独立しているために、そして人生に満足しているためには、意義のある仕事をもつことが重要だ。そのことは、高齢のシングルの人たちだけでなく、結婚していない若い人たちからも、よく聞かれた。
カリフォルニア州ロングビーチに住む、結婚経験のない32歳のショーンはこう話した。

もし、仕事とか、人生のなかでも結婚以外のところに自己実現を求めているんだったら、シングルでいるか、シングルでいるのをやめるか、選択の余地があると思えるはずだ。

ショーンにとっては、結婚は、自己実現の感覚を達成するためのひとつの選択肢にすぎない。仕事など、人生のほかの分野で自己実現の感覚を得ることができているので、彼には、自分が望む限りシングルでいる自由がある。

現在44歳のルイーズは、離婚して、ブリュッセルに住んでいる。結婚していたころは、必要に迫られて17年間好きでもない仕事をしていた。離婚した後、彼女は自分の夢のひとつを実現するために、食事やコーヒーも注文できる書店を開いた。

私は自分の本屋が大好きなの。自分の人生で初めて、自分で選んだことをやっているから。自立した起業家として行動するのは、初めてのことで、自分にはこういうことができるなんて、以前は考えてみたこともなかった。本当に達成感を覚えている。

ルイーズにとって、自分の書店は、単に自分の好きな仕事とか、自分が価値を見出《みいだ》せるものという以上の意味がある。むしろ、この書店を開業することで、彼女は自分が自立できることを知ったというべきだろう。彼女にとって、これは人生の成果であり、自分のアイデンティティーの重要な一部でもある。彼女は今、自分のことをビジネスのオーナー、「自立した起業家」だと思っている。

実際、私はシングルのあらゆるグループの人たちが、シングルであることは、自分を再定義するチャンスだと話すのを聞いた。

シングルにとって「キャリア」が意味するもの

ほかのあらゆる人口統計上のグループと比べて、シングルの人たち、特に、個人主義的な傾向の強いシングルの人たちは、意義のある仕事を重視する傾向がある。

そのような仕事は、彼らの能力を発揮させ、自由の感覚をもたらし、自分には価値があると思わせてくれるからだ。[12] その結果、**付加的な意味や、価値のある仕事をしているシングルの人たちは、より大きな満足を得ている。**[13]

さらに、私がおこなった別の統計分析によれば、シングルの人たちは、結婚している人たちに比べて、自分のキャリアに多くを投資することで、よりたくさんのものを得ていた。[14]

このことは、キャリアの選択をする際のモチベーションとおおいに関係がある。家族志向の人たちや、早い時期に家庭を築いた人たちは、付加的な意味を与えてくれる仕事よりも、雇用の安全と収入の安定を優先できる仕事を選ぶかもしれない。彼らには財政的に人を支える責任があるからだ。[15]

対照的に、結婚したことのないシングルの人は（離婚した人たち、配偶者に先立たれた人たちも、ふたたびひとりで暮らし始め、子どもたちが自立すれば、このグループに加わる）、通常、このような義務は背負っていないので、気持ちのうえでもっとやりがいが感じられるが、安定しているとはいえないキャリアの道を選択する自由がある。

ある35歳の女性ブロガーはこう書いている。

> キャリアに集中して、自分のすべてを捧《ささ》げることができる。プロとして成長できるし、結婚や引っ越し、子育てのせいで中断したり、休んだりすることなく、キャリアの道を描くことができる。[16]

彼女にとって、家庭生活とは「中断や休み」ばかりなので、自分の望むキャリアから外れてしまう可能性がある。それは、ジェインが専業主婦として家族の世話をしなければならなかったころの生活として描写した状況によく似ている。

ある意味で、このブロガーは仕事と家族の衝突という問題を提起している。

結婚している人たちにとって、人生の自己実現は二つの中心的な柱にもとづいている。

片方は仕事とキャリアであり、もう片方は家庭生活だ。

ただ、この二つはときに衝突することがあり、片方のためにもう片方が犠牲になることがある。もちろん、必ずそうなるというわけではないし、人によっては、家庭生活と仕事における満足はたがいに支えあうものだという人たちもいるだろう。

しかし、研究からは、多くの結婚しているカップルが、仕事と配偶者への献身（一緒に外出する、おたがいの家族や友人を訪問する、配偶者の人生の節目を祝う、など）のあいだでバランスをとるのに苦労していることが示されている。[17] 子どもができる前でさえそうなので、子どもができれば、ますますやりくりは難しくなる。[18]

対照的に、多くのシングルの人たちは、家族に対する責任に縛られておらず、自分のキャリアに全力で打ち込めるシングルであることで、より幸福を感じている。

シングルの人たちのなかには、仕事と家庭の衝突を避けたいがために、独立した生活を重視し、パートナーとの婚姻関係を選ばない人たちもいる。いずれにしても、シングルの人たちにとっては、罪悪感をもたずにキャリアに集中することを妨げる拘束やプレッシャーは、たいていの場合、結婚している人たちより少ないといえる。

離婚していて、子どものいるシングルの人たちでさえ、仕事と家庭の衝突を感じる程度は、結婚している人たちに比べれば低くなっている。こういう人たちは、子どもを育てる責任をもとの配偶者や、もとの配偶者の新しい配偶者と分かちあえる場合も多いからだ。55歳のリーナは、イスラエルの劇場で働いている。彼女は3回離婚していて、21年間ひとりで暮らした後、インタビューでこう話していた。

劇場には、本当に仕事に打ち込んできた人だけがもらえる指輪があるの。私は50歳の誕生日にその指輪をもらって、結婚指輪みたいに、左手にしてる。だって、私は劇場と結婚してるんだから。しかも、この結婚が一番長続きしてる結婚なの。

リーナにとって、仕事への情熱は、三度の結婚に比べても最も長続きする、おそらくは最も重要なものだ。20年以上もシングルペアレントである彼女は、自分の娘を愛しているし、3人の元夫ともよい関係を保っている。それでも、同僚たちからもらった指輪は、彼女が最も大切に思っている結婚、つまり、劇場の仕事との結婚の象徴だ。

しかし、仕事と「結婚している」ことは、常に簡単なことでも、ロマンチックなものでもない。人生には、ほかの領域もある。友人たち、趣味などだ。キャリアに打ち込むシングルの人たちは、仕事から満足を得ているかもしれないが、彼らだって、仕事に燃え尽きることもあるし、仕事と生活が衝突することもある。そうなれば、シングルの人たちもリスクにさらされる。

これから、幸福なシングルの人たちが、仕事のし過ぎという落とし穴をどうやって避けているのか、注意深く検討してみよう。

シングルにとっての仕事と生活の衝突

燃え尽き症候群のリスクとも隣り合わせ

仕事上の燃え尽き症候群は、極度の消耗、皮肉な心理状態、非効率性を特徴とするタイプのストレスだ。

最近の研究でわかったことだが、結婚していない人たちは、結婚している人たちに比べて、燃え尽き症候群になりやすい傾向がある。[19] 彼らはほかの活動を犠牲にして、プロフェッショナルな生活に重きを置く傾向が強いからだ。シングルの人たちのうちでも、男性は特に、とりわけ未婚の人たちは、仕事上の燃え尽き症候群のリスクが高い。女性は一般に、特に離婚経験者の場合、そのリスクはそれほど高くはない。[20]

シングルの人たちだって、友人たちや家族をないがしろにしようと思っているわけではない。それでも、成功したダイナミックなプロフェッショナルとして認められたいと駆り立てる欲求のほうが、社会的な活動や関与を上回ってしまいがちだ。[21] こうなると、仕事はプライドと幸福感の源ではあるにしても、バランスのとれた健康的な生活を妨げる障害ともなりがちであり、結局、ウェルビーイングを低下させることになってしまう。

さらに、自分のキャリアに高い価値を置いているために、シングルの人たちは自分の仕事により多くを賭けている。

たったひとつの分野に集中していて課題に直面すると、非常に困難な状態に陥る可能性がある。成功しなければならないというプレッシャーはより強く、もし期待に達することができなければ、自己実現の感覚を失うリスクもより大きい。

それと比較すると、多くの結婚している人たちは、自分の配偶者としての役割、親としての役割に重要性を見出している。[22] したがって、彼らにとって、仕事は唯一の満足感の源ではない。彼らには「セーフティー・ネット」があるのだ。

もちろん、シングルの人たちも、カップルの人たち以上に、自分のキャリアに集中することから多くを得ているのだが、彼らの感情的なウェルビーイングにも、独自のセーフティー・ネットが必要だ。

シングルの人たちは広範囲のスポーツ、ボランティア、コミュニティー、親戚関係の活動に参加し、パートナーや核家族のみを主な重点とするカップルの人たちよりも、自分の社会生活をはるかに数多く分割する傾向がある。[23]

そのような多面的な役割は、これらのシングルの人たちにとって、新たな衝突の原因になる場合がある。これはカップルの人たちがあまり経験しない問題だ。こうして、シングルの人たちは、多くの活動のバランスをとることが難しくなってしまい、役割間の衝突と仕事上の燃え尽き症候群に同時に直面するリスクが生じてくる。[24]

シングルだからこそ経験する「仕事のマイナス面」

シングルの人たちが自分に課すプレッシャーのほかに、彼らの仕事と生活のバランスは、パートナーや家族のいない人たちを差別する雇用主や政策によって、マイナスの影響を受ける可能性がある。

第3章で説明したように、シングルの人たちは、結婚している同僚たちに比べて、受けとる給料は少ないにもかかわらず、より多く働くことを期待されがちだ。[25] したがって、こんにちの職場では、シングルの人たちの感情的・肉体的な消耗は明らかだ。彼らの要求が無視されているだけでなく、シングルに対する差別が広く蔓延《まんえん》しているうえに、彼らがサポートを受けられることはめったにないからだ。

ジョージア州ミレッジビルに生まれ、今も生まれた町に住んでいる31歳のエイブは、インタビューに答えて、こう話していた。

> シングルの人間は、ほかの人より、朝早くから夜遅くまで長く働かせてもいい、もしくは朝早くから働かせてもいい、普通の勤務日以外にも働かせていい人間だと思われている。しかし、家庭のある人たちのほうは、より標準的な勤務時間で、9時から5時まで、1時間の昼休みをとって働くのが当然ということになっている。私のほうは、夜の10時や11時まで働いていたり、朝の6時から働いていたりだ。それというのも、私にはパートナーとか、誰か、私がある程度きちんとしたスケジュールを守っていないと困る人間がいないから、っていうわけだ。

エイブが話してくれたのは、結婚しておらず子どものいない人たちが特に高いリスクにさらされている状況だ。シングルの人たちは伝統的な家庭における責任がないから、働き方に関してより厳しく期待されて当然だと決めつけられていると彼は指摘している。

実際、こんにちの職場でのシングルの人たちへの待遇は、彼らの多くが非常に盛りだくさんの生活を営んでいて、仕事以外の時間ではたくさんの社会的役割のバランスをとって生きているという点を見落としている。

シングルの人たちは、バランスをとらなければならない社会的生活が少ないはずだというのは思い違いだ。多くの場合、事実はその反対だ。シングルの人たちは、カップルの人たちに比べて、はるかに多様で、周囲と深く関与した生活を送っている。

私の統計分析から、さらにわかったのは、**シングルの人たちは仕事における満足から、より大きな恩恵を受けているものの、結婚している同僚に比べると、自分の努力にみあった報酬を受けていないと感じている**ということだ。未婚のグループの場合はそれが特に顕著で、自分の働きぶりにふさわしい報酬を受けとっていないと感じている人が9％多くなっている。

エイブが話していたように、雇用主がこの問題をおろそかにしていること、シングルの人たちの仕事量が多いことを考えれば、彼らの不満は驚くべきことではない。たとえ、シングルの人たちが自分で、仕事にすべてを賭けることを選択している場合であっても、雇用主は彼らの働きぶりにふさわしい報酬を与えなければならないのは、当然のことだ。

仕事と生活の「真のバランス」とは何か？

さらに印象的だったのは、シングルの人たちが自分の個人生活と仕事のバランスが、結婚している人たちに比べて、満足できるものではないと感じていることである。

私たちは、結婚している人たちのほうが、家族に対する責任があるために、バランスをとるのが難しいと感じているだろうと思い込んでしまっているが、実際には、バランスがとれないという問題でより大きな苦痛を感じているのは、シングルの人たちのほうだった。

離婚した人たちと配偶者に先立たれた人たちは特にその傾向が強く、自分の仕事と生活は、結婚している人たちに比べて、バランスがとれなくなってしまっていると感じている人が、前者では22％、後者では31％も多かった。

ここで、**大きな問題となるのは、さまざまな人たちにとって、特にシングルの人たちにとって、仕事と生活のバランスとは何を意味しているのかについての誤解である。**

結婚を中心に考える現代社会では、研究者たち、ジャーナリストたち、政策立案者たちが**仕事と生活のバランス**ではなく、**仕事と家族のバランス**について語ることが多い。注意のほとんどが核家族に向けられ、人々が気づくこともないまま、生活を「家族」と解釈しているのだ。[26]

しかし、人のアイデンティティーというものは、多様な構成要素を含んでいる。レジャーや、教育関係の活動、コミュニティーへの関与、家の修理やメンテナンス、友情の形成などだ。[27]

その意味では、家族という領域のほかにも、注意を払い、時間を配分すべき領域は複数ある。家族という領域のなかにおいても、シングルの人たちは、結婚している人たちよりも多くの時間を割いて、年をとっていく親の面倒をみているが、この事実は平均的な雇用主からは無視されている。[28]

だから、雇用主も、シングルの人たち自身も、シングルの人たちの仕事とそのほかの活動とのあいだで、注意してバランスをとらなければならないし、彼らの仕事量が結婚している同僚たちと同等になるように強く要求しなければならない。

彼らは伝統的な核家族にみられる責任は負っていないかもしれないが、幸福なシングルとは、仕事と生活のほかの側面とのあいだでどのようにバランスをとるかを知っており、仕事との衝突を避けながら、いろいろな方向に発展する余地を自分に与えることのできる人たちなのだ。

幸せなシングルが実践している6つのワーク・ライフ・バランス維持戦略

私がおこなったインタビューからは、幸福なシングルの人たちは、仕事のストレスに対処し、生活の質《クオリティ・オブ・ライフ》と幸福を向上させるために、6つの戦略を用いていることがわかった。

戦略①仕事と健康的な楽しみのバランスを保つ

第一の戦略は、仕事と健康的なタイプのレジャー活動とのバランスを保つことだ。そこには、真剣で充実した趣味（ガーデニングやダンスなど）も、短期的で、特別な訓練や投資はほとんどいらない、気楽なレジャー（映画を見に行く、美術館を訪れる、など）も含まれる。

ロンドンに住む31歳のシーラは、厳しい仕事のスケジュールもこなしながら、修士号を取得するために猛烈に勉強している。それでも、シングルの彼女は、機嫌よく過ごし、いろいろな趣味をおこないながら、新しい発見の感覚のある忙しいスケジュールのバランスを保っている。

人生のなかで自分の場所を見つける余地があること、趣味、それに、個人としての自分を知ること、そういうことはすばらしいことだと思っている。発見がたくさんある。若いときに見つけたものを再発見したり、まったく新しいものを見つけたり、もっと大きい冒険心をもったり……。自由な時間にやりたいことがひとつあるんじゃない、ものすごくたくさんある。

シーラは私のインタビューからも、エネルギーを得ているようだった。インタビューも、ある意味、「もっと大きい冒険心」の一部だからだろう。彼女は結婚したことはなく、特定のパートナーと長期間の関係をもったこともない。彼女は今、キャリアに集中すると同時に、自分の活動をさらに広げ、新しい趣味を見つけるようにしている。

このような生き方は、若いシングルの人たちだけのものではない。インタビューのなかで、張りつめた、しかし、満足感の得られる仕事と生活の時間のバランスを保つためには、レジャー活動が重要だと強調していたのは、むしろ、年齢の高い人たちのほうだった。

戦略②学びの時間をもつ

仕事と生活のバランスを保つための第二の方法は、自分を高めてくれる教育的活動を充実させることだ。

インタビューに応じてくれた幸福なシングルの人たちの多くが、仕事と生活の良好なバランスには、正式な仕事関連の環境の外で、教育と学習のために捧げる時間をもつことが含まれると話していた。

個人主義的傾向の強いシングルの人たちは、特に、義務ではない学習、読書、あるいは自分の仕事に関係した分野の講習を受けることに興味をもっている。さらに上の学位や、資格の取得を目指したり、幅広い意味で自分を向上させる活動をしたりする人たちもいる。

イスラエル北部で農業に従事する、結婚経験のない52歳のハイムは、日中はとてもハードに働いているという。家に帰った後は、家族の問題でストレスを感じるより、リラックスしたり、何かおもしろいことに熱中したりするほうが彼にとってはいいようだ。

ひとりでいることにまったく問題はないよ。いい本がたくさんあって、いい音楽がたくさんあって、それにわれわれの人生をすっかり変えてしまった、このくだらないインターネットってものもあるからね。何か読み始めたら、気がつかないうちに、3時間たっていたりする。

戦略③心身の健康に投資する

第三に、仕事と生活のバランスをとろうと努力する人なら誰でも、自分の健康や見た目に配慮する必要がある。仕事の後でジムに行くなどして、エクササイズする時間を見つけ、料理して食べる時間も作ることが、幸せなシングルの人たちの毎日のスケジュールには不可欠な一部だ。これらは、心身の健康のためには重要なことだ。

なかには、自分の健康と外見を維持することには、祈りや瞑想《めいそう》も含まれると考える人たちもいる。私のインタビューでも、スピリチュアルな習慣、マインドフルネスの習慣は、幸福なライフスタイルを維持するうえで、特にストレスの多い職場環境で働く人たちにとっては、非常に重要なテーマであることがわかってきた。

たとえば、オレゴン州ポートランドに住む未婚の44歳の女性アビゲイルは、仕事の前と後にマインドフルネスのエクササイズをすることが、仕事の際にポジティブな気持ちでいるためにおおいに助けになっていると話していた。

私は積極的に感謝する習慣がある。朝に３つ、夜に３つの事柄を書きだす。朝のは簡単。それを書くことで、こんな気持ちになる。ああ、神様、感謝するべきことが３つもある。感謝できる小さな瞬間に波長を合わせ、注意できるように自分を訓練しておく。こういう考えね……。感謝する理由を探せば、ちゃんとその理由が見つかるはずだと思うの。

複数の研究が明らかにしていることだが、マインドフルネスと仕事に対する満足とのあいだには、強い比例関係があり、マインドフルネスと仕事上の燃え尽き症候群とのあいだには強い反比例関係がある。[29]

イスラム教徒にとっての精神の健康は、祈りや瞑想が心を落ち着かせる効果によって、達成することができる。[30] また、孤独感に弱いと考えられている離婚した人たちにとって、マインドフルネスにもとづいた認知療法は、不安感や落ち込みを減少させる効果があることもわかっている。[31]

韓国でおこなわれた研究では、霊的な事柄や宗教の信仰は、高齢のシングルの人たちの孤独感や落ち込みを穏やかにする効果があることがわかっている。[32]

インドの研究によると、シングルの人たちや高齢者の幸福感を向上させるのは、宗教的実践や、より大きな力を信じることだけではない。霊的な事柄、あるいはダルマの実践も、ストレス減少や、ウェルビーイングの向上の重要な予測材料となっていた。[33]

戦略④家事と賢く向き合う

シングルの人たちのワーク・ライフ・バランスについて、考慮するべき第四の側面は、家事である。

長時間働けば、どうしても家事に必要な時間が足りなくなる。ひとり暮らしのシングルの人たちも、請求書を管理し、家のなかの修理をし、居住環境を向上させるなどの仕事をしなければならない。

たいていの場合は、自分ひとりでやらなければならない。彼らもまた、複数の社会的責任を果たさなければならないことも言うまでもない。たとえ、お金の問題がないとしても、これらのタスクを完全にやる時間を見つけるのは至難の業だ。自分のワーク・ライフ・バランスを最適化するためには、こうした細々とした事柄を考慮しないわけにはいかない。

ヘザーは、この問題に対処するためのひとつのアイデアを考えついた。それは教会のコミュニティーを利用するというアイデアだ。

結婚していない人のニーズに誰かが気づいてくれて、それを片づけてくれたら、すごくいいと思わない？　家を所有しているシングルの人の家の修理とか、車の修理などを誰かにやってもらうの。[34]

ヘザーの言っていることは、「タイムバンク」のアイデアに似ている。地元のコミュニティーやクラブ、教会の信者の集まりなどのグループのなかで、シングルの人たちが時間を割いてボランティア活動をし、別の分野の手伝いで返してもらうというものだ。[35]

社会的交流と結びついたコミュニティーの感覚は、シングルの人たちの主観的なウェルビーイングによい効果をもたらす。彼らは自分が捧げた時間に対する報酬として、コミュニティーのリソースを利用するからだ。

幸福なシングルの人たちは、週末の自由時間を家事と組みあわせた楽しい時間に変えている。イギリスに住む30代のアナは、こう書いている。

アイロンはめったにかけない。普段は必要ないし。必要な場合は、日曜の午後に音楽をガンガンかけながらやるの。アイロンをかけながらカラオケすれば、最高！

掃除機をかけるときはたいてい、お尻をふりながら踊ってる。もちろん、ステレオの音量も最高にして。

食器洗いをサボっても、文句を言う人はいない。ジーンズを床に脱ぎ散らかしたままでも、ヒステリーを起こすやつもいない。正直に告白すると、私は裸で家事をするときもある。あなたがそんなことをしていて、ママが入ってきたりしたら、どうする？[36]

戦略⑤自分のための家族を上手に「選択」する

仕事と生活のバランスをとるための第五の戦略は、自分のための家族を「選択」することだ。

きょうだい、両親、親戚、あるいは友人たちとその子どもたちでもいい、ある特定の家族を選んでおけば、シングルの人たちも、家族に対する責任を負っていないからと決めつけて、自分たちにより多くの仕事を押しつけてくる雇用主や、同僚たちに対処する際に、いくらか強い立場になれる。

ワーク・ライフ・バランスとはふつう、配偶者と子どもたちを中心にするものだと理解されている事実は、シングルの人たちを非常に不利にする。

しかし、幸福なシングルの人たちは、自分の家族を自ら選ぶことで自由を得たと感じることができている。自分が選んだ家族と一緒にいることで、シングルの人たちは、職場でこれまでと異なる姿勢をとり、残業を押しつけられないですむ理由を得ることができる。

もちろん、もっと重要なのは、彼らが自分の選んだ家族のメンバーと交流し、おたがいに助けあえるようになることだ。[37] 先述のシーラは、厳しい仕事とレジャー活動、そして、友人たちや家族のために使っている時間とのバランスをどのようにとっているかについて、こう話している。

シングルでいると、友情とか、家族との関係をもっと大切にしなければという気持ちになるものだと思う。(恋愛関係以外の関係を)もっと大切にすれば、特に、おとなとしてそうしていれば、その関係からきっと何かを得ることができる。私の友人たち、両親、兄弟との関係はすばらしいものだった。それは、私が彼らのための空間と時間を用意していたから。

シーラは仕事以外の自由時間を活用して、友人や家族との絆《きずな》を深めている。

シングルの人たち、特にひとりで暮らしている人たちは、仕事以外の時間をどう使うかについては自分が完全に責任をもっている。だから、自分が選んだ人たちとの関係により多くの時間を割くことは、結婚している人たち、同棲《どうせい》している人たち、親である人たちなど、核家族によって自分の時間が削られてしまう人たちと比べると、より重要なものとなる。

戦略⑥職場を社交的な環境に変える

第六の戦略は、職場を社交的な環境に変えるというものだ。幸福なシングルの人たちは、職場の人たちとよくつながり、同僚のなかから継続的に新しい友人を見つけ出す。

今のところ、雇用主たち、そして、プロフェッショナルな地位を獲得しようと努力しているシングルの人たち自身でさえも、友情の重要性を軽視しがちな傾向がある。しかし、幸福なシングルの人たちは、どこでも、職場環境のなかでさえも、友人を見つけることができる人たちである。
未婚で37歳のスージーは、二つの仕事をかけもちしており、労働時間は長い。それでもバランスをとるために、職場の人々とつながるようにしている。

私は週に5日働いていて、ひとつの仕事では週に3日、一日に約12時間働いている。だから、その職場には週に36時間いるわけだけど、友だちもいるし、創造性が必要な仕事だし、自分の好きな人たちと一緒にいられるのはいいことね。私は自分の大好きなことをやっている。少なくとも、一晩に1回は、知ってる人が来てしばらくおしゃべりしていくの。

職場に友人をもつことは、幸福なシングルの人たちがよいワーク・ライフ・バランスを保つうえで、おおいに助けになっている。
最近、その目的に資する新しいアプリが立ち上げられた。「NeverEatAlone」（ランチはひとりでは食べないで）というものだ。これにログインすれば、一緒にランチを食べる職場の同僚を見つけることができる。このアプリは大変な人気で、多くの雇用主が社員のあいだでの社会的交流を増加させるため、そして、ひとりで食事する人がいないようにするために、採用している。

このアプリを立ち上げた会社のウェブサイトでは、開発者マリーの話を紹介している。

入社後、マリーは寂しく感じていました。また、休み時間はほとんど同じ同僚と過ごしていることに気づいたのです。

彼女はこの現状を変えようと決意し、社内の別の部署のドアをノックして、それまで知らなかった同僚と知り合おうと努めました。こうして、会社の業務をよりよく知る機会を得ただけでなく、同じ趣味（瞑想、ヨガなど）をもつ人たちとも知り合うことができました。そしてついに、CEOとも知り合うことができたのです！

社員たちがおたがいに知り合えるようにすれば、みんながもっと幸せになり、その結果、職場が幸せになるとマリーは気づきました。

確かに、友人を見つけることは、よそよそしい空間だった職場の概念を革命的に変えることにつながる。マリーは社員のあいだの感情的な距離をなくしただけでなく、CEOに会うことで、会社のヒエラルキーをも壊してみせたのだ。

シングルにやさしい職場にするために

これまでに述べてきた6つのワーク・ライフ・バランスの要素をつなぐものは、広い視野で仕事をみる能力だ。

週に一度のダンスクラブに参加するにしろ、ジムに行く時間を作るにしろ、仕事の前後にマインドフルネスの訓練をするにしろ、あるいは職場で友人を見つけるにしろ、幸福なシングルの人たちは、これらの活動に参加できるように、仕事の時間をうまく管理している。

在宅ワークやオンライン・ミーティング、フレックス勤務は、自宅に家族のいる人たちにとっては、結局、仕事と家庭のさらなる干渉を引き起こすという報告もある。[38] だが、シングルの人たちにとってはこのような選択肢は、現在直面している課題への即効性ある解決策になりうる。

フレックスタイムで働くことのできない、あるいは自宅勤務やフレックス勤務を好まないシングルの人たちも、社会的活動のための時間がもてるように、雇用主と交渉するべきだ。

独身差別《シングリズム》についての章を思い出してほしい。**シングルの人たちにも結婚している人たち**

と同じように要求があるということを雇用主に理解させることが、シングルの人たち自身、そして、シングルに理解のある人たちのやらなければならないことだ。

シングルの人たちも、余暇活動や社会的なイベントは、自分の生活やウェルビーイングにとって重要だということを説明してもいいと、自信をもって考えるべきだ。

アリスタイオスとプロテウスの戦いのクライマックスの様子は、今もヴェルサイユ宮殿の庭園の大理石に刻まれている。それは今でも、内なる自分に心を注ぐために、自由と変身の能力を必要とする人たち、特にシングルの人たちの象徴になっている。

退屈な仕事を17年続けた後で、離婚し、書店を開いたルイーズと同様、多くのシングルは岸辺に縛りつけられることを好まない。彼らは変化を続ける海の王国の住人であり、創造性に富み、向上心のある潜在意識の領域を好んでいる。

プロテウスのように、多くのシングルの人たちは「プロティアン・キャリア」から大きな恩恵を得ることができるだろう。かたちを変え、気を散らすものから自由でいることができれば、シングルの人たちは、さらによりよい人生を送ることができるはずだ。

先述の匿名のブロガーのように、シングルの人たちのなかには、航海を続けるために「碇《いかり》を下ろす」ことをわざと避ける人たちさえいる。

しかし、アリスタイオスのような者たちは、今後もプロテウスをおさえつけようとするだろう。彼らは別に意地が悪いわけではない。ただ、プロテウスを自分の目的のための道具だとしか思っていないだけだ。

だが、プロテウスは――「独創的な」「合成されていない」という意味の「protos」を語源とする名前をもつ彼は――、この先も、海に戻り続けるだろう。そして、仲間のアザラシたちと一緒に自由に泳ぎ回るのだ。

ピロストラトスは『テュアナのアポロニオス伝』でこう書いている。

プロテウスがどれほどすぐれた詩人だったか、そして彼の智慧、多才さ、あらゆるものへと変身する力、自由への強い意志、過去だけでなく、未来をも見通す能力については、いまさら読者に説明する必要はないだろう。[39]

第7章

幸福なシングルの未来

時代とともに変わりゆくニーズの満たし方

「パプアニューギニアの貿易伝説」から得られる教訓

今もパプアニューギニアで語り継がれている、「エダイ・シアボの伝説」という逸話をご存知だろうか。

ボエラ村出身の若者エダイは、乾燥地帯でモツという民族とともに暮らしていた。そこでは、みんなが食べるに十分な穀物を育てることは難しかった。

ある日、エダイが静かに釣りをしていると、巨大なウナギ（パプアニューギニアの神話では海の精の化身と考えられている）があらわれ、彼を海に引きずり込んだ。

ウナギはエダイにカヌーの作り方を教え、西に向かってほかの民と貿易をすることを教えた。エダイはその教えに従ってカヌーを作り、妻が粘土で作った調理用の深鍋をぎっしり積み込んだ。何か食べる物と取り換えられたらいいと思ったのだ。未知の領域に待つ危険をものともせず、エダイはカヌーに乗りこみ、水平線に向かって漕ぎ続けた。

ほとんどの人は、エダイの姿を見ることは二度とないだろうと考えていた。しかし、何カ月かたって、エダイは厳しい乾季に備えるための食物をいっぱい積んだカヌーに乗って、遠くに姿をあらわした。

モツの人々は、自分たちだけではやっていけないということをついに理解した。貿易すること、ほかの民族と取引することを知ったのだ。それ以来、彼らは毎年、この初めての沿岸貿易の旅を記念する祭りを開催するようになった。この祭りは「ヒリの祭り」として知られている。[1]

現代に生きる私たちにとって、貿易はあまりにも当たり前で、取るに足らないことにさえ思われる。商店で何かを手に取り、「Made in Mexico」とか、「Made in Vietnam」というスタンプを見ても、なんとも思わない。

私たちは自分の必要とする物、欲しいと思う物など数えきれないほどの物に囲まれて生きている。

貿易という手段がなければ、こんなことは不可能だと私たちもわかっている。ある国の品物のすべてをその国だけで製造することは、経済システムの失敗例のようなものだとさえ考えられている。[2]

もちろん、ある国がある程度の自給を達成することは可能だが、そのためには、国民が自分たちの欲求を最低限に制限することが必要だろう。いや、それどころか、貿易を発見し、商業のネットワークに組することを学ぶ前のモツの人々のように、困窮に耐えて生き延びなければならなくなるかもしれない。

人によっては、結婚という制度はこれと似ている。彼らにとって、結婚はすでに、身体的、感情的、精神的、社会的なニーズのすべてを一手に提供してくれるものではなくなっている。

平均余命の向上のことも考えてみるといい。ほんの100年前、平均的なアメリカ人の寿命は約50歳だった。今では、平均寿命は80歳に近い。[3] これほど長く生きるとなると、次のように考えてみずにはいられない。

人生はこんなにも多様なものなのに、ひとりのパートナーが自分の欲求すべてを満たし

てくれることなど可能なのだろうか？　と。

人生が長くなっただけではない。より多くのニーズのなかで、私たちはより多くを経験したくなり、もっとたくさんのチャンスを活用したくなっている。誰かの膨らんでいく望みに応えるただひとりの供給者をつとめるという重荷には、どんなに強くて、相手に一途《いちず》な人であっても、押しつぶされてしまうかもしれない。

「これからの幸福」の鍵は、「財貨」の交換方法を多様化させること

伝統的なモデルに対する代替案として、現代のシングルの人たちは、多様な人間の相互関係を取引することが、自分たちの生活を豊かにし、ウェルビーイング（健康と安心）を向上させるものだと気づいている。

「欲の深い」、孤立したカップル生活を送る代わりに、人々は生きていくための方法として、社会的なネットワークを採用し始めた。[4] 個人はネットワークで結ばれた個人たちとなり、彼らのニーズは、核家族の内部からだけでなく、複数の供給源によって満たされるようになっている。[5]

確かに、モツの閉ざされたシステムには利点があった。何より、安全だったはずだ。ほかの民族の住むところまで航海して、貿易をおこなうことは、たとえ不可欠であったとしても、危険な賭けだった。

これと同様に、若い人たちにとって、最初のうちは結婚は安全にみえる。彼らの多くが、自給自足の家族という単位のモデルがいつまでも幸せに暮らすための最善の道だと考える。それが継続的に彼らのすべてのニーズに対処できる、予測可能で、信頼できるものだと思われているからだ。

しかし、多くの人が、年月のたつうちに自分が成長し、好みも変わっていくことに気がつく。自分の変化とパートナーの変化が同調していない場合も多い。彼らは、結婚はまったく自分に向いていないことに気づく。自分の人生の進化を反映した、もっと柔軟で、変更可能なシステムが必要だからだ。

さもなければ、彼らは完全に飢餓状態に陥る。セックス、感情、知性の飢餓状態だ。結婚という自給自足システムを長期にわたって維持することは不可能だ。そう、彼らにとって、現実には、決まったパートナーとの結婚生活のほうが、リスクは大きいのだ。

代わりに、多くの人々がシングルで生きること、ネットワークを発展させた生き方を選ぶようになった。このような選択は右肩上がりのペースで広まっており、結婚という制度に疑問を抱くようになった人々の増加を示唆している。まもなく多くの国々で、シングルが成人人口のほとんどを占めるようになり、それは、公共の話題のなかでも当たり前となっていくだろう。

このような現実を前に、シングルの生活においては、感情的、知的、そして性的な「財貨」の交換を多様化させていくことが、より大きく、よりポジティブな役割を果たすようになるだろう。

研究者のなかには、このような近未来に訪れる現実を、「脱伝統的な親密さ」の時代と名づけた人たちもいる。[6] この言葉は、強い感情の交流や、性的関係の消滅を意味しているのではない。むしろ、このような交流をかたちづくる複数の流れができることを示唆しているのだ。

これらの流れは固定されておらず、常にかたちを変え続ける。家族を基礎にして築かれた社会のピラミッドは、より水平な社会的ネットワークへとかたちを変えるだろう。

そのような現実のいくつかの構成要素を明らかにすることには、意義がある。これらの構成要素は、今はまだ想像するのも難しい、まったく新しい社会秩序の始まりの兆候にすぎない。

若者エダイが自分の民族のために食料を供給する新しい方法を見出《みいだ》すには、単によいアイデアがあるだけでは不十分だった。新しいカヌーと、取引するための新しい粘土の調理器具に加えて、パプアニューギニアの神話では偉大な海の精霊であるウナギが登場する。それも、この変化がどれほど劇的なものだったかを語るためだ。

エダイは海に沈む必要さえあった。これは、個人的にも、集団としても、無意識下へ飛び込むことを象徴する行為だと考えられている。[7]

これと同様に、脱物質主義《ポスト・マテリアズム》の世界の新しいトレンドを理解し、自分たちのものとするためには、親密な関係や社会に対する認識を根本的に変える必要がある。

いかにも自給自足できているようにみえる、家族という単位を基本に構築された社会は、今後、どのような社会へと変化していくのだろうか。そして、人々のニーズ以上のものを提供できるような枠組みへとどのように変貌していくのだろうか。未来に敬意をあらわしつつ、新しい議論を始めていきたい。

シングルと友情の未来

有意義な友人関係は、有意義な結婚関係に匹敵する

友情という制度もまた、結婚という制度と同じくらい古いものだ。しかし、**シングルの時代にあっては、友情という制度は、結婚がもはや埋めることができなくなった隙間を埋めるものとして注目を集めることになる。**

多くの人たちにとって、有意義な友情は——結婚すること以上に、とはいわないまでも——結婚と同じくらい重要な人生の目標となるだろう。

シングル人口が非常に多い日本の社会について、ある研究者は、東京の住人、特に中年の人々の未来の幸福度を予測するものとして、個人間の関係の役割を強調している。この研究では、幸福度を予測するうえで、家族のサポートより、友人からのサポートのほうが重要になるかもしれないと予想している。[8]

別の研究でも、友情は、特に高齢者のケアにおいては、重要な社会的サポートの源と考えられている。[9] 年をとるにつれて、長年のパートナーを失う人が増える。だからこそ、友情の重要性が増していくわけだが、[10] こんにちでは、あらゆる年齢において友情がさらに重要になっていくだろう。

実際、シングルのライフスタイルの将来を考えるとき、友情は基本的な構成要素となりうる。友情はもともと、排他的なものではないからだ。友情なら、親密さと人間関係を構築できるルートが複数あってよい。

貿易のための旅のように、これらの友情は、枝分かれを続ける交流の絆《きずな》によって、身体的、感情的、社会的、そして知的な交流のルートをもたらしてくれるだろう。

このようなつながりは、さらに多様になっていくだけではない。シングルのニーズに応える主要な手段の役割を果たし、彼らの生活にとって、ますます中心的なものになっていくだろう。こうして、もっと強く真剣で、より確立した新しいタイプの友情が、シングルを取り巻くエコシステムの一部になるものと思われる。

私がこのような考え方を知ることができたのは、テキサス州の47歳の未婚の女性ロレインにインタビューしたときだった。彼女はこう話していた。

人生で成功するために、あるいは人生を楽しむために、結婚することが必要だとは思わない。友だちがいれば、結婚しなくても、必要なものはなんでも手に入る。

もうひとりの例は、ジョージア州の75歳の未婚の女性キムだ。インタビューを始めてすぐに、私は彼女のエネルギーが羨ましいと思った。彼女は自分の人生で関係のあった多くの人々の話をした。男性も女性もいれば、司祭や修道女もいた。彼らはキムの人生にあらわれては消えていったが、長いつきあいの友人の話になったとき、彼女は真剣になった。

――私には親友がいる。女性の親友よ。私たちはもう、40年以上も友だちなの。

その友人との関係が、彼女の人生で最も安定した関係であることは明らかだった。長い年月をかけて、やさしさをこめて育ててきた友情であり、彼女は今もその友人とのつきあいを楽しんでいる。

もちろん、友情はあらゆるニーズを満たすことができるわけではない。だがそれでも、友情が満たすことのできるニーズはかなり幅広いものであり、仲間がいるという安心感、感情的なサポート、知的な刺激なども含まれる。

結婚の時期が遅かったり、シングルのままでいたり、パートナーと別れたりといった風潮が広まるにつれて、友情は、身体的なケアや財政的な貯《たくわ》えの源ともなり、友情が提供してくれるものはますます広がるだろうと予測する人たちもいる。[11]

このような友情は今後、ますます強くなり、もっと当たり前のものになっていくだろう。

さらに、友情の果たす役割がより増大するにつれ、関連した法的、社会的な協定も出現するだろう。

「友人との同居」という新しい社会的カテゴリー

多くのシングルはひとり暮らしを好んではいるが、友人どうしでもっと頼りあい、ともに暮らすのが、今後はより普通の、そして魅力的な選択肢になっていくだろう。人生のさまざまなステージにおいて、友人と暮らすことには、財政的、身体的、感情的、社会的な利点のあることが明白だからだ。[12]

このような居住方法には、法的な協定が必要になるだろう。なんらかの社会的儀礼がおこなわれることもあるかもしれない。

したがって、ここに、結婚や個人の立場に関する新しいタイプが出現する。恋愛関係ではない友人との同居というものだ。

このカテゴリーは、これまでの社会統計ですっかり見落とされていた。これまでは、若い成人に限られたものだと思われていたからだ。[13]しかし、**結婚の時期がますます遅く、結婚する人がますます少なくなるにつれて、友人との同居は別個の社会的カテゴリーとして**

認められるべきものだ。

この人口統計上のグループはすでに増加しつつある。彼らのための法的、社会的枠組みは現時点ではほとんど存在していないが、ある研究者は「シビル・フレンドシップ」（社会的友情）というコンセプトを提案している。[14]

今でも、おたがいの世話をし、一緒に暮らす友人どうしは、基本的に家族の単位として行動しているが、それがなんらかの法的承認を受けることはまずない。そこで、おたがいのことを大切にし、サポートしあうという誓約にもとづき、おたがいに依存しあう友人たちの関係を法的に認可するような、事前の合意によるシビル・フレンドシップ協定を導入するというアイデアが出てきたわけだ。

これは、結婚やシビル・ユニオン（結婚と同等の法的権利が認められた同性結婚）と似たような関係を法的に認めることを示唆したものであり、このようなシングルどうしの友人たちに対する差別を防ぐために必要なものだ。[15]

シビル・フレンドシップ協定による法的な保護があれば、同居して、相互に支えあっている友人たちも、税制優遇や、被雇用者と雇用主の権利、病院への訪問、財政や相続上の優遇などの重要な保護と権利を手に入れることになる。

かつては異性間の結婚をしたカップルにのみ認められたこうした権利のために闘ってきた同性結婚カップルや、ＬＧＢＴＱの人たちに対する昨今の社会の急激な変化を考えれば、友人とともに、これと同様の権利を求めるシングルの人たちの国際的な動きも、勝利する可能性がありそうだ。いや、必ず、勝利をおさめるといったほうがいいだろう。[16]

このように、友情の役割のコンセプトがまったく新しくなりつつある今、急速に人口を増やしているシングルの人たちが、来るべき変化の多くに拍車をかけることだろう。

母の日、父の日、そして「友情の日」

同居する友人どうしに与えられる法的枠組みに加えて、友情の文化が、独自の制度や成果をもたらすことも期待してよいだろう。

その最初の兆候のひとつが、１９５８年にパラグアイで起きている。ラモン・アルテミオ・ブラッチ博士は「友情のための世界十字軍」を設立し、仲間とともに、「世界友情の日」を初めて制定した。

その原動力となった考えは、母の日、父の日、そのほかの人間関係を祝福する日さえもあるのだから、それと同等の友だちの日を作ろうというものだった。友情ほど重要なものを、このお祝いの日のリストに入れないのは間違っているというわけだ。[17]

それから半世紀以上たった２０１１年、国際連合(United Nations)は6月30日を「友情の日」と宣言した。実際には、国によって異なる日に祝っている。[18]

フェイスブックは２０１５年以来、同社の創立記念日である2月4日を「友だちの日」として宣伝している。ウェブサイトでは、このサイト上で交流した「友だち」どうしのために独自のムービーを作っている。[19]

もちろん、この記念日はフェイスブックを使った交流を増やすビジネス上の利点をもたらしているわけだが、それだけでなく、友情の価値を強調するという副産物も同時に生み出している。[20]

「友だちの日」や、友情の記念日のアイデアは、メディアやニュースで、ポジティブな反応とコメントを得ていた。特にめだったのは、新しい習慣と儀式があまり驚かれることもなく広まっていく速度だ。

記念日というものは、かつてはカップルだけのためのものだった。だが、今では、友だちどうしでも、節目となる日を祝っている。ＳＮＳの助けを借りてオンライン上で祝う場合もあれば、実際に贈り物をしたり、お祝いのイベントをしたりする人たちもいる。

こんな例も報告されている。リーラ・ハットフィールドとアリー・マーテルは、どちらも27歳で、ニューヨークに住んでいる。ふたりは友情20周年記念のパーティーを開催した。非公式にだが、「フレンディーヴァーサリー」(friendiversary／友だち記念日)と呼ぶパーティーだ。

——友情の節目ってふつうは忘れられているものだけど、私たちは記念日を祝いたかったし、ほかの友だちにも祝ってほしかった。

雑誌「コスモポリタン」の編集長であるアリーはそう言う。[21]

将来的には、シングルの人たちが、友情をカップルのパートナーシップと同じくらい強いものだとみなすことが許される文化になるかもしれない。

そう考えると、**思いやりのある、有意義な、そして長期にわたる友情は、特に、自分の意志でシングルとして生きることを選んだ人たちにとっては、結婚に代わるものになる可能性もある。**その点における文化的な意味合いは非常に大きい。

セックスを含んだ友情

結婚の地位が没落していることを考えれば、友情が進化して結婚の減少による隙間を埋めるのを助けるまでになるかもしれないという考え方も、あながち過激なものだともいえないだろう。

アメリカのジャーナリストであるエドナ・ブキャナンは、友情を高く評価していることで知られており、このように話している。

――友だちは、私たちが自分で選んだ家族だ。[22]

この言葉にはいろいろな解釈の仕方があるだろうが、これまでの議論に新たな意味をもたらす言葉である。

若い時期に、親密さの概念が発展するにつれ、人は恋愛の相手と友人を区別するようになる。[23]だが、シングルとして長い期間を生きる人たちにとっては、友情が結婚の代替となっていくこともある。そうなると、友人どうしのあいだにみられる社会的サポートと親密さの程度は、恋愛感情をもつカップルのそれとますます似てくるかもしれない。[24]

もしかすると、友情についてのこの議論における主要な懸念は、友情がすっかり結婚にとって代わってしまった世界では、セックスに関するニーズがどのように満たされるのかということかもしれない。

たとえば、都会のコミュニティーにおいては、シングルの人たちがいくらでもいるので、ある程度の親密さや、行きずりの相手とのセックスを望むシングルの人たちにとっては、容易に相手を見つけられる状況にすでになっている。

ロサンゼルスに住む、未婚でゲイの50歳のファンは、インタビューにこう答えていた。

Grindrとか、Scruffなどのアプリ（どちらも、ゲイのための出会い系アプリ）を使う際には、完全に自由でいられる。シングルだから、今週のフレーバーとか、日替わりのフレーバーを味わったっていいんだ。だが、もし決まったパートナーがいたら、そういうプレイの時間はもてないわけだ。

ファンは自分の時間を、異なるタイプの親密な相手との出会いに費やすことを楽しんでいる。彼の考えによれば、誰かひとりとの決まった関係は、新しい相手に出会うための時間をつぶしてしまう。彼は、自分の生活は「いろいろなフレーバー」を味わえるものだと感じているのだ。

このように、行きずりの相手とのセックスは、ますます容易に受け入れられるものになっている。アメリカのデータによれば、1970年代以来、アメリカ人は結婚していない相手とのセックスに対してより寛容になってきており、行きずりの相手との出会いは、より当たり前のものとして受け入れられるようになっている。[25]

成人のあいだでの結婚前のセックスは「まったく悪いことではない」と回答した人は、1970年代前半には29％だったが、1980〜90年代には42％、2000年代には49％、2010年代前半には58％まで増えている。世論では、行きずりの相手とのセックスは望ましくないものとされ、リスクがあるうえに、心理的なダメージを与えるものだとしているが、最近の現実をみれば、そうは思われてはいないわけだ。[26]

実際、特に伝統的な性役割の考え方をもたないシングルの人たちの場合は、気軽な出会いに対してポジティブな態度をとる人が多い。[27]

当然、シングルの人たちが、性的にも、感情面でも、冷淡で空っぽの関係をもっているような世界を想像することもできるだろう。

しかし、私のおこなったインタビューでは、新しい現実も明らかにされた。セックスメイトのサークルに属するシングルの人たちだ。彼らはおたがいに愛情をもって接しており、頻繁に集まっていて、おたがいの交流は心地よく、温かく、笑いに満ちたものだと話している。彼らは、おたがいを助けあう、心のつながった友人のネットワークを形成しており、それが生き生きとしたコミュニティーとして、十分に機能している場合もある。

シングルとコミュニティーの未来

シングルの人たちが家族や親戚、友人たちと交流し、サポートを得ることももちろんある。その一方で、自分たちと似た考えの人たちとコミュニティーを築くことで、大きな恩恵を得ることもある。コミュニティーに共通の興味や考え方、目的をとおして、サポートと仲間意識を得ることができるのだ。

こんにち、シングルのコミュニティーはきわめて少なく、都市の中心部の若いシングルの人たちの即興的なグループにすぎないものが多い。このようなコミュニティーには年長のシングルの人たちが入れないばかりでなく、ほんの一時的なものでしかない場合がほとんどだ。

シングルの人たちは、コミュニティーに入ったかと思えば、誰かとの交際や結婚などをきっかけに短期間でそこから出ていく。だから、このようなコミュニティーにいることで安全だと感じる、若いシングルの人たちでさえも、先のことを考えて、自分の「コミュニティーの会員資格が期限切れになる」――自分が年をとり過ぎたり、あるいは、ほかのメンバーが結婚して出ていったりして、コミュニティー自体が崩壊する――前に、そこから脱出して、結婚しなければならないと感じることもある。

こうした現状がありながらも、世界各地では希望のもてる事例も数多く報告されている。ここからそのいくつかをみていこう。

オフライン上のコミュニティー

シングルの割合が高いスウェーデンでは、「フィロス」(Filos)という協会が結成された。食事や、共同のイベントなどをともにする、代替的な親しい関係のかたちをサポートするものだ。

もちろん、交際相手を見つけたいと思って参加する人たちもいるが、この協会は人々をペアにすることを目的にしているのではない。むしろ、会員が社会的絆を作るチャンスを得られるように、一緒に参加できる活動を組織しているのだ。ある意味では、家族をもつというニーズを軽減するために、この協会を組織したのだともいえる。[28]

35歳のトニーは、ニューヨークの郊外に住んでいる。彼は、シングルのコミュニティーでの暮らしについてこう話してくれた。

本当の共同体というのではないが、いつも、まわりにたくさんの人がいる共同体のような状態で、大勢の友だちが暮らしている。長年のつきあいで、親しい関係の友人たちだ。

彼の話によれば、そのコミュニティーには、永遠にシングルでいることと、自分で自由にライフスタイルを選ぶことの両方を受け入れるという、ユニークな、暗黙の規則があるのだという。

このようなコミュニティーは、まだ広がり始めたばかりだが、シングルの人たちが交流関係を構築する助けになっている。**この交流関係は、パートナーを見つけることを目的にデートをして、家族の単位を作るためのものではなく、自分の生活と社会的ネットワークを組み立てることができるようにするものだ。**

友人という人間関係が、伝統的な関係の限界を変えていくにつれて、社会も、恋愛関係ではない社会的サークルがより中心的である構造に変わっていくことができるだろう。そのような時代になれば、シングルの人たちのコミュニティーは永続的な地位を確立し、シングルの人たちのあいだの絆はもはや、一時的なものだとは感じられなくなるだろう。[29]

さらに、これらのコミュニティーでは、シングル向けのイベントをもっと開催することもできるはずだ。たとえば、政治的な活動を促進するための大きなチャンスも存在するだろう。シングルの人たちのコミュニティーが強固になり、成長していけば、その影響力や、ロビー活動の可能性も広がってくる。

それによって、シングルの人たちのニーズを広く知らせることもできるし、シングルの人たちのイベント、祝日、セレモニー開催のための支援や、資金集めもできるだろう。もしかしたら、シングルの人たちのコミュニティーセンターのための支援をしたり、資金を集めたりすることもできるかもしれない。

実際、シングルの人たちのコミュニティーのなかには、すでに、結婚に関する地位の平等を求めて、活動家の役割を果たし始めたところもある。

「結婚していない人たちの平等のための運動」(Unmarried Equality Movement) などのグループでは、シングルの人たちが集まって、医療、住宅、育児、移民、税制、そのほかの法的、社会的な問題における平等と公正を追い求めている。

オンライン上のコミュニティー

シングルの人たちが、支援的なコミュニティーを築くためのもうひとつの方法は、インターネットだ。

シングルというテーマで多くの研究、執筆をおこなってきたベラ・デパウロは、「インターネット上にシングルのコミュニティーを作る必要がある」と自身のブログでつづっていた。[30]同じような要望をもつ人々の声に応えて、彼女は「コミュニティー・オブ・シングル・ピープル」（シングルの人たちのコミュニティー）というフェイスブックのグループを立ち上げた。メンバーになりたい人は、このグループが恋愛の相手を探すためのものではないということを、きちんと理解していると表明してからでないと、承認してもらえない。このグループの説明の1行目にはこう書いてある。

――このグループは、出会い系とは関係ありません。

デパウロのブログの記事から2年後、このグループのメンバーは2000人に達し、シングル生活について、さまざまな意見やアイデアをシェアしあっている。誰かが投稿した数時間後には、もう次の人の投稿が出ている。メンバーのあいだの交流はほとんど常にポジティブで、元気づけられるものばかりだ。

このようなバーチャルなグループが存在すること自体、一連の問題について広く連帯しているシングルの人たちの力と影響力を示すものだ。

こうしたオンライン上のシングルの人たちのコミュニティーが、国際的で広範囲にわたる性質を帯びるのは必然といってもいいかもしれない。それぞれの地元では、恋愛相手を見つけることと関係のないシングルのグループはあまりないからだ。それは、ニーズがないからではなく、「人は結婚しなければならない」という固定観念に縛られている社会にあって、彼ら自身の存在の正当性を獲得することが非常に難しいためだ。

それでも、始まったばかりのこれらの運動は、シングルというアイデンティティーがますます顕著になる時代を予言している。彼らのアイデンティティーが進化し、それを背景に団結の機運が高まれば、社会のなかにもっと多くのシングルの人たちのコミュニティーが誕生し、発展することも期待できる。

住みたい都市ランキングに影響を与える「シングルの住みやすさ」

今では、多くのメディアが、あらゆる年齢におけるシングル・コミュニティーの高まる求心力に気づくようになった。出版社や報道機関は、各地のシングルの人たちの生活の質《クオリティ・オブ・ライフ》を検討し、ランク付けするようにもなった。

これまで、シングルのための「一番住みやすい都市」のリストでは、デートする際の経済状況や、パートナーの見つけやすさが重視されていたが、新しいリストのなかには、友情や娯楽を重視するものも出てきた。

「フォーブス」はその一例で、自ら望んでシングルでいる人たちと、パートナーを見つけたい人たちの両方を対象にしている。[31] 最新版のリストのなかには、ナイトライフの選択肢や、シングル人口の割合、外出のコストなどの要素も含めて、もっと詳しく都市をランク付けしているものもある。[32]

これらのリスト自体は、ランク付けされた都市のコミュニティーに関して多くを語るものではないが、そこから、シングルの人たちのコミュニティーの誕生と成長についての明るい兆しを見てとることができる。

リストが明らかにするのは、シングルにとって、より低予算で気軽に外出し、人と知りあい、（デートするだけではなく）生活できる場所、多くのシングルの人たちが暮らす場所、そして将来的にコミュニティーが発展する可能性がある場所はどこか、ということだ。

これらのリストと、それによって引き起こされる人の往来は、こんにちのシングルの人たちがよりポジティブなライフスタイルを求めていること、また、どこに住むかを決定する際には、コミュニティーに関する要因に影響を受ける可能性があることを示唆している。

「よいコミュニティーの有無」が幸福度を左右する

シングルのコミュニティーの存在は、シングルの人たちのウェルビーイングにとっても、幸福《ハッピー》なシングルの時代の発展にとっても、非常に重要だ。

実際、コミュニティーに属しているという感覚が人の主観的なウェルビーイングによい影響を与えるということを示した研究もある。[33] 対照的に、コミュニティーの欠如は、寂しさ、落ち込み、孤立、疎外感と結びついている。[34]

なんらかのコミュニティーに所属しているという感覚は、マイノリティーのグループにとって重要であることが、研究からわかっている。

たとえば、カナダにおけるインドからの移民[35]、オーストラリアのマイノリティー[36]、スペインにおける複数の移民のグループ[37]、そしてさまざまな状況下にある難民の場合でも[38]、社会的支援とコミュニティーへの参加が、生活の満足度を左右することがわかっている。

これらの研究によれば、コミュニティーは帰属意識を提供し、アイデンティティーを強め、実際的、身体的、感情的、社会的支援の源を作り出すことによって、マイノリティーの人々を助けている。マイノリティーの人々にとって、人種差別やその他の差別などの偏見を克服するためにも、コミュニティーは大きな役割を果たしている。

その意味で、シングルの人たちも、マイノリティーと同様に、コミュニティーを組織することにより、多様な面で利益を得ることができるはずだ。グループを結成し、おたがいを支えあい、助言しあい、ともに過ごすことで、シングルの人たちも、独身差別《シングリズム》の影響をあまり受けない、よりポジティブな未来を築くことができるだろう。

そのようなコミュニティーは、すでに存在しているが、まだ、発展途上にある。また、将来はより多様なかたちをとるかもしれない。

たとえば、ある特定の利害を共通とする人たちが集まってコミュニティーを作ることもありうるし、それぞれのコミュニティーが、独自のシステムとルールに従って、異なる交流の仕方をするようになる可能性もある。

あるいは、シングルの人たちは特定のエリアや、都市の中心などに集まるようになるかもしれない。地理的に結成されたコミュニティーの場合、将来必要になるかもしれない居住の選択肢や、地方自治体のサービスに関して、さらなるニーズが出てくるだろう。続く部分では、その点について、いくつかの提言を詳しく述べていきたい。

シングルと都市計画の未来

核家族前提の時代から、多様な「家族」前提の時代へ

長いあいだ、住宅と都市計画は、核家族を標準として考えられてきた。したがって、都市や住宅地域は、高速道路、郊外住宅地、大きめの家などを中心に、核家族向けに発展してきた。[39]

都心の建物も、遊び場や幼稚園などのための公共エリアを確保しながら、家族のライフスタイルに合わせて作られてきた。広いキッチン、複数の寝室のあるアパートメントも、

家族単位に合わせて設計されてきた[40]。

しかし、シングル人口が増えるにつれて、多くの都市で、特に大都市においては、このような住宅と都市計画は最適とはいえないものになってきている。

急増するシングル向けの住宅ニーズ

第1章で説明したように、シングルの人たちは、友人、コミュニティー、雇用、そして恋愛の相手を見つけるチャンスを求めて、都市に移動してくることが多い[41]。このような動きは、かつては比較的若い人たちにみられる傾向だったが、最近では、配偶者と離別・離婚した人たちもまた、都市に移動している[42]。

このようなシングルの人たちはたいてい、ひとり暮らしを好むので、彼らに適した公共のスペース、適切な住居の不足が課題になっている。

今後、特に都会のコミュニティーで、シングル人口が増え続ければ、このような変化に対応するための革新的な解決策がますます求められるようになるだろう。

すでに、いくつもの解決策が編み出されている。シングルの人たちのニーズに着目して、既存のスペースや建物、住居を、より小さなアパートメントやワンルーム住宅に転換しているものもある。シングルの人たちは大きなキッチンや、広いリビングは必要としない。彼らは、外食したり、公共のスペースで友人と交流したりする場合が多いからだ。

このようなアパートメントの需要の高まりとともに、世界中で、市場原理にもとづいた住居の転換が始まっている。この流れは近い将来にさらに加速するだろう。[43]

工夫されたデザインと、省スペース技術を使えば、500平方フィート（約46平方メートル）よりずっと狭い場所に、住みやすく、おしゃれで、居心地のよい家を作ることもできる。[44]

とはいえ、これを実現するには、行政による調整が必要になってくる。多くの都市が賃貸用の家の最小サイズを規制しているからだ。たとえば、ニューヨークでは最近まで、最小サイズは400平方フィート（約37平方メートル）だったので、極小の賃貸用物件を作ろうにも、違法になってしまっていた。[45]

シングルの増加に適応した都市計画のもうひとつの例は、都心にひとりで暮らしたい人向けの新しいアパートメントを優先的に建設することだ。その論理は実にシンプルだ。住居を高密度化することによって、シングルの人たちが、都市サービスに近い場所で、住居を手に入れやすくなるのだ。

しかし、このアイデアは、まだ十分に注目されるには至っておらず、需要に供給が追いつかない状況が続いている。問題は主に、多住居の高層ビル開発の投機的な性質にある。この問題に対処するために、さまざまなモデルが提案されてきた。

たとえば、需要を集約するために、売り手と買い手をひき合わせ、取引を促進する――ある意味、Uber や Airbnb に似た――双方向のプラットフォームだ。[46] 似たようなやり方として、審議的な開発モデルがある。開発業者ではなく、むしろ、居住希望者たちがプロジェクトの提案者となり、出資者になるというものだ。[47]

どちらのモデルも、発展しつつあるシングルの人たちのコミュニティーにもとづいて、だんだん実現可能なものになりつつある。大勢の購入希望者を組織して、集団で新しい住宅プロジェクトを推進する活動には、イベントやコミュニティーをつうじておたがいをよく知っているシングルの人たちのほうが取り組みやすいかもしれない。

これらのアイデアは、多くのシングルの人たちのコミュニティーに広がっており、シングルの人たちがおたがいに助けあい、支えあって生きるという現実を明らかにしている。

ドイツのフランクフルトに住む、46歳の未婚女性リーナは、私のインタビューに対して、こう答えていた。

一緒に育ってきた人たち、友人たちのことを考えてみると、みんな結婚していて、子どもがいる。

私は、結婚もしていなければ、子どももいない友人たちとのコミュニティーで暮らしている。結婚していないから、一緒に暮らしてる人たちもいるし、パートナーがいなくて、子どものいない人たちもいる。みんな、私と年齢の近い人たちで、みんな、子どもをもつ気はない。

今後どうなるかはわからないけど、みんなとはいつもこんな感じで話している。「私たちはずっと一緒にいて、支えあわなくちゃね。だって、年をとったら、面倒をみてくれる子どもたちはいないんだから」。

共同住宅《コ・ハウジング》が秘める可能性

40代前半のキラン・シドゥという女性の物語も、将来は普通のことになるかもしれない。彼女は、学校が一緒だった、シングルで子どものいない女性の友人たちのグループのなかにいる。

シングルでいる理由はどうあれ、彼女と友人たちは、ひとつの建物で一緒に暮らしたいと考えている。そうすることによって、おたがいに、身体的なニーズをサポートしようと考えているのだ。彼女たちは、一緒にさまざまな活動に参加することで、それぞれの社会的なニーズにも応えたいと思っている。

「ザ・ガーディアン」紙に掲載された記事のなかで、キランは、週に一度、ヨガのインストラクターを雇おうと仲間たちと話しあったこと、自分たちのスキルと興味がおたがいに補完しあっていることなどを書いている。

ひとりは料理がとてもうまくて、もうひとりはガーデニングが得意だ。キランはというと、装飾の才能には自信がある。最も重要なのは、おたがいに感情面のニーズについて助けあうのを幸せだと感じていることだろう。

私と友人たちは、こういう代替的なやり方を見つけたおかげで、もう、年をとることが怖いことだとは思わなくなった。今では、希望をもっていて、将来が明るいと感じている。[48]

コ・ハウジングは、高齢化するコミュニティーが空間を共有し、おたがいにサポートしあう解決策として、すでに提案されている。[49]

こうした居住スタイルは、近い将来に、若いシングルの人たちのあいだでも当たり前のものになっていくだろう。コ・ハウジングは、あまり型にはまっていない世帯、働く女性、それにジェンダー・ロール（性別による役割分担）について新しい考えをもった人たちをひきつける傾向があるからだ。[50]

コ・ハウジングがシングルの人たちにとってさらに魅力的なのは、自分の住居で暮らしながらプライバシーを守れるうえに、コミュニティー、サポート、安全の感覚のいずれも提供してくれるためだ。[51]

すでに第3章で述べたとおり、有名なWeWorkの系列会社であるWeLiveは、ワシントンDC近くのクリスタル・シティーとロウアー・マンハッタン（マンハッタン島最南端）に、共同住宅形式の小型アパートメントをオープンしている。

賃料には、共有スペースの管理費や、紅茶やコーヒーなどのアメニティーの代金が含まれる。居住者のためのイベントも開催されており、住民はこのような環境に住むことによって、友情が生まれていると話している。

また、光熱費の支払い、メンテナンスの代行などをすべて含めた賃料方式は、時間に追われるシングルの人たち、特に、昼間や勤務時間中に住居関係の問題を解決してくれる人のいない人たちにとってはますます魅力的なものだ。

都市郊外の再計画への期待

これらに加えて、郊外の再計画にも、特に注意を払う必要がある。都市部の空間は限られている。シングル人口が増えるにしたがって、大都市中心部の外におけるシングル向け住居の需要が高まるだろう。[52] 収入源がひとつしかないことの多い、中心部でひとりで暮らす費用のないシングルの人たちにとっては、郊外や農村地域は、手に入りやすく安心感のある住まいを提供してくれる場所になるはずだ。[53]

小さな町でシングルの仲間たちとともに暮らすことができれば、シングルであることについても気楽でいられる。小さな町や郊外にシングルの人たちのための住居を開発することは、大きな可能性のあるやり方だ。

今後は、居住型のコミュニティーが都市の外に発展していくことが期待される。人々はたがいに隣接した住居で暮らし、共有する共同体的なスペースのあるコミュニティーを作り出す。

その意味で、居住型コミュニティーは、門やフェンスで囲まれたゲーテッド・コミュニティーにも似ている。しかしながら、シェアすることと、仲間になることが、前者と後者の大きな違いだ。[54]

ゲーテッド・コミュニティーはたいていの場合、高価な住居の集合であり、安全への欲求と恐怖の文化に根ざしている。そこでは、住人たちは入り口が厳重に管理されていることを望み、専任の警備員が勤めている場合もある。

一方、居住型コミュニティーの特徴は、近隣の人たちどうしのポジティブな人間関係や、相互援助の文化であり、共有のスペースについてはグループで決定をおこなうようになっている。[55]

イスラエルで最も有名な建築家のひとりであるラム・カルミは、ベト・シェメシュという都市のなかに「タンムーズ」(Tammuz)という名の「郊外キブツ」*を計画した。ちょうど、エルサレムとテルアビブのあいだにある町だ。

タンムーズを訪れると、二つの公共スペースを見ることができる。

ひとつ目は、美しい山の風景を背景にひらけた円形の広場だ。ここでは多くの集団イベントが開催されている。

*キブツは、イスラエルにおける集団農業共同体のこと。ヘブライ語で「集団」を意味する。

二つ目は広い芝生で、そのまわりで日常生活が営まれ、共同体の建物が並んでいる。小さなダイニング・ルームがあり、事務員がいて、社交クラブがある。夏には、タンムーズの住人たちは、シングルかファミリーかは関係なく、集まって芝生の上で食事をする。

――これらの建物ができて18年になるが、うまくいっているのを見て、本当にうれしい。

建築家はこう話している。[56]

しかし、都市の中心から遠く離れて暮らすためには、シングルの人たちをひきつける魅力を高め、住居を多様にしていく必要がある。

最も問題となるのは、距離と孤立の問題だ。職場や、友人と集まる場所から遠く離れているのは望ましいことではない。多くのシングルの人たちがナイトライフに関心をもっているからだ。

将来的には、都市中心部への交通を改善することが、ひとりで暮らす多くの人々にとって重要になる。高齢者、交通の足の問題を抱えるシングルの人たち、自分の車を持たない人にとって、公共交通は特に重要な課題だ。

小さな町にシングルの人たちのためのコミュニティーを計画することは容易なことではないが、芸術家や、ボランティア活動をする若者のための共有のスペース、若いハイテク起業家のための拠点などを作る動きがすでに始まっている。[57] このようなシングルの人たちのニーズに合わせた社交的、物理的なインフラは、雇用のチャンスと安価な住居を探すシングルの人たちにとって、より魅力あふれるものになるだろう。[58]

シングルと大量消費主義の未来

シングルはもはや市場の中心になりつつある新しい存在だ。企業も、製品、サービス、広告をこれに合わせていかざるをえなくなっている。[59]

シングルの消費者としての好みは、結婚している人たちとは異なる。[60] 消費支出の報告書によれば、シングルの人たちは結婚している人たちより、衣類、食品、外食、レジャー、娯楽に多くの支出をしている。[61]

購買パターンをみると、シングルは、よりリスクに寛大で、値段を気にせず、ブランドにこだわり、消費・購買の便利さを重視している。[62] これらの特徴の組みあわせは、これからの何年にもわたって、市場に根本的な影響を与えていくだろう。
シングル市場への進出を考える企業は、次々とシングル向けの製品やサービスの提供を始めている。たとえば、同じ製品であっても、家族向けよりも小さいパッケージで売るなどだ。[63]起業家たちも、シングルにとって特に重要な活動や、製品を特定する努力を始めている。ジムの装備、レジャー活動、社交的なイベントのアレンジなどはその一例だ。[64]
こうして、シングルの人たちは、自分たちのニーズに合った多様なサービスを手に入れられるようになっており、これらのサービスは今後も広がっていくと予想される。

外食・食品業界

人口統計の変化にめざましく適応しているセクターは、外食・食品業界だ。この業界は、次の3つの方法でソロ消費者に適応している。

第一に、イギリスの研究によれば、単身世帯は「台所忌避者」のカテゴリーに多く分布している。[65]これまでの数十年間、料理に割く時間を減らす傾向が一般的にもみられた。労働時間の増加や、そのほかの時間的なプレッシャーが原因だ。シングルの人たちは、この動きの先頭に立ってきた。そもそも、ひとり分の料理をすることは効率が悪いからだ。[66]

したがって、シングルは、ほかのどの人口統計グループと比べても、インスタント食品産業に引き寄せられがちだ。その結果、これらの食品はますます入手しやすくなっている。ひとり用、あるいはふたり用の量の調理済み食品の需要はますます伸びていくだろう。それにつれて、こうした商品の値段は下がり、さらに手に入りやすくなっていくことが予測される。

第二に、シングルの人たちは、たとえ、忙しくしていたとしても、食べ物の好みにうるさい。[67]だから、個人のニーズに合わせた食品はシングルの人たちに、なかでも特に若い人たちに向いている。彼らは、新しい味を試したい、本物志向の食品を口にしたいと望んでいるからだ。[68]

第三に、食品市場は、特にシングルの人たちに向けた、より健康的な、持ち帰り用食品を提供するようになっている。シングルの人たちのグループは食習慣についての意識が高いだけでなく、質の高い食品にもっとお金を出す傾向があるからだ。[69]私の分析からも、野菜、果物などの健康的な食品をとる習慣は、結婚している人たちよりも、シングルの人たちのあいだで、特に未婚の人たちのあいだで広がっていることがわかっている。

このように、シングルの人たちは健康的で栄養価のすぐれた食品を求める層として、市場をリードしていくものと期待されている。

旅行業界

シングルに適応していくと期待されるもうひとつの業界は、旅行業界だ。

シングルの人は、冒険と自己実現を求める手段としての旅に特に興味をもつ可能性が高い。だが、旅行の道づれとなる人がいないということは、気後れすることであり、旅の費用が高くつくことにもなる。[70]

若い人たちにとっては、グループで旅したり、友人たちと旅したりすることは当たり前のことだが、人々が結婚し、パートナーや家族と旅することを好むようになる平均年齢を過ぎると、旅の道づれを見つけるのはだんだん難しくなる。[71]

そこで、旅行会社は中高年のシングルのニーズに合わせた商品を提供し始めた。シングルの人たちのために、ツアー旅行への参加を促し、コストを最低限にするとともに、安全さと安心感を提供するものだ。これらの旅行会社は、自由と柔軟さを好むと同時に、パッケージ化され、スケジュール化された休暇を好むソロ旅行者のニーズにも応えている。[72]

企業のなかには、ひとり部屋追加料金を値下げしたり、廃止したりするところもある。ソロ旅行者向けの募集は今後も多様化し、数が増えるものと思われる。

広告・マーケティング業界

広告やマーケティングの世界も、シングルの人たちのニーズに適応しつつある。

これまでのマーケティング戦略は、シングルの人たちの不安、恐れ、ネガティブなステレオタイプにつけこもうとするものであり、シングルの人たちに汚名《スティグマ》を押しつけてきた。[73]だが今では、アプローチを変えて、シングルのマーケットに参入しようとする動きもある。

このようなマーケティング担当者たちは、ネガティブさを排除したうえで、シングルをターゲットにした広告を展開するにはどうしたらいいか、特別なコンサルタントからのアドバイスを求めるようになっている。[74]アドバイスの内容には、便利さの提供、タイムリーなプロモーションの実施、不必要なレッテル貼りや、対象をシングルに特化し過ぎた結果として起こるステレオタイプ化の回避などが含まれている。

マーケティング戦略立案者のなかには、さらに進んだ考え方をする人たちもおり、アメリカ・マーケティング協会は企業に対して、カップルを対象にした主流のマーケティングにニッチ市場を形成するべく、バレンタインデーに直接、シングルをターゲットにしたマーケティングをおこなうことを推奨している。[75]

もちろん、このようなマーケティング戦略は、利益を上げることを目的としているが、同時に、ネガティブなステレオタイプはよくないという意識の高まりをあらわすものでもある。その結果、自信に満ちた結婚していない人物たちが、待望のマーケット広告に登場するようになり、シングルの人たちが、もっと明るい光を浴びた姿であらわれることになる。そうなれば、未来のシングルの人たちが差別を経験したり、ステレオタイプを押しつけられたりすることも減り、社会的にもきちんと認められるようになることだろう。

当然のことながら、結婚しているかどうかの違いと消費習慣との関係は、シングルの人たちのなかでも、それぞれのグループによって異なる。[76] たとえば、個人主義的で、楽しみを求める傾向が強いと考えられている、自らの選択でシングルでいる人たち、つまり、「ニュー・シングル」の場合は、[77] ほかの人たちより多く、娯楽やレジャーにお金を使うかもしれない。

一方、なりゆきの結果でシングルでいる人たち、特に離婚や、配偶者との死別によってシングルになった人たちの場合は、経済的な制約のせいで、それほど自由にお金を使えないかもしれない。

とはいえ、その違いはこれまでほとんど調査されてこなかった。今こそ、その研究をすべきときがきたといえるかもしれない。そのような研究がおこなわれれば、企業にとっても、社会全体にとっても、シングル人口のなかの多様なグループを、より包括的に理解する助けになるだろう。

シングルとテクノロジーの未来

ますますテクノロジー化する人間関係のゆくえ

シングル人口の増加は、テクノロジーの革新の前例のない進化とときを同じくしている。それも、偶然のことではないのかもしれない。シングルのような、ダイナミックな人たちのグループにとって、テクノロジーは、ごく近しい家族のみに限られた制約を克服するネットワークを築くための効率的な方法を提供してくれるものだ。

この章の最初に登場したエダイも、テクノロジーを使うことで、モツの人たちに突破口《ブレイクスルー》をもたらした。彼はカヌーを作り、そのカヌーでほかの民族のもとへ赴き、モツの人々が貿易のネットワークを築く助けとなった。
これと同様に、こんにちのテクノロジーは時間と空間の制約を克服することで、シングルの人たちの行動範囲を広げている。新しいテクノロジーは、さまざまなタイプの人間関係との出会いや離脱を容易にする。言い換えるなら、テクノロジーは人間関係のかたちを変え、多様化させることをより可能にする。[78]
実際、出会い系のアプリやウェブサイトで幸せを見つける人も多いが、テクノロジーを利用する人たちの全員が、恋愛関係を求めているわけではない。テクノロジーを利用して、さまざまなタイプの親密さや、社交的なチャンスを求めるシングルの人もいる。[79]それには、長期的な、あるいは短期的な恋愛関係も、一晩限りの関係も、精神的なレベルの親密さも含まれている。
古い友人たち、新しい友人たちとの交流を望む人にとって、SNSは遠くにいる友人たちや、親戚とつながりを保つのを助けてくれる。[80]また、おたがいに興味のあること、趣味、個人的な内容についても、より効率的に共有することを可能にし、親しみやすさ、親密さのレベルをさらに高めることもできる。[81]
しかし、人間関係のテクノロジー化がこれ以上進むとしたら、どうだろう？　現時点では、恋愛相手、あるいは友人を見つけるためのテクノロジーは、身体的、感情的、社会的ニーズを満たすために、人間どうしをつなげる手段となっている。

将来的に、テクノロジーがそうしたニーズそのものを満たす主体として存在感を増したり、あるいはとって代わったりしていくこともありうるのだろうか?

進化するロボットたちとの「人間関係」

テクノロジーのめざましい進歩は、ほんの数年前には想像もできなかった用途に使える、すばらしいロボットを作り出している。最近では、ロボット工学は、社交的な知性のあるロボットの開発に取り組んでいる。[82] 社交的補助ロボットはすでに精神医療ケアの分野で、遊びのパートナー、あるいはコーチとして使用されている。[83]

ロボットはまた、高齢者の介護や、子どもたちの感情的知性の向上のためにも役立っている。[84] 掃除や料理などの手作業や、単調な家事や雑用の手伝いをしてくれるロボットもある。

しかし、ロボット工学がさらに進歩するとしても、ヒューマノイド(人型)ロボットが、シングルの人たちの感情的、社交的ニーズも満たす日は、果たしてくるのだろうか?

ロボ・セクシュアリティー、さらにもっと最近では、ロボ・ロマンティシズムを促進する知能技術は、ここ数年でめざましい進化を遂げている。[85]

たとえば、中国のエンジニア・鄭家嘉《ジョン・ジアジア》が、自分で設計し、製作したヒューマノイドロボットと結婚式を挙げたことは、大きく報道された。[86]鄭によれば、インインと名づけたこのロボットと2カ月にわたって交際してから、礼服を着て、友人たちや母親も参加する式典で、彼女と結婚したという。

しかし、中国ではこの結婚は認められず、世間の反応もさまざまだった。それでも、鄭の報告から判断する限り、ロボットとともに暮らすことで、彼のニーズの一部は満たされているようだ。

鄭だけではない。バルセロナでは、シンテア・アマトゥスという企業が、恋愛感情やセックスの相手もつとめる、世界初の人工知能（AI）搭載のロボットを発表して、業界の最前線を走っている。シンテア・アマトゥス製品のような人工知能ロボットは、アップルのSiriや、アマゾンのAlexaに似た音声作動型システムの先端テクノロジーを使うことで、ユーザーと会話することもできるし、人間からの接触にポジティブに反応することもできる。[87]

日本では、ロボットはすでに家族や社会のなかで、もっと中心的な役割を与えられている。[88]日本政府は、「イノベーション25」という、2025年を目標としたプログラムで、家庭生活へのロボットの導入を奨励してさえいる。[89] この政策プログラムは、高齢になったり、病気になったりした人たちの世話をするように設計されており、家族を長時間労働と高齢者の世話という重荷から解放しようというものだ。

しかし皮肉にも、ロボット工学の進歩の結果、日本のシングルの人たちは、家族よりも、ロボットと多くの時間を過ごすという文化が誕生している。[90]

BBCの記者ルーパート・ウィングフィールド＝ヘイズは、京都郊外で、石黒浩大阪大学教授の開発したヒューマノイドロボットERICA《エリカ》に対面した。ルーパートは、その第一印象をこう語っている。

写真ではわからなかったが、実際に一緒に部屋のなかに立っていると、ERICAは気味が悪いほど、人間っぽいんだ。私が彼女のまわりを歩くと、振り返って、私を見る。そして、私に目の焦点を合わせようとするかのように、まばたきをする。

「私はチワワが好きなの」

「あなたはどう？　犬を飼ってる？」

犬を飼っていると答えると、彼女は明らかに満足したようにため息をついた。動物好きという共通点があるので、満足したようだ。

数分後、一緒にいた人たちが、私に対するＥＲＩＣＡの返事を聞いて、くすくす笑い始めた。どうやら、彼女は私の下手な日本語をおもしろがって、私をからかっていたらしい。[91]

ロボットと関係をもつことは、いまだに強い反感をもたれ、激しく非難されることさえある。[92] だが、ロボットとの恋愛関係の実現を止めることはもはや不可能にみえる。人間とロボットの関係の始まりは、デイヴィッド・レヴィの『Love and Sex with Robot（ロボットとの愛とセックス）』（未邦訳）という本で予測されていた。レヴィは、このような関係が21世紀半ばには当たり前になるだろうと予言しただけでなく、人々や社会にとって多くの利点をもたらすと説明していた。彼はこう書いている。

愛することのできるすべての人たちのために、人間の自然な欲望を満足させることができるのだ。世界は必ず、ずっと幸福な場所になるだろう。[93]

レヴィは、人々が愛、やさしい感情、そして欲望を経験する多くの方法を検討していくうえで、テクノロジーの進歩が、たくさんの感情的なニーズ、特に恋愛関係をもたない人々のニーズを満たすだろうと予言している。

レヴィの本の刊行後10年のあいだに、テック業界では、ヒューマノイドロボットと人工知能の分野が飛躍的に進化し、人間の感情をより正確にとらえることのできるテクノロジーが生まれた。[94]

レヴィだけではない。ほかの研究者たちも、ロボット倫理学という分野を創設して、ロボットが人間にとって代わる可能性について熟考し、検討してきた。[95] ロボット工学の開発は重要な倫理的、理論的な疑問をもたらしている。同時に、それがシングル人口に与える影響も絶大なものになるだろう。

支援型人工知能が採用されるようになり、回路をめぐらしたコンパニオン、すなわちロボットとの意味のある関係を、社会がますます受け入れるようになる可能性もある。ロボットやテクノロジーの進歩は、これまでの家族のあり方や、伝統的な価値観に疑問を投げかけることになるだろう。[96]

研究者たちは、ロボットと人間のセックスや恋愛の関係に対する態度の変化はすぐに起きるだろうと推測している。[97] たとえば、ロボットと人間の結婚に関する法規定も、これから数十年のうちにできるだろうとレヴィは予測している。[98]

彼の考えに賛成する法的な意見も出されている。理論上、物事を理解したうえで決定し、意志を表現することができる「ロボット人間」は、法的な結婚契約を結ぶことができるはずだというのだ。[99]

別の研究者たちも、社会的ロボットが人々の生活を向上させることが証明されれば、当初の嫌悪感もなくなって、受け入れられるようになるかもしれないという。[100] 多くの調整段階を経た後には、ほとんどのユーザーが、社会的ロボットが自分の毎日の生活の一部になることを受け入れるだろうと彼らは予測している。[101]

このような経過が進めば、ロボットと関係をもっているシングルの人たちはもう、正確な意味では、「シングル」と分類されるべきではないという考え方も生じるだろう。実際、それぞれが恋愛やセックスに関してどんな欲求をもっているかにかかわらず、誰でも、感情面、身体面、そしてセックスの面で、なんらかの快適さや恩恵をある程度、ロボットから見出すことができるだろう。カップルの人たちも、自分たちの関係をさらに豊かなものにするためにロボットを利用することができるかもしれない。

唯一の違いは、このような関係は、人間との関係には付きものの責任やプレッシャーがないことだ。その意味では、結婚と家庭の有無によるカテゴリー分けは、ますます崩壊していくことになるだろう。

人間関係にテクノロジーを融合させるプロセスは、今後間違いなく勢いを増していく。

多くの科学者たちや未来学者たちによれば、私たちは、人工超知能（artificial superintelligence）が、文明に対して、人間の想像力を超えるペースで予測不可能な変化をもたらすような、技術的特異点《シンギュラリティ》に近づきつつある。[102]

ロボット時代、あるいはポストヒューマン時代という考えは、かつては、ＳＦの世界のテーマだった。[103] しかし、エンジニアリングとコンピューターの進化がもたらした革新によって、発明家や哲学者、そして作家が、この主題に対して、これまでとは異なるアプローチをしている。

ムーアの法則では、高密度の集積回路（ＩＣ）１個あたりのトランジスタの数は、約２年ごとに倍増すると予測されていたが、これは１９７０年代以降に現実となり、技術力の飛躍的な変化がもたらされた。[104]

この変化の速度を目の当たりにして、マサチューセッツ工科大学の科学者たちは、ロボットは２０３０～40年頃から、まったく新しい人工超知能の種に進化を遂げるだろうと予測している。[105]

このような技術と人間の特異点に達しようとする進歩は、シングルの人たちにどんな影響を与えるのだろうか？　もちろん、それは誰もまだ答えることのできない質問だ。私たちは、未来がどう展開していくか予言することはできないし、テクノロジーの進歩がなんの危険も伴わずに続いていくと考えるのは、早計だ。

とはいえ、ヒューマノイドロボットが現実に普及する前から、私たちの社会的規範は、すでに変化を始めている。そして、すでに明らかなひとつのパターンがある。

それは、私たちのテクノロジーとの交流が多様になり、もっと複雑になるにつれて、「受け入れ可能」という概念を構成する社会的コンセプトも変化するだろうということだ。

「新しい現実」に対応していくために

新たな貿易と人的交流のルートを構築するために、モツの人々のもとを去った青年エダイは、自分の身を大きな危険と厳しい批判にさらすことになった。

それは、彼にとっては、肉体的にだけでなく、精神的な跳躍でもあった。水のなかに飛び込み、今までの日々の現実よりも、もっと大きなものにつながろうとしたのだから。

シングルの人たちの未来を想像してみること、そしてそれ以上に、これからやって来る未来を受け入れることは、今の私たちにとっては、ほとんど困難なことにさえ思える。それでも、そのような日々はすぐそこに大きく迫ってきている。だからこそ私たちは、シングルの未来について考え始めなければならないし、それが社会全体に与える影響に関しても検討してみなければならない。

未来を変える要素が、今後ますます重要になる友情の役割だとしても、あるいは、新しいシングルのコミュニティー、革新的な住居や都市計画、変化する市場や消費行動のパターン、発展するテクノロジーやロボットとの関係だとしても、それらの進歩はこれまで私たちがなじんできた規範や文化を変えていくことに変わりはない。だからこそ、社会はその新しい現実に適応していくしかない。

基本的なニーズを満たすためであれ、生存を促進するためであれ、「とにかく人間は本質的、進化的に、必ず誰かとペアにならなければならない」という考え方は、そのうちに、シングルの生き方にとって代わられることになる。

彼らは、友人やシングルの仲間たちと交流しながら、もっと流動的で柔軟なコミュニティーのなかで、場合によっては高度なテクノロジーを活用しながら、ひとりで生きる人たちだ。

モツの人たちが経験したプロセスと同様に、このプロセスもまた、社会の枠組みに非常に重要な変化をもたらすだろう。そして、その影響は社会構造の核心に及ぶ。

それでも、私たちは、そのような変化を祝福し、幸福なシングルの増加を歓ぶ祝祭を毎年、開催するべきなのかもしれない。ちょうど、モツの人々が毎年、初めての沿岸貿易の旅を祝う「ヒリの祭り」をおこなっているように。

第 8 章

国、都市、社会的機関は、シングルのために何ができるか？

迫り来る「シングルの時代」に向けて

これまでの章で明らかにしてきたように、シングルでいると社会的に不利な扱いを受けたり、汚名《スティグマ》を着せられたり、偏見にさらされたりするにもかかわらず、シングル人口が増えていることは否定しようのない事実だ。

今、私たちはシングルの時代に突入しようとしている。その理由は多種多様だし、シングルの時代へと世界を動かすさまざまな社会的勢力の集中は、これから加速していくばかりだ。

シングルの人たち、そして、結婚している人たちの割合が変化しているばかりではない。社会の規範と機能も変化して、これまでよりシングルの人たちを受け入れるように、根本的に変わってきているのだ。

当事者たちも、わざわざ宣言はしないまでも、以前より幸福《ハッピー》なシングル生活を送るようになってきている。

それが可能になったのは、支援的な社会環境に自ら移ったり、脱物質主義《ポスト・マテリアズム》的な価値観に賛同したり、社会からのプレッシャーに立ち向かい、意味のある多様な生き方をするように努力しているからだ。たとえ、本人が意識していないとしても、幸福に生きているシングルの人たちにとってそれは毎日の習慣になっている。

ここでひとつ強調しておきたいのは、本書は結婚に反対するものではないということだ。これまで、結婚していることと、より高い生活の質《クオリティ・オブ・ライフ》とのあいだには、少なくとも部分的には因果関係があるという研究が発表されてきた[1]（このような主張を否定する研究結果も発表されており、今でも議論は続いている）。

しかし、ここで重要なことは、シングル生活が私たちの人生に占める割合はどんどん上昇しており、未来の世代の人生においてもそうだということだ。

結婚生活は、私たちが考えるよりもずっと多く、終わりを告げることになる。そして、結婚生活が破綻して離婚した人たちや、配偶者に先立たれた人たちは、結婚生活が終わったとき、シングルの生活に対する準備ができていないがゆえに、急激に幸福感を失いやすくなる。

一方、第1章で述べたような、さまざまな理由によって、自らシングルでいることを選ぶ人たちもいるだろう。どちらにしても、私たちの誰もが、シングルとしての生活を受け入れることを学ばなくてはならない。私たちが結婚という制度をどう考えるにしても、シングルになることは避けることのできない現実だからだ。

しかし、シングルに対しては、いまだに強い逆風が吹いている。結婚している人たちに与えられる非常に多くの利益が、シングルの人たちにとっては「手に入れることができない」ものだし、本人の意志に反して、人々を不当に結婚に追い込むことさえある。

つまり、**制度自体が結婚している人たちに特別な地位と利益を保証しているのであり、それゆえに、本当は結婚に乗り気ではない人たちまでもが、結婚という永続的な、法律にのっとった関係を選んでしまうのだ**[2]。

地域によっては、このような圧力があまりにも強いために、第5章で紹介したザーミナの悲劇のような結末に終わることさえある。こうしたプレッシャーがそれほど強くは感じられないリベラルな社会においてさえ、結婚が苦痛に満ちた別れを迎えることもある。

人に結婚を強要したり、結婚を急がせたりしたのでは、「喜びにあふれた結婚生活」になるはずがない。

その反対に、シングルの人たちの数はどんどん増えている。だから、「結婚しろ」という不当な圧力も、既婚者だけが得られる不当な利益も、厳しく見直していかなくてはならない。それらはどちらも、社会のなかで成長しつつある、ひとつの勢力を拒絶するような社会的規範の産物だからだ。

それを考えると、各国政府、地方自治体、政策立案者がシングルの人たちの幸福を保証するために、やらなければならないことがあるのがわかるはずだ。彼らはもはや、無視されていいマイノリティーではない。非常に多様でありながら、もはや多数派でもある。社会は、彼らのニーズに応えていかなければならない。

近年では、ノーベル経済学賞を受賞したアマルティア・セン、ジョセフ・スティグリッツといった世界的に有名なエコノミストや、経済協力開発機構（ＯＥＣＤ）などの主要な国際機関、それに、ニコラ・サルコジ元フランス大統領をはじめとする著名な政治家も、人々の幸福にもたらす効果にもとづいて、政策決定や中央政府の行政を評価するという考えを支持するようになった。[3] この考え方は、そう新しいものではない。アメリカ独立宣言はすでに、「幸福の追求」を人々の不可侵の権利として掲げていた。

しかし、幸福の追求が実際に政策決定に適用される機運が高まったのは、ごく最近のことだ。それでは、政府や地方自治体、都市計画立案者、学術研究者は今後どんな役割を果たせるだろうか？

この問いかけには、重層的な解答があるようにみえる。

これからの社会への4つの提言

提言①「結婚」ありきの政策をやめる

第一に、政策立案者や政府は、シングルに対する不当な行為を明らかにし、それに伴う差別を防がなければならない。シングルに対するネガティブなステレオタイプや見方にもとづいて、政策立案者はしばしば、結婚関係を奨励するような施策を立案する。

どうやら、地方自治体や政策立案者たちは、自分たちが保護しようと誓っているところの人々が非理性的で、有害な行動をとっていると決めつけているようだ。

それゆえ、政策立案者たちは、「国内の平穏を守るために」、市民を「正しい」方向に押し戻さなければならないと思っているらしい。だが、現実には、これらの政策には効果がないことがわかっている。人々は結局、シングルのままでいるからだ。

みたところ、シングルの人たちは、自分の生き方を信じている。彼らは、偶然そういう生き方をしているのでもなければ、非論理的にそういう生き方を選んだわけでもない。だから、人々を無理に結婚させようとすることは、不当で不道徳なことであるばかりでなく、貧弱な統治と非効率を証明するようなものだ。[4]

結婚を奨励する動きのなかには侮辱的なものさえあり、「結婚しなければ」というプレッシャーを感じる人たちに対して害を及ぼすおそれもある。また、シングルで生きようと決めている人たちに対する社会の強い反感を引き起こす場合もある。

どう考えても、伝統的な婚姻関係は、シングルの人たちを幸福にできるものとは限らない。まして政府の奨励によるものであれば、うまくいかない見込みのほうが高いだろう。

提言②「結婚以外の選択肢」を含む教育・学びのプログラムを実施する

第二に、シングルの幸福を守り、向上させようとする政府や社会的機関は、シングルの周辺に大きく広まっているネガティブなステレオタイプと闘うだけでなく、幸福なシングル生活の研究と発展を積極的に奨励する必要がある。[5]

1970年代前半以来、アメリカの学校カリキュラムは、ジェンダー、民族、環境についてのトピックを取り入れている。[6]これらはすべて、誤解を打ち砕き、視野を広げ、これまで無視され、不利益を被ってきた人々に対する善意ある見方を促進するうえで価値のある試みだ。

しかしながら、結婚は社会的言説にあまりにも深く根付いているために、シングルの人生についての教育や、シングル生活への準備ができるような生徒たち向けのサポートは、ほとんどの国でいまだにおこなわれていない。

現在の子どもたちの約4分の1が一生結婚せず、結婚した場合は40～50％が離婚することを考えれば、[7]子どもたちが将来、幸福なシングルになれるように、社会的、心理的な「道具箱《ツールボックス》」を持たせてやることが、これからは必要不可欠だ。

学校でシングルの生き方について学習するとともに、保健福祉の省庁が家族生活に対して提供しているのと同じサポートを、質の高いシングルのライフスタイルに対しても提供することが、これからの社会では不可欠だ。

ソーシャルワーカー、心理学者、医師たちも、シングルの人たちのために仕事をする訓練を受けるべきだ。また、特別なコミュニティーセンターや、情報拠点も設立していかねばならない。

現代の子どもたちは、自分たちの利益のためにも、同時に、将来彼らのまわりに存在するであろう多くのシングルの人たちのためにも、このようなサービスを受ける必要がある。

提言③多様な生き方を想定して都市開発をおこなう

第三に、都市計画者や地方自治体は、シングル人口のための供給を加速しなければならない。都市計画者や都市開発者に対して、シングルのための集合住宅[8]やそのエリア[9]、それに世代間生活環境[10]などを含む、多様な共同住居モデルの適用を奨励するべきだ。新しい公共住宅プロジェクトや、シングル人口のための住宅地などを設計すれば、シングルの生活を劇的に向上させることができるだろう。[11] 地方自治体は、

・シングルのコミュニティーや都市センターを組織する
・マイクロハウジングなどのプロジェクトが可能になるように都市の規制を緩和する
・シングルの人たちが集まり、交流し、共通の興味を育てることができるようなサービスを提供する

といった策を講ずることもできるだろう。

提言④シングルについての学術研究により力を入れる

最後に、学術界はシングルの人たちについての知識を進歩させるという、非常に重要な役割を果たす。

今までは、学術界における研究のほとんどは、「結婚が成人の人生を支配するべきだ、当然支配する」という時代遅れの前提にもとづいていた。その結果、シングルの人たちは、学問においても、政策論文においても、めったにとり上げられず、仮にとり上げられたとしても間違った伝えられ方をしていた。[12]

したがって、シングルの人たちがどうやってシングルの生活に適応するかについての今後の研究が当然おこなわれるべきだし、シングル研究分野の開拓も必要だ。[13] 幸福なシングル生活の心理的、社会的、それに身体的な分野の理解がさらに進めば、どうしたら、シングル生活を向上させることができるか、効果的なアドバイスをおこなうことも可能になるだろう。

シングルについての学術研究がさらに拡大されれば、急速に増えているシングルの人たちのウェルビーイング（健康と安心）を向上させる枠組みを作る行政関係者たちの助けにもなるだろう。

さらに、この分野における心理学的、社会学的、教育学的、経済学的、工学的な研究は、結婚している人たち、シングルの人たち両方の福祉を促進するための鍵となるだろう。

研究の内容は、シングルとカップルというグループ間の比較、シングルの解放と自己啓発の手段、シングルの市場ニーズと消費パターン、シングルのための交通サービス、地方自治体サービス向上の方法、ひとり暮らしに備えるための実践指導など、多岐に渡ることが考えられる。

このように、可能性は無限に広がっているのだ。

エピローグ

あと数分で安息日《シャッバート》が訪れる。

子どものころに住んでいた地区を歩きながら、私はふたたび、あかりの灯《とも》ったたくさんの窓を見上げている。数十年前と同じ、金曜日の食事のおいしそうな香りがただよっている。すべてが、あのころと変わっていないようにみえる。

だが、私には、何かが変わったことがわかっている。


今の社会は昔よりずっと多様になった。子どものころに近所で見かけた人たちの多くが、結婚していなかったり、離婚していたり、パートナーに先立たれたりしている。

子どものころにシナゴーグで目にした、あの背中の曲がった老人とその息子は、今も内気で、他人と話をしないが、私は今では彼らが変わり者だとは思わない。ほかの人たちの多くも、今ではそう思っていないような気がする。

現実は変わったし、今もこれまでにないスピードで変わり続けている。あたりを見まわして、私は考える。

シングルとして幸せに生きていくことが、何十年か前にもっと当たり前のことだったら、上の世代の人たちのなかにも、結婚する前に、自分もそういうふうに生きていきたいと考えた人たちがいたのではないだろうか、と。

今、少なくとも、私たちは希望をもつことができる。社会はオープンになってきたし、シングルの人生を受け入れ始めている。多くの人たちが、自分なりの生き方で「幸福を追求する」ことを認めるようになってきている。


私は歩き続けながら、自分の小さいときと同じようにつま先立ちになって、家の窓から外を見下ろしている子どもたちを見つめた。

私たちはどうしたら、彼らが幸せに生きていける社会にすることができるだろう。幸せとはこういうものだという前提も何もなく、ただ単純に、彼らが「幸せに」生きていける社会にするためには。

彼らにとっての幸せは、勇敢な騎士と美しいお姫様が「末永く幸せに暮らしました」という幸せでもいいし、勇敢なお姫様と美しい騎士が「末永く幸せに暮らしました」という幸せであってもいい。

もちろん、これからは当たり前のことだが、「結婚はしないで幸せに暮らしました」でも、「離婚して、幸せに暮らしました」でもいい。「パートナーを見送ってからも、幸せに暮らしました」であってもいいのだ。


今、好奇心にあふれて、外の世界を見つめている、清潔できちんと身なりを整えた子どもたちが、将来結婚に関してどんな選択をするにしても、それを認めてくれる社会に生きていけるようにすることが、私たちのつとめだ。

社会はすでに、女性の権利や性的なマイノリティー、そして、さまざまな民族を認めるところまで進歩した。

私たちは、あともう一歩、前へ進めるはずだ。そう、あともう一歩。

謝辞

本書をつうじて、私が出会った多くの人々に感謝をあらわしたい。

私を支援してくれた人たち、話をしてくれた人たち、コメントを提供したり、自分の指摘を引用したりすることを許してくれた人たち、編集を助けてくれた人たち、校正やデザインをしてくれた人たちだ。

誰よりもまず、私のまわりのすべての人たちに感謝する。第一に、家族に感謝している。彼らの愛と評価はかけがえのないものだ。

また、ヘブライ大学公共政策・政府学フェダーマン学院の同僚たちのプロ意識は、真のインスピレーションを与えてくれた。

そして、すべてのすばらしい友人たちの支援と激励が、本書の中核となっている。

本書はもちろん、私ひとりのものではない。私はこれまでに会ったことがないといっていいほど頭脳明晰《めいせき》で勤勉な人たちとともに、本書の仕事をした。彼らに対して深い感謝を捧《ささ》げる。

なかでも、傑出した調査アシスタントであるAurel Diamondの助力は計り知れない価値がある。また、本書で紹介した質的データを集める手助けをしてくれたすべてのインタビュアー、特にMark MooreとKiera Schullerに感謝を伝えたい。彼らの助けがなかったら、インタビュー、データ収集、分析を締め切りまでに完成させることは不可能だっただろう。また、シングルの人生について書かれたブログ投稿を集め、分析するのを几帳面に手助けしてくれたEviatar Zlotnickにも感謝している。

最後になったが、この仕事を信頼し、私を高みへと押し上げてくれた、カリフォルニア大学出版のNaomi Schneider編集長をはじめとするチーム全員に感謝を捧げる。

皆さん、どうもありがとうございました。

訳者あとがき

舩山むつみ

シングルの人たちが経験しているプレッシャーや差別の例を挙げ、分析している第3章を読むうちに、個人的にも思い出したことがあった。就職してまもない20代の頃、30歳を過ぎた男性の先輩が上司から褒められたときのことだ。

その上司は褒め言葉の最後に、「あとはお前も嫁さんをもらうだけだなあ」と言い、その場にいた人の多くが愛想笑いをして、嫌な気分になった。その言葉が暗示するのは、男性は結婚して妻子を扶養しなければ一人前ではないということであり、逆に妻子を養ってさえいれば、有能か無能かは関係なく、一人前だと職場でいばっていられる。同時に、女性は「嫁にもらわれなければならない」ことも暗示しているわけだ。

当時の私にとっては、男女差別のほうが重大な問題であり、独身差別《シングリズム》が男性をも苦しめていること、独身差別があるからこそ、男女差別の問題がますます複雑化し、深刻になっていることにまでは思い至らなかった。本書はそのような問題も分析して、そのからくりを明らかにしてくれている。

また、この本では、独身者が家族のいる人に比べて、不利な勤務条件を強いられることを報告している。この点でも、思い出した経験がある。新聞社の国際部門で働いていたとき、深夜まで働く夜番の翌日に早朝出社の出番が組まれることが増えていった。

睡眠時間を確保できないので抗議したところ、「でも、○○さんも、○○さんも、子どもがいるからなあ」と言われ、初めてシングルの人だけが無理なシフトを押しつけられていることに気づいた。子どものいる同僚がそのように頼んだわけではなく、上司が「忖《そん》度《たく》」してそういうシフトを組んでいたのだ。

著者のいうように、シングルという生き方は世界の潮流になっているのだが、独身世帯が増えていることは、日本では常にネガティブな観点で報道されてきた。年金制度の問題も、老人介護の問題も、少子化のせい、すなわち、結婚しない人、子どもを作らない人が悪いという論調で語られる。しかし、子どももいつかは老人になるわけだから、出生数を増やすだけですべての問題が解決するわけではない。

また、著者が指摘するように、結婚している人たちもいずれは配偶者に先立たれるし、平均寿命が延びるにつれ、子どもに先立たれる例も増えている。シングルという生き方は自分には関係ないと思う人たちも、将来はひとりで生きる可能性があることを知り、心の準備をする必要がある。夫婦であることを前提とする社会はすでに成り立たなくなっているのだ。

本書は、差別に苦しむシングルの人たちの人生に明るい光を投げかけてくれるが、シングルの人たちとカップルや家族として生きている人たちを分断し、敵対させるために書かれた本ではない。両者が共存し、誰もが幸せに生きるためにはどんな社会を目指すべきかを探るための本だ。国や地方自治体の政策立案者にも、ぜひ読んでもらいたい本だと思う。

8. Linda Abbit, "Urban Cohousing the Babayaga Way," *Senior Planet*, March 6, 2016, https://seniorplanet.org/senior-housing-alternatives-urban-cohousingthe-babayaga-way/.
9. Jane Gross, "Older Women Team Up to Face Future Together," *New York Times*, February 27, 2004, www.nytimes.com/2004/02/27/us/older-womenteam-up-to-face-future-together.html.
10. Yagana Shah, "'Airbnb for Seniors' Helps Link Travelers with LikeMinded Hosts," *Huffington Post*, June 1, 2016, www.huffingtonpost.com/entry/airbnb-for-seniors-helps-link-travelers-with-like-minded-hosts_us_57487aa1e4 b0dacf7ad4c130.
11. Jenny Gierveld, Pearl A. Dykstra, and Niels Schenk, "Living Arrangements, Intergenerational Support Types and Older Adult Loneliness in Eastern and Western Europe," *Demographic Research* 27, no. 2 (2012): 167.
12. Bella DePaulo, Rachel F. Moran, and E. Kay Trimberger, "Make Room for Singles in Teaching and Research," *Chronicle of Higher Education* 54, no. 5 (2007): 44.
13. Bella DePaulo, "The Urgent Need for a Singles Studies Discipline," *Signs: Journal of Women in Culture and Society* 42, no. 4 (2017): 1015–19.

※情報は原書刊行当時のものです。URLなどリンクが切れている場合がございます。

2135–60.
96. Jennifer Robertson, "Robo Sapiens Japanicus: Humanoid Robots and the Posthuman Family," *Critical Asian Studies* 39, no. 3 (2007): 369–98.
97. Francesco Ferrari, Maria Paola Paladino, and Jolanda Jetten, "Blurring Human-Machine Distinctions: Anthropomorphic Appearance in Social Robots as a Threat to Human Distinctiveness," *International Journal of Social Robotics* 8, no. 2 (2016): 287–302.
98. David Levy, *Love and Sex with Robots: The Evolution of Human-Robot Relationships* (New York: HarperCollins, 2007).
99. Mark Goldfeder and Yosef Razin, "Robotic Marriage and the Law," *Journal of Law and Social Deviance* 10 (2015): 137–76.
100. Maartje Margaretha Allegonda de Graaf, "Living with Robots: Investigating the User Acceptance of Social Robots in Domestic Environments" (PhD diss., Universiteit Twente, 2015), p. 574.
101. Maartje Margaretha Allegonda de Graaf, Somaya Ben Allouch, and Jan A.G.M. Van Dijk, "Long-Term Acceptance of Social Robots in Domestic Environments: Insights from a User's Perspective" (paper presented to the AAAI 2016 Spring Symposium on "Enabling Computing Research in Socially Intelligent Human-Robot Interaction: A Community-Driven Modular Research Platform, Palo Alto, CA, March 21, 2016).
102. Ray Kurzweil, "The Singularity Is Near," in *Ethics and Emerging Technologies*, ed. Ronald L. Sandler (London: Palgrave Macmillan, 2016), p. 393.
103. Grace A. Martin, "For the Love of Robots: Posthumanism in Latin American Science Fiction between 1960–1999" (PhD diss., University of Kentucky, 2015).
104. Chris Mack, "The Multiple Lives of Moore's Law," *IEEE Spectrum* 52, no. 4 (2015): 31–37.
105. Christopher L. Magee and Tessaleno C. Devezas, "How Many Singularities Are Near and How Will They Disrupt Human History?" *Technological Forecasting and Social Change* 78, no. 8 (2011): 1365–78.

第８章　国、都市、社会的機関は、シングルのために何ができるか？ —

1. H. Chun and I. Lee, "Why Do Married Men Earn More: Productivity or Marriage Selection?" *Economic Inquiry* 39, no. 2 (2001): 307–19; Willy Pedersen and Morten Blekesaune, "Sexual Satisfaction in Young Adulthood Cohabitation, Committed Dating or Unattached Life?" *Acta Sociologica* 46, no. 3 (2003): 179–93; Steven Stack and J. Ross Eshleman, "Marital Status and Happiness: A 17-Nation Study," *Journal of Marriage and the Family*, 60, no. 2 (1998): 527–36.
2. Deborah Carr and Kristen W. Springer, "Advances in Families and Health Research in the 21st Century," *Journal of Marriage and Family* 72, no. 3 (2010): 743–61.
3. John F. Helliwell, Richard Layard, and Jeffrey Sachs, *World Happiness Report 2015* (New York: Sustainable Development Solutions Network, 2015); Adam Okulicz-Kozaryn, Zahir Irani, and Zahir Irani, "Happiness Research for Public Policy and Administration," *Transforming Government: People, Process and Policy* 10, no. 2 (2016); Gus O'Donnell, Angus Deaton, Martine Durand, David Halpern, and Richard Layard, *Wellbeing and Policy* (London: Legatum Institute, 2014); Joseph E. Stiglitz, Amartya Sen, and Jean-Paul Fitoussi, *Report by the Commission on the Measurement of Economic Performance and Social Progress* (Paris: Commission on the Measurement of Economic Performance and Social Progress, 2010).
4. John F. Helliwell and Haifang Huang, "How's Your Government? International Evidence Linking Good Government and Well-Being," *British Journal of Political Science* 38, no. 4 (2008): 595–619; John F. Helliwell, Haifang Huang, Shawn Grover, and Shun Wang, "Good Governance and National WellBeing: What Are the Linkages?" (OECD Working Papers on Public Governance, No. 25, OECD Publishing), http://dx.doi.org/10.1787/5jxv9f651hvj-en.
5. Bella DePaulo, "Single in a Society Preoccupied with Couples," in *Handbook of Solitude: Psychological Perspectives on Social Isolation, Social Withdrawal, and Being Alone*, ed. Robert J. Coplan and Julie C. Bowker (New York: John Wiley, 2014), 302–16.
6. Simon Abbott, "Race Studies in Britain," *Social Science Information* 10, no. 1 (1971): 91–101; Jayne E. Stake, "Pedagogy and Student Change in the Women's and Gender Studies Classroom," *Gender and Education* 18, no. 2 (2006): 199–212.
7. Eurostat, *Marriage and Divorce Statistics* (Luxembourg: European Commission, 2017); Wendy Wang and Kim C. Parker, *Record Share of Americans Have Never Married: As Values, Economics and Gender Patterns Change* (Washington, DC: Pew Research Center, 2014).

Books, 2015).

78. Zygmunt Bauman, *Liquid Love: On the Frailty of Human Bonds* (Cambridge, UK: Polity Press, 2003).

79. Mitchell Hobbs, Stephen Owen, and Livia Gerber, "Liquid Love? Dating Apps, Sex, Relationships and the Digital Transformation of Intimacy," *Journal of Sociology* 53, no. 2 (2017): 271–84.

80. Valerie Francisco, "'The Internet Is Magic': Technology, Intimacy and Transnational Families," *Critical Sociology* 41, no. 1 (2015): 173–90.

81. Manolo Farci, Luca Rossi, Giovanni Boccia Artieri, and Fabio Giglietto, "Networked Intimacy: Intimacy and Friendship among Italian Facebook Users," *Information, Communication & Society* 20, no. 5 (2017): 784–801.

82. Clément Chastagnol, Céline Clavel, Matthieu Courgeon, and Laurence Devillers, "Designing an Emotion Detection System for a Socially Intelligent Human-Robot Interaction," in *Natural Interaction with Robots, Knowbots and Smartphones*, ed. J. Mariani, S. Rosset, M. Garnier-Rizet, and L. Devillers (New York: Springer, 2014), pp. 199–211; Kerstin Dautenhahn, "Socially Intelligent Robots: Dimensions of Human-Robot Interaction," *Philosophical Transactions of the Royal Society of London B: Biological Sciences* 362, no. 1480 (2007): 679–704.

83. Sarah M. Rabbitt, Alan E. Kazdin, and Brian Scassellati, "Integrating Socially Assistive Robotics into Mental Healthcare Interventions: Applications and Recommendations for Expanded Use," *Clinical Psychology Review* 35 (2015): 35–46.

84. Mark Hay, "Why Robots Are the Future of Elder Care," *GOOD*, June 24, 2015; United States Patent: [Shinichi] Oonaka, "Child-Care Robot and a Method of Controlling the Robot," February 19, 2013, https://patents.google.com/patent/US8376803B2/en; Fumihide Tanaka and Takeshi Kimura, "CareReceiving Robot as a Tool of Teachers in Child Education," *Interaction Studies* 11, no. 2 (2010): 263.

85. 興味深いことに、ロボットを友人として、あるいは恋愛対象として、セックスの対象として、そのほかの用途での使用が増加しているが、それ以前から、人形の人気という現象がみられた。研究によれば、ここ数世紀で人形の人気が高まった理由は、二つ考えられる。第一に、間主観的関係のニーズを人形が満たしているのだという。第二に、人形の「所有者になること」で、ユーザーは低リスクの方法で、快楽とコントロールする感覚を組みあわせることができる。実は、性的な目的で製造される人形の歴史は、20世紀前半まで遡ることができる。その頃、ヨーロッパでは、男性が人形に快楽を求めるようになった。ここでは主に、男性が人形を使用することに焦点が当てられているが、女性もまた、人形や、マネキンと感情的な絆《きずな》を育てることがあったという。しかし、こんにちでは、ロボットのほうが、よりポジティブで、建設的に受け入れられ、機能している。以下を参照。Anthony Ferguson, *The Sex Doll: A History* (Jefferson, NC: McFarland, 2010); Heidi J. Nast, "Into the Arms of Dolls: Japan's Declining Fertility Rates, the 1990s Financial Crisis and the (Maternal) Comforts of the Posthuman," *Social & Cultural Geography* 18, no. 6 (2017): 758–85; and Alexander F. Robertson, *Life Like Dolls: The Collector Doll Phenomenon and the Lives of the Women Who Love Them* (London: Routledge, 2004).

86. Benjamin Haas, "Chinese Man 'Marries' Robot He Built Himself," *The Guardian*, April 4, 2017.

87. Ronan O'Connell, "World's First Artificially Intelligent Sex Dolls," *News.com.au*, October 14, 2017, www.news.com.au/lifestyle/relationships/sex /worlds-first-artificially-intelligent-sex-dolls/news-story/755a409e8b16685b562eb7987953824c; Rupert Wingfield-Hayes, "Meeting the Pioneers of Japan's Coming Robot Revolution," *BBC News*, September 17, 2015, www.bbc.com/news/world-asia-pacific-34272425.

88. Jennifer Robertson, "Robo Sapiens Japanicus: Humanoid Robots and the Posthuman Family," *Critical Asian Studies* 39, no. 3 (2007): 369–98.

89. Innovation 25 Strategy Council, *Innovation 25 Interim Report* (Tokyo: Government of Japan, 2007).

90. Jennifer Robertson, "Human Rights vs. Robot Rights: Forecasts from Japan," *Critical Asian Studies* 46, no. 4 (2014): 571–98.

91. Rupert Wingfield-Hayes, "Meeting the Pioneers of Japan's Coming Robot Revolution," *BBC News*, September 17, 2015, www.bbc.com/news/worldasia-pacific-34272425.

92. Jen Mills, "Sex Robot Breaks on First Public Outing after Being Groped by Mob," *Metro*, October 15, 2017, http://metro.co.uk/2017/10/15/sex-robot-breakson-first-public-outing-after-being-groped-by-mob-7001144/.

93. David Levy, *Love and Sex with Robots: The Evolution of Human-Robot Relationships* (New York: HarperCollins, 2007).

94. Adrian David Cheok, David Levy, Kasun Karunanayaka, and Yukihiro Morisawa, "Love and Sex with Robots," in *Handbook of Digital Games and Entertainment Technologies*, ed. Ryohei Nakatsu, Matthias Rauterberg, and Paolo Ciancarini (Singapore: Springer, 2017), pp. 833–58.

95. Gianmarco Veruggio, Fiorella Operto, and George Bekey, "Roboethics: Social and Ethical Implications," in *Springer Handbook of Robotics*, ed. Bruno Siciliano and Oussama Khatib (Heidelberg: Springer, 2016), pp.

57. Richard L. Florida, *The Flight of the Creative Class* (New York: Harper Business, 2005); Ann Markusen, "Urban Development and the Politics of a Creative Class: Evidence from a Study of Artists," *Environment and Planning A* 38, no. 10 (2006): 1921–40; Allen John Scott, "Beyond the Creative City: Cognitive-Cultural Capitalism and the New Urbanism," *Regional Studies* 48, no. 4 (2014): 565–78.

58. James Murdoch III, Carl Grodach, and Nicole Foster, "The Importance of Neighborhood Context in Arts-Led Development: Community Anchor or Creative Class Magnet?" *Journal of Planning Education and Research* 36, no. 1 (2016): 32–48; Gavin Shatkin, "Reinterpreting the Meaning of the 'Singapore Model': State Capitalism and Urban Planning," *International Journal of Urban and Regional Research* 38, no. 1 (2014): 116–37.

59. Ronald D. Michman, Edward M Mazze, and Alan James Greco, *Lifestyle Marketing: Reaching the New American Consumer* (Westport, CT: Greenwood, 2003).

60. Naveen Donthu and David I. Gilliland, "The Single Consumer," *Journal of Advertising Research* 42, no. 6 (2002): 77–84.

61. Bureau of Labor Statistics, "Consumer Expenditures in 2014," in *Consumer Expenditure Survey* (Washington, DC: US Bureau of Labor Statistics, 2016); Eric Klinenberg, *Going Solo: The Extraordinary Rise and Surprising Appeal of Living Alone* (New York: Penguin, 2012) [『シングルトン　ひとりで生きる！』エリック・クライネンバーグ著, 白川貴子訳, 鳥影社, 2014年].

62. Olfa Bouhlel, Mohamed Nabil Mzoughi, and Safa Chaieb, "Singles: An Expanding Market," *Business Management Dynamics* 1, no. 3 (2011): 22–32.

63. Martin Klepek and Kateřina Matušínská, "Factors Influencing Marketing Communication Perception by Singles in Czech Republic," Working Paper in Interdisciplinary Economics and Business Research, no. 25, Silesian University in Opava, School of Business Administration in Karvina, December 2015, www.iivopf.cz/images/Working_papers/WPIEBRS_25_Klepek_Matusinska.pdf.

64. Eric Klinenberg, *Going Solo: The Extraordinary Rise and Surprising Appeal of Living Alone* (New York: Penguin, 2012) [『シングルトン　ひとりで生きる！』エリック・クライネンバーグ著, 白川貴子訳, 鳥影社, 2014年].

65. Marie Buckley, Cathal Cowan, and Mary McCarthy, "The Convenience Food Market in Great Britain: Convenience Food Lifestyle (CFL) Segments," *Appetite* 49, no. 3 (2007): 600–17.

66. Sinead Furey, Heather McIlveen, Christopher Strugnell, and Gillian Armstrong, "Cooking Skills: A Diminishing Art?" *Nutrition & Food Science* 30, no. 5 (2000).

67. Isabel Ryan, Cathal Cowan, Mary McCarthy, and Catherine O'Sullivan, "Food-Related Lifestyle Segments in Ireland with a Convenience Orientation," *Journal of International Food & Agribusiness Marketing* 14, no. 4 (2004): 29–47.

68. Marie Marquis, "Exploring Convenience Orientation as a Food Motivation for College Students Living in Residence Halls," *International Journal of Consumer Studies* 29, no. 1 (2005): 55–63.

69. Stavri Chrysostomou, Sofia N. Andreou, and Alexandros Polycarpou, "Developing a Food Basket for Fulfilling Physical and Non-physical Needs in Cyprus: Is It Affordable?" *European Journal of Public Health* 27, no. 3 (2017): 553–58.

70. Erica Wilson and Donna E. Little, "The Solo Female Travel Experience: Exploring the 'Geography of Women's Fear,'" *Current Issues in Tourism* 11, no. 2 (2008): 167–86.

71. Erica Wilson and Donna E. Little, "A 'Relative Escape'? The Impact of Constraints on Women Who Travel Solo," *Tourism Review International* 9, no. 2 (2005): 155–75.

72. Christian Laesser, Pietro Beritelli, and Thomas Bieger, "Solo Travel: Explorative Insights from a Mature Market (Switzerland)," *Journal of Vacation Marketing* 15, no. 3 (2009): 217–27.

73. Bella M. DePaulo, *Singled Out: How Singles are Stereotyped, Stigmatized, and Ignored, and Still Live Happily Ever After* (New York: St. Martin's Griffin, 2007) [『シングルド・アウト　アメリカ社会のシングリズムとマトリマニア　第 I 巻』『シングルド・アウト　アメリカ社会のシングリズムとマトリマニア　第 II 巻: 結婚神話1～4』ベラ・デパウロ著, 旬馬ゆきの編訳, Kindle版].

74. E.J. Schultz, "As Single Becomes New Norm, How to Market without Stigma," *AdAge*, October 11, 2010, http://adage.com/article/news/advertisingmarket-singles-stigma/146376/.

75. Michelle Markelz, "Why You Must Market to Single People This Valentine's Day," American Marketing Association, 2017, www.ama.org/publications /MarketingNews/Pages/how-to-market-to-single-people.aspx.

76. Lawrence H. Wortzel, "Young Adults: Single People and Single Person Households," *ACR North American Advances* 4, no. 1 (1977): 324–29.

77. Bella DePaulo, *How We Live Now: Redefining Home and Family in the 21st Century* (Hillsboro, OR: Atria

July 10, 2015.
31. Karsten Strauss, "The 12 Best Cities for Singles," *Forbes*, February 3, 2016, www.forbes.com/sites/karstenstrauss/2016/02/03/the-12-best-cities-for-singles /#2315f7a01949.
32. Richie Bernardo, "2016's Best & Worst Cities for Singles," WalletHub, December 5, 2016, https://wallethub.com/edu/best-worst-cities-for-singles/9015/.
33. William B. Davidson and Patrick R. Cotter, "The Relationship between Sense of Community and Subjective Well-Being: A First Look," *Journal of Community Psychology* 19, no. 3 (1991): 246–53.
34. Seymour B. Sarason, *The Psychological Sense of Community: Prospects for a Community Psychology* (San Francisco, CA: Jossey-Bass, 1974).
35. Neharika Vohra and John Adair, "Life Satisfaction of Indian Immigrants in Canada," *Psychology and Developing Societies* 12, no. 2 (2000): 109–38.
36. Dawn Darlaston-Jones, "Psychological Sense of Community and Its Relevance to Well-Being and Everyday Life in Australia," *Australian Community Psychologist* 19, no. 2 (2007): 6–25.
37. Maria Isabel Hombrados-Mendieta, Luis Gomez-Jacinto, Juan Manuel Dominguez-Fuentes, and Patricia Garcia-Leiva, "Sense of Community and Satisfaction with Life among Immigrants and the Native Population," *Journal of Community Psychology* 41, no. 5 (2013): 601–14.
38. Irene Bloemraad, *Becoming a Citizen: Incorporating Immigrants and Refugees in the United States and Canada* (Berkeley, CA: University of California Press, 2006); R.D. Julian, A.S. Franklin, and B.S. Felmingham, *Home from Home: Refugees in Tasmania* (Canberra: Australian Government Publishing Services, 1997).
39. Lia Karsten, "Family Gentrifiers: Challenging the City as a Place Simultaneously to Build a Career and to Raise Children," *Urban Studies* 40, no. 12 (2003): 2573–84.
40. NYU Furman Center, *Compact Units: Demand and Challenges* (New York: New York University, 2014).
41. Claude S. Fischer, *To Dwell among Friends: Personal Networks in Town and City* (Chicago: University of Chicago Press, 1982).
42. Peteke Feijten and Maarten Van Ham, "Residential Mobility and Migration of the Divorced and Separated," *Demographic Research* 17 (2008): 623–53.
43. Caitlin McGee, Laura Wynne, and Steffen Lehmann, "Housing Innovation for Compact, Resilient Cities," in *Growing Compact: Urban Form, Density and Sustainability*, ed. Joo Hwa P. Bay and Steffen Lehmann (New York: Routledge, 2017).
44. Christopher Donald Yee, "Re-urbanizing Downtown Los Angeles: Micro Housing—Densifying the City's Core" (Master's thesis, University of Washington, 2013).
45. Emily Badger, "The Rise of Singles Will Change How We Live in Cities," *Washington Post*, April 21, 2015.
46. Andrea Sharam, Lyndall Elaine Bryant, and Thomas Alves, "Identifying the Financial Barriers to Deliberative, Affordable Apartment Development in Australia," *International Journal of Housing Markets and Analysis* 8, no. 4 (2015): 471–83.
47. Louise Crabtree, "Self-Organised Housing in Australia: Housing Diversity in an Age of Market Heat," *International Journal of Housing Policy*, 18, no. 1 (2016): 1–20.
48. Kiran Sidhu, "Why I'll Be Spending My Golden Years with My Golden Girls," *The Guardian*, August 26, 2017.
49. Sheila M. Peace and Caroline Holland, *Inclusive Housing in an Ageing Society: Innovative Approaches* (Bristol, UK: Policy Press, 2001).
50. Zeynep Toker, "New Housing for New Households: Comparing Cohousing and New Urbanist Developments with Women in Mind," *Journal of Architectural and Planning Research* 27, no. 4 (2010): 325–39.
51. Anne P. Glass, "Lessons Learned from a New Elder Cohousing Community," *Journal of Housing for the Elderly* 27, no. 4 (2013): 348–68.
52. Maryann Wulff and Michele Lobo, "The New Gentrifiers: The Role of Households and Migration in Reshaping Melbourne's Core and Inner Suburbs," *Urban Policy and Research* 27, no. 3 (2009): 315–31.
53. Bernadette Hanlon, "Beyond Sprawl: Social Sustainability and Reinvestment in the Baltimore Suburbs," in *The New American Suburb: Poverty, Race, and the Economic Crisis*, ed. Katrin B. Anacker (New York: Routledge, 2015), pp. 133–52.
54. Maria L. Ruiu, "Differences between Cohousing and Gated Communities: A Literature Review," *Sociological Inquiry* 84, no. 2 (2014): 316–35.
55. Mike Davis, *Ecology of Fear: Los Angeles and the Imagination of Disaster* (New York: Henry Holt, 1998).
56. Guy Nerdi, "Living in Communal Communities Has Become a Social and Real Estate Trend," *Globes*, February 2, 2018, www.globes.co.il/news/article.aspx?did=1001224953.

Knowledge (New York: ACM, 2012), 1.
6. Shelley Budgeon, "Friendship and Formations of Sociality in Late Modernity: The Challenge of 'Post-traditional Intimacy,'" *Sociological Research Online* 11, no. 3 (2006): 1–11.
7. William James, *The Varieties of Religious Experience* (Cambridge, MA: Harvard University Press, 1985); Carl Gustav Jung, *The Archetypes and the Collective Unconscious, trans. R.F.C. Hull* (London: Routledge, 1959).
8. Hiromi Taniguchi, "Interpersonal Mattering in Friendship as a Predictor of Happiness in Japan: The Case of Tokyoites," *Journal of Happiness Studies* 16, no. 6 (2015): 1475–91.
9. Julia Hahmann, "Friendship Repertoires and Care Arrangement," *International Journal of Aging and Human Development* 84, no. 2 (2017): 180–206.
10. Masako Ishii-Kuntz, "Social Interaction and Psychological Well-Being: Comparison across Stages of Adulthood," *International Journal of Aging and Human Development* 30, no. 1 (1990): 15–36.
11. Bella DePaulo, *How We Live Now: Redefining Home and Family in the 21st Century* (Hillsboro, OR: Atria Books, 2015).
12. Joanne Kersh, Laura Corona, and Gary Siperstein, "Social Well-Being and Friendship of People with Intellectual Disability," in *The Oxford Handbook of Positive Psychology and Disability* (Oxford: Oxford University, 2013), pp. 60–81.
13. Lynne M. Casper and Philip N. Cohen, "How Does Posslq Measure Up? Historical Estimates of Cohabitation," *Demography* 37, no. 2 (2000): 237–45.
14. Natascha Gruver, "Civil Friendship: A Proposal for Legal Bonds Based on Friendship and Care," in *Conceptualizing Friendship in Time and Place*, ed. Carla Risseeuw and Marlein van Raalte (Leiden, Netherlands: Brill, 2017), 285–302.
15. Paul R. Brewer, "Public Opinion about Gay Rights and Gay Marriage," *International Journal of Public Opinion Research* 26, no. 3 (2014): 279–82; Ben Clements and Clive D. Field, "Public Opinion toward Homosexuality and Gay Rights in Great Britain," *Public Opinion Quarterly* 78, no. 2 (2014): 523–47.
16. Carla Risseeuw and Marlein van Raalte, *Conceptualizing Friendship in Time and Place* (Leiden, Netherlands: Brill, 2017).
17. *Times of India*, "Friendship Day 2017: Everything You Want to Know about Friendship Day," updated August 4, 2017, https://timesofindia.indiatimes.com/life-style/events/when-is-friendship-day-2017-everything-youwanted-to-know-about-it/articleshow/59877813.cms.
18. United Nations General Assembly, Sixty-fifth session, Agenda item 15, "Culture of Peace," April 27, 2011.
19. Mark Zuckerberg, "Celebrating Friends Day at Facebook HQ ," Facebook, February 4, 2016, www.facebook.com/zuck/videos/vb.4/10102634961507811.
20. 以下を参照のこと。Cara McGoogan, "'Happy Friends Day': Why Has Facebook Made Up This Weird Holiday?" February 2, 2017, *The Telegraph*, www.telegraph.co.uk/technology/2017/02/02/happy-friends-day-has-facebookmade-weird-holiday/.
21. Michelle Ruiz, "Why You Should Celebrate Your Friendiversary," *Cosmopolitan*, February 6, 2014.
22. Tanya Finchum and Joseph A. Weber, "Applying Continuity Theory to Older Adult Friendships," *Journal of Aging and Identity* 5, no. 3 (2000): 159–68.
23. Yohanan Eshel, Ruth Sharabany, and Udi Friedman, "Friends, Lovers and Spouses: Intimacy in Young Adults," *British Journal of Social Psychology* 37, no. 1 (1998): 41–57.
24. Mary E. Procidano and Kenneth Heller, "Measures of Perceived Social Support from Friends and from Family: Three Validation Studies," *American Journal of Community Psychology* 11, no. 1 (1983): 1–24.
25. Jean M. Twenge, Ryne A. Sherman, and Brooke E. Wells, "Changes in American Adults' Sexual Behavior and Attitudes, 1972–2012," *Archives of Sexual Behavior* 44, no. 8 (2015): 2273–85.
26. Marla E. Eisenberg, Diann M. Ackard, Michael D. Resnick, and Dianne Neumark-Sztainer, "Casual Sex and Psychological Health among Young Adults: Is Having 'Friends with Benefits' Emotionally Damaging?" *Perspectives on Sexual and Reproductive Health* 41, no. 4 (2009): 231–37.
27. Jacqueline Woerner and Antonia Abbey, "Positive Feelings after Casual Sex: The Role of Gender and Traditional Gender-Role Beliefs," *Journal of Sex Research* 54, no. 6 (2017): 717–27.
28. Andreas Henriksson, *Organising Intimacy: Exploring Heterosexual Singledoms at Swedish Singles Activities* (Karlstad, Sweden: Karlstad University, 2014).
29. Eric Klinenberg, *Going Solo: The Extraordinary Rise and Surprising Appeal of Living Alone* (New York: Penguin, 2012)［『シングルトン　ひとりで生きる！』エリック・クライネンバーグ著, 白川貴子訳, 鳥影社, 2014年］.
30. Bella DePaulo, "Creating a Community of Single People," *Single at Heart* (blog), PsychCentral, last updated

27. Jessica Keeney, Elizabeth M. Boyd, Ruchi Sinha, Alyssa F. Westring, and Ann Marie Ryan, "From 'Work-Family' to 'Work-Life': Broadening Our Conceptualization and Measurement," *Journal of Vocational Behavior* 82, no. 3 (2013): 221–37.
28. Naomi Gerstel and Natalia Sarkisian, "Marriage: The Good, the Bad, and the Greedy," *Contexts* 5, no. 4 (2006): 16–21.
29. Mirella Di Benedetto and Michael Swadling, "Burnout in Australian Psychologists: Correlations with Work-Setting, Mindfulness and Self-Care Behaviours," *Psychology, Health & Medicine* 19, no. 6 (2014): 705–15; Ute R. Hülsheger, Hugo J.E.M. Alberts, Alina Feinholdt, and Jonas W.B. Lang, "Benefits of Mindfulness at Work: The Role of Mindfulness in Emotion Regulation, Emotional Exhaustion, and Job Satisfaction," *Journal of Applied Psychology* 98, no. 2 (2013): 310.
30. Abolfazl Rahimi, Monireh Anoosheh, Fazlollah Ahmadi, and Mahshid Foroughan, "Exploring Spirituality in Iranian Healthy Elderly People: A Qualitative Content Analysis," *Iranian Journal of Nursing and Midwifery Research* 18, no. 2 (2013): 163–70.
31. Daryoush Ghasemian, Atefeh Zebarjadi Kuzehkanan, and Ramezan Hassanzadeh, "Effectiveness of MBCT on Decreased Anxiety and Depression among Divorced Women Living in Tehran, Iran," *Journal of Novel Applied Sciences* 3, no. 3 (2014): 256–59; John D. Teasdale, Zindel V. Segal, J. Mark G. Williams, Valerie A. Ridgeway, Judith M. Soulsby, and Mark A. Lau, "Prevention of Relapse/Recurrence in Major Depression by Mindfulness-Based Cognitive Therapy," *Journal of Consulting and Clinical Psychology* 68, no. 4 (2000): 615–23.
32. Yoo Sun Moon and Do Hoon Kim, "Association between Religiosity /Spirituality and Quality of Life or Depression among Living-Alone Elderly in a South Korean City," *Asia-Pacific Psychiatry* 5, no. 4 (2013): 293–300.
33. P. Udhayakumar and P. Ilango, "Spirituality, Stress and Wellbeing among the Elderly Practicing Spirituality," *Samaja Karyada Hejjegalu* 2, no. 10 (2012): 37–42.
34. Christena Cleveland, "Singled Out: How Churches Can Embrace Unmarried Adults," *Christena Cleveland* (blog), December 2, 2013, www.christenacleveland.com/blogarchive/2013/12/singled-out.
35. Gill Seyfang, "Growing Cohesive Communities One Favour at a Time: Social Exclusion, Active Citizenship and Time Banks," *International Journal of Urban and Regional Research* 27, no. 3 (2003): 699–706.
36. Anna, "Only the Lonely?" *Not Your Stereotypical Thirtysomething Woman* (blog), September 2, 2012, http://livingaloneinyourthirties.blogspot.com/2012/09/.
37. Shelley Budgeon and Sasha Roseneil, "Editors' Introduction: Beyond the Conventional Family," *Current Sociology* 52, no. 2 (2004): 127–34.
38. Debra A. Major and Lisa M. Germano, "The Changing Nature of Work and Its Impact on the Work-Home Interface," in *Work-Life Balance: A Psychological Perspective*, ed. Fiona Jones, Ronald J. Burke, and Mina Westman (New York: Taylor & Francis, 2006).
39. Frederick Cornwallis Conybeare, *Philostratus: The Life of Apollonius of Tyana* (Cambridge, MA: Harvard University Press, 1912) [『テュアナのアポロニオス伝1』ピロストラトス著, 秦剛平訳, 京都大学学術出版会, 2010年].

第7章　幸福なシングルの未来

1. Michael Goddard, "Historicizing Edai Siabo: A Contemporary Argument about the Pre-colonial Past among the Motu-Koita of Papua New Guinea," *Oceania* 81, no. 3 (2011): 280–96.
2. Helen V. Milner, *Resisting Protectionism: Global Industries and the Politics of International Trade* (Princeton, NJ: Princeton University Press, 1988).
3. Xuanning Fu and Tim B. Heaton, "A Cross-national Analysis of Family and Household Structure," *International Journal of Sociology of the Family* 25, no. 2 (1995): 1–32.
4. Christopher J. Einolf and Deborah Philbrick, "Generous or Greedy Marriage? A Longitudinal Study of Volunteering and Charitable Giving," *Journal of Marriage and Family* 76, no. 3 (2014): 573–86; Naomi Gerstel and Natalia Sarkisian, "Marriage: The Good, the Bad, and the Greedy," *Contexts* 5, no. 4 (2006): 16–21.
5. Rhonda McEwen and Barry Wellman, "Relationships, Community, and Networked Individuals," in *The Immersive Internet: Reflections on the Entangling of the Virtual with Society, Politics and the Economy*, ed. R. Teigland and D. Power (London: Palgrave Macmillan, 2013), pp. 168–79; Barry Wellman, "Networked Individualism: How the Personalized Internet, Ubiquitous Connectivity, and the Turn to Social Networks Can Affect Learning Analytics," in *Proceedings of the Second International Conference on Learning Analytics and*

Transparent Organizational Communication, and Work-Life Enrichment," *Communication Research* 44, no. 2 (2017): 225–43.

7. Daniel M. Haybron, "Happiness, the Self and Human Flourishing," *Utilitas* 20, no. 1 (2008): 21–49.
8. Alan Gewirth, *Self-Fulfillment* (Princeton, NJ: Princeton University Press, 1998); Sheryl Zika and Kerry Chamberlain, "On the Relation between Meaning in Life and Psychological Well-Being," *British Journal of Psychology* 83, no. 1 (1992): 133–45.
9. Robert Ehrlich, "New Rules: Searching for Self-Fulfillment in a World Turned Upside Down," *Telos*, no. 50 (1981): 218–28.
10. Viktor E. Frankl, *The Will to Meaning: Foundations and Applications of Logotherapy* (New York: Penguin, 2014); Eva S. Moskowitz, *In Therapy We Trust: America's Obsession with Self-Fulfillment* (Baltimore, MD: JHU Press, 2001).
11. Saziye Gazioglu and Aysit Tansel, "Job Satisfaction in Britain: Individual and Job-Related Factors," *Applied Economics* 38, no. 10 (2006): 1163–71.
12. Monica Kirkpatrick Johnson, "Family Roles and Work Values: Processes of Selection and Change," *Journal of Marriage and Family* 67, no. 2 (2005): 352–69.
13. Ruth Wein, "The 'Always Singles': Moving from a 'Problem' Perception," *Psychotherapy in Australia* 9, no. 2 (2003): 60–65.
14. Jessica E. Donn, "Adult Development and Well-Being of Mid-Life Never Married Singles" (PhD diss., Miami University, 2005).
15. Ilene Philipson, *Married to the Job: Why We Live to Work and What We Can Do about It* (New York: Simon and Schuster, 2003).
16. Anonymous, "Ten Things Not to Tell Your 30-Something Single Women Friends," Thirty-Two and Single (blog), January 7, 2014, http://thirtytwoandsingle.blogspot.com.
17. E. Jeffrey Hill, Alan J. Hawkins, Maria Ferris, and Michelle Weitzman, "Finding an Extra Day a Week: The Positive Influence of Perceived Job Flexibility on Work and Family Life Balance," *Family Relations* 50, no. 1 (2001): 49–58.
18. Mark Tausig and Rudy Fenwick, "Unbinding Time: Alternate Work Schedules and Work-Life Balance," *Journal of Family and Economic Issues* 22, no. 2 (2001): 101–19.
19. Kiran Sahu and Priya Gupta, "Burnout among Married and Unmarried Women Teachers," *Indian Journal of Health and Wellbeing* 4, no. 2 (2013): 286; Türker Tuğsal, "The Effects of Socio-Demographic Factors and Work-Life Balance on Employees' Emotional Exhaustion," *Journal of Human Sciences* 14, no. 1 (2017): 653–65.
20. Christina Maslach, Wilmar B. Schaufeli, and Michael P. Leiter, "Job Burnout," *Annual Review of Psychology* 52, no. 1 (2001): 397–422.
21. Kim Engler, Katherine Frohlich, Francine Descarries, and Mylène Fernet, "Single, Childless Working Women's Construction of Wellbeing: On Balance, Being Dynamic and Tensions between Them," *Work* 40, no. 2 (2011): 173–86.
22. Jeffrey H. Greenhaus and Nicholas J. Beutell, "Sources of Conflict between Work and Family Roles," *Academy of Management Review* 10, no. 1 (1985): 76–88; Jean M. Twenge and Laura A. King, "A Good Life Is a Personal Life: Relationship Fulfillment and Work Fulfillment in Judgments of Life Quality," *Journal of Research in Personality* 39, no. 3 (2005): 336–53; Jean M. Twenge, W. Keith Campbell, and Craig A. Foster, "Parenthood and Marital Satisfaction: A Meta-analytic Review," *Journal of Marriage and Family* 65, no. 3 (2003): 574–83.
23. Bella M. DePaulo, *Singled Out: How Singles are Stereotyped, Stigmatized, and Ignored, and Still Live Happily Ever After* (New York: St. Martin's Griffin, 2007) [『シングルド・アウト　アメリカ社会のシングリズムとマトリマニア　第 I 巻』『シングルド・アウト　アメリカ社会のシングリズムとマトリマニア　第 II 巻: 結婚神話1〜4』ベラ・デパウロ著, 旬馬ゆきの編訳, Kindle版].
24. Jeanne Brett Herman and Karen Kuczynski Gyllstrom, "Working Men and Women: Inter- and Intra-Role Conflict," *Psychology of Women Quarterly* 1, no. 4 (1977): 319–33.
25. Wendy J. Casper and Bella DePaulo, "A New Layer to Inclusion: Creating Singles-Friendly Work Environments," in *Work and Quality of Life: Ethical Practices in Organizations*, ed. Nora P. Reilly, M. Joseph Sirgy, and C. Allen Gorman (Dordrecht: Springer, 2012), 217–34.
26. Elizabeth A. Hamilton, Judith R. Gordon, and Karen S. Whelan-Berry, "Understanding the Work-Life Conflict of Never-Married Women without Children," *Women in Management Review* 21, no. 5 (2006): 393–415.

Seniors' Concerns about CareerMarriage Conflict," *Journal of Vocational Behavior* 62, no. 2 (2003): 305–19; Wilmar B. Schaufeli, Toon W. Taris, and Willem Van Rhenen, "Workaholism, Burnout, and Work Engagement: Three of a Kind or Three Different Kinds of Employee Well-Being?" *Applied Psychology* 57, no. 2 (2008): 173–203.

37. Sasha Cagen, "Be Grateful for Being Single," *SashaCagen.com*, November 24, 2010, http://sashacagen.com/blog.
38. James Friel, "Letter To: Viewpoint: Why Are Couples So Mean to Single People?" *BBC Magazine*, November 7, 2012.
39. Jill Reynolds, *The Single Woman: A Discursive Investigation* (London: Routledge, 2013); Anne-Rigt Poortman and Aart C. Liefbroer, "Singles' Relational Attitudes in a Time of Individualization," *Social Science Research* 39, no. 6 (2010): 938–49.
40. Heron Saline, "Stories," *Self Marriage Ceremonies*, n.d., www.selfmarriageceremonies.com/stories.
41. Bella DePaulo, *How We Live Now: Redefining Home and Family in the 21st Century* (Hillsboro, OR: Atria Books, 2015); Kath Weston, *Families We Choose: Lesbians, Gays, Kinship* (New York: Columbia University Press, 2013).
42. Bella DePaulo, *How We Live Now: Redefining Home and Family in the 21st Century* (Hillsboro, OR: Atria Books, 2015).
43. Rein B. Jobse and Sako Musterd, "Changes in the Residential Function of the Big Cities," in *The Randstad: A Research and Policy Laboratory*, ed. Frans M. Dieleman and Sako Musterd (Dordrecht: Springer, 1992), 39–64.
44. Pieter A. Gautier, Michael Svarer, and Coen N. Teulings, "Marriage and the City: Search Frictions and Sorting of Singles," *Journal of Urban Economics* 67, no. 2 (2010): 206–18.
45. A. Sicilia Camacho, C. Aguila Soto, D. González-Cutre, and J.A. Moreno-Murcia, "Postmodern Values and Motivation towards Leisure and Exercise in Sports Centre Users," *RICYDE: Revista Internacional de Ciencias del Deporte* 7, no. 25 (2011): 320–35.
46. Ramón Llopis-Goig, "Sports Participation and Cultural Trends: Running as a Reflection of Individualisation and Post-materialism Processes in Spanish Society," *European Journal for Sport and Society* 11, no. 2 (2014): 151–69.
47. Norval Glenn, "Is the Current Concern about American Marriage Warranted?" *Virginia Journal of Social Policy & Law* 9 (2001): 5–47.
48. Tim Teeman, "Why Singles Should Say 'I Don't' to the Self-Marriage Movement," *Daily Beast*, December 30, 2014, www.thedailybeast.com/articles/2014/12/30/why-singles-should-say-i-don-t-to-the-self-marriage-movement.html.
49. Bella DePaulo, "The Urgent Need for a Singles Studies Discipline," *Signs: Journal of Women in Culture and Society* 42, no. 4 (2017): 1015–19; Bella DePaulo, Rachel F. Moran, and E. Kay Trimberger, "Make Room for Singles in Teaching and Research," *Chronicle of Higher Education* 54, no. 5 (2007): 44.
50. Wendy Wang and Kim C. Parker, *Record Share of Americans Have Never Married: As Values, Economics and Gender Patterns Change* (Washington, DC: Pew Research Center, 2014).

第6章　よく働き、よく遊べ

1. Douglas T. Hall, "The Protean Career: A Quarter-Century Journey," *Journal of Vocational Behavior* 65, no. 1 (2004): 1–13 [『プロティアン・キャリア　生涯を通じて生き続けるキャリア－キャリアへの関係性アプローチ』ダグラス・ティム・ホール著, 尾川丈一・梶原誠・藤井博・宮内正臣訳, 亀田ブックサービス2015年].
2. Amy Wrzesniewski, Clark McCauley, Paul Rozin, and Barry Schwartz, "Jobs, Careers, and Callings: People's Relations to Their Work," *Journal of Research in Personality* 31, no. 1 (1997): 21–33.
3. Raymond A. Noe, John R. Hollenbeck, Barry Gerhart, and Patrick M. Wright, *Human Resource Management: Gaining a Competitive Advantage*, 10th ed. (New York: McGraw-Hill, 2015); Beverly J. Silver, *Forces of Labor: Workers' Movements and Globalization since 1870* (Cambridge: Cambridge University Press, 2003).
4. Prudence L. Carter, *Keepin' It Real: School Success beyond Black and White* (Oxford: Oxford University Press, 2005).
5. Stephanie Armour, "Generation Y: They've Arrived at Work with a New Attitude," *USA Today*, November 6, 2005.
6. Hua Jiang and Rita Linjuan Men, "Creating an Engaged Workforce: The Impact of Authentic Leadership,

no. 1 (1991): 143–68.
21. Anonymous, "My Uterus Is Hiding," *Shoes, Booze and Losers: A Primer for the Thirty-Something Spinster*, October 24, 2008, http://elusivbutterfli.blogspot.com.
22. Rosalind Chait Barnett and Janet Shibley Hyde, "Women, Men, Work, and Family," *American Psychologist* 56, no. 10 (2001): 781–96.
23. Orna Donath, "Regretting Motherhood: A Sociopolitical Analysis," *Signs* 40, no. 2 (2015): 343–67.
24. Sarah Fischer, *The Mother Bliss Lie: Regretting Motherhood* (Munich: Ludwig Verlag, 2016); Anke C. Zimmermann and Richard A. Easterlin, "Happily Ever After? Cohabitation, Marriage, Divorce, and Happiness in Germany," *Population and Development Review* 32, no. 3 (2006): 511–28.
25. Jan Delhey, "From Materialist to Post-materialist Happiness? National Affluence and Determinants of Life Satisfaction in Cross-national Perspective," *Social Indicators Research* 97, no. 1 (2010): 65–84; Richard Florida, *The Rise of the Creative Class—Revisited: Revised and Expanded* (New York: Basic Books, 2014).
26. Anonymous, "The Introverted Singlutionary," *Singlutionary*, August 3, 2010, http://singlutionary.blogspot.com.
27. Tim Teeman, "Why Singles Should Say 'I Don't' to the Self-Marriage Movement," *Daily Beast*, December 30, 2014, www.thedailybeast.com/articles /2014/12/30/why-singles-should-say-i-don-t-to-the-self-marriage-movement.html.
28. Bella M. DePaulo and Wendy L. Morris, "The Unrecognized Stereotyping and Discrimination against Singles," *Current Directions in Psychological Science* 15, no. 5 (2006): 251–54.
29. Hilke Brockmann, Jan Delhey, Christian Welzel, and Hao Yuan, "The China Puzzle: Falling Happiness in a Rising Economy," *Journal of Happiness Studies* 10, no. 4 (2009): 387–405.
30. Richard A. Easterlin, "Lost in Transition: Life Satisfaction on the Road to Capitalism," *Journal of Economic Behavior & Organization* 71, no. 2 (2009): 130–45.
31. Bella M. DePaulo and Wendy L. Morris, "The Unrecognized Stereotyping and Discrimination against Singles," *Current Directions in Psychological Science* 15, no. 5 (2006): 251–54; Peter J. Stein, "Singlehood: An Alternative to Marriage," *Family Coordinator* 24, no. 4 (1975): 489–503.
32. Wendy L. Morris and Brittany K. Osburn, "Do You Take This Marriage? Perceived Choice over Marital Status Affects the Stereotypes of Single and Married People," in *Singlehood from Individual and Social Perspectives*, ed. K. Adamczyk (Krakow, Poland: Libron, 2016): 145–62; Gal Slonim, Nurit GurYaish, and Ruth Katz, "By Choice or by Circumstance?: Stereotypes of and Feelings about Single People," *Studia Psychologica* 57, no. 1 (2015): 35–48.
33. S. Burt, M. Donnellan, M.N. Humbad, B.M. Hicks, M. McGue, and W.G. Iacono, "Does Marriage Inhibit Antisocial Behavior?: An Examination of Selection vs. Causation via a Longitudinal Twin Design," *Archives of General Psychiatry* 67, no. 12 (2010): 1309–15; M. Garrison, and E.S. Scott, *Marriage at the Crossroads: Law, Policy, and the Brave New World of Twenty-First-Century Families* (Cambridge: Cambridge University Press, 2012); Heather L. Koball, Emily Moiduddin, Jamila Henderson, Brian Goesling, and Melanie Besculides, "What Do We Know about the Link between Marriage and Health?" *Journal of Family Issues* 31, no. 8 (2010): 1019–40.
34. Norval Glenn, "Is the Current Concern about American Marriage Warranted?" *Virginia Journal of Social Policy & Law* 9 (2001): 5–47.
35. Matthew E. Dupre and Sarah O. Meadows, "Disaggregating the Effects of Marital Trajectories on Health," *Journal of Family Issues* 28, no. 5 (2007): 623–52; Walter R. Gove, Michael Hughes, and Carolyn Briggs Style, "Does Marriage Have Positive Effects on the Psychological Well-Being of the Individual?" *Journal of Health and Social Behavior* 24, no. 2 (1983): 122–31; Mary Elizabeth Hughes and Linda J. Waite, "Marital Biography and Health at Mid-Life," *Journal of health and Social Behavior* 50, no. 3 (2009): 344–58; David R. Johnson and Jian Wu, "An Empirical Test of Crisis, Social Selection, and Role Explanations of the Relationship between Marital Disruption and Psychological Distress: A Pooled Time-Series Analysis of Four-Wave Panel Data," *Journal of Marriage and Family* 64, no. 1 (2002): 211–24; John McCreery, *Japanese Consumer Behaviour: From Worker Bees to Wary Shoppers* (New York: Routledge, 2014); David A. Sbarra and Paul J. Nietert, "Divorce and Death: Forty Years of the Charleston Heart Study," *Psychological Science* 20, no. 1 (2009): 107–13; Terrance J. Wade and David J. Pevalin, "Marital Transitions and Mental Health," *Journal of Health and Social Behavior* 45, no. 2 (2004): 155–70; Chris Power, Bryan Rodgers, and Steven Hope, "Heavy Alcohol Consumption and Marital Status: Disentangling the Relationship in a National Study of Young Adults," *Addiction* 94, no. 10 (1999): 1477–87.
36. Rosalind Barnett, Karen C. Gareis, Jacquelyn Boone James, and Jennifer Steele, "Planning Ahead: College

3. Ronald Inglehart, "The Silent Revolution in Europe: Intergenerational Change in Post-industrial Societies," *American Political Science Review* 65, no. 4 (1971): 991–1017; Dirk J. Van de Kaa, "Postmodern Fertility Preferences: From Changing Value Orientation to New Behavior," *Population and Development Review* 27 (2001): 290–331.

4. Ronald Inglehart, *The Silent Revolution: Changing Values and Political Styles among Western Publics* (Princeton, NJ: Princeton University Press, 1977) [『静かなる革命　政治意識と行動様式の変化』ロナルド・イングルハート著, 三宅一郎・金丸輝男・富沢克訳, 東洋経済新報社, 1978年].

5. Rhonda McEwen and Barry Wellman, "Relationships, Community, and Networked Individuals," in *The Immersive Internet: Reflections on the Entangling of the Virtual with Society, Politics and the Economy*, ed. R. Teigland and D. Power (London: Palgrave Macmillan, 2013), 168–79; Anne-Rigt Poortman and Aart C. Liefbroer, "Singles' Relational Attitudes in a Time of Individualization," *Social Science Research* 39, no. 6 (2010): 938–49.

6. David Levine, *Family Formation in an Age of Nascent Capitalism [England]*, Studies in Social Discontinuity (New York: Academic Press, 1977).

7. Raymond M. Duch and Michaell A. Taylor, "Postmaterialism and the Economic Condition," *American Journal of Political Science* 37, no. 3 (1993): 747–79; Ronald Inglehart, "The Silent Revolution in Europe: Intergenerational Change in Post-industrial Societies," *American Political Science Review* 65, no. 4 (1971): 991–1017; Ronald Inglehart and Paul R. Abramson, "Measuring Postmaterialism," *American Political Science Review* 93, no. 3 (1999): 665–77.

8. Eric Klinenberg, *Going Solo: The Extraordinary Rise and Surprising Appeal of Living Alone* (New York: Penguin, 2012) [『シングルトン　ひとりで生きる!』エリック・クライネンバーグ著, 白川貴子訳, 鳥影社, 2014年].

9. Joseph G. Altonji and Rebecca M. Blank, "Race and Gender in the Labor Market," in *Handbook of Labor Economics*, ed. Orley Ashenfelter and David Card (Amsterdam: Elsevier, 1999), 3143–259; Susan R. Orden and Norman M. Bradburn, "Dimensions of Marriage Happiness," *American Journal of Sociology* 73, no. 6 (1968): 715–31; Moshe Semyonov, Rebeca Raijman, and Anat Yom-Tov, "Labor Market Competition, Perceived Threat, and Endorsement of Economic Discrimination against Foreign Workers in Israel," *Social Problems* 49, no. 3 (2002): 416–31.

10. Andrew J. Cherlin, "The Deinstitutionalization of American Marriage," *Journal of Marriage and Family* 66, no. 4 (2004): 848–61.

11. Abraham Harold Maslow, Robert Frager, James Fadiman, Cynthia McReynolds, and Ruth Cox, *Motivation and Personality* (New York: Harper & Row, 1970) [『人間性の心理学　モチベーションとパーソナリティ』A・H・マズロー著, 小口忠彦訳, 産能大出版部, 1987年]; Abraham Maslow, *Motivation and Personality* (New York: Harper & Brothers, 1954).

12. Verta Taylor and Nancy Whittier, "Analytical Approaches to Social Movement Culture: The Culture of the Women's Movement," *Social Movements and Culture* 4 (1995): 163–87.

13. Rachel F. Moran, "How Second-Wave Feminism Forgot the Single Woman," *Hofstra Law Review* 33, no. 1 (2004): 223–98.

14. Judith Evans, *Feminist Theory Today: An Introduction to Second-Wave Feminism* (New York: Sage, 1995); Imelda Whelehan, *Modern Feminist Thought: From the Second Wave to Post-Feminism* (New York: NYU Press, 1995).

15. Melissa, "Being Happy about Being Single," *Single Gal in the City* (blog), July 13, 2009, http://melissa-singlegalinthecity.blogspot.com.

16. Stephen Castles, Hein de Haas, and Mark J. Miller, *The Age of Migration: International Population Movements in the Modern World* (New York: Guilford Press, 2013).

17. Eliza Griswold, "Why Afghan Women Risk Death to Write Poetry," *New York Times*, April 29, 2012, www.nytimes.com/2012/04/29/magazine/whyafghan-women-risk-death-to-write-poetry.html.

18. Rosalind Chait Barnett and Janet Shibley Hyde, "Women, Men, Work, and Family," *American Psychologist* 56, no. 10 (2001): 781–96.

19. Hans-Peter Blossfeld and Alessandra De Rose, "Educational Expansion and Changes in Entry into Marriage and Motherhood: The Experience of Italian Women," *Genus* 48, no. 3–4 (1992): 73–91; Agnes R. Quisumbing and Kelly Hallman, *Marriage in Transition: Evidence on Age, Education, and Assets from Six Developing Countries* (New York: Population Council, 2005), 200–69.

20. Hans-Peter Blossfeld and Johannes Huinink, "Human Capital Investments or Norms of Role Transition? How Women's Schooling and Career Affect the Process of Family Formation," *American Journal of Sociology* 97,

Some Evidence on Selection into Marriage," *Journal of Marriage and Family* 54, no. 4 (1992): 901–11; Alois Stutzer and Bruno S. Frey, "Does Marriage Make People Happy, or Do Happy People Get Married?" *Journal of Socio-Economics* 35, no. 2 (2006): 326–47.
41. Alois Stutzer and Bruno S. Frey, "Does Marriage Make People Happy, or Do Happy People Get Married?" *Journal of Socio-Economics* 35, no. 2 (2006): 326–47.
42. Richard E. Lucas, Andrew E. Clark, Yannis Georgellis, and Ed Diener, "Reexamining Adaptation and the Set Point Model of Happiness: Reactions to Changes in Marital Status," *Journal of Personality and Social Psychology* 84, no. 3 (2003): 527.
43. 社会的交流の程度を明らかにするために、二つの主観的測定基準を用いた。ひとつは「社会的活動の頻度」の自己評価で、1(たいていの人より少ない)から、5(たいていの人より多い)までの尺度による。もうひとつは、「社会的集まりへの参加の頻度」の自己評価で、1(まったく参加しない)から、7(毎日参加している)までで回答してもらった。この調査では、最初の質問については、「自分と同じくらいの年齢の人たちに比べて、社会的活動にどの程度頻繁に参加していると思いますか?」という表現を使った。第2の質問では、「あなたは友人たち、親戚の人たち、同僚たちとどの程度頻繁に社交的な意味で会っていますか?」とした。
44. Keith N. Hampton, Lauren F. Sessions, and Eun Ja Her, "Core Networks, Social Isolation, and New Media: How Internet and Mobile Phone Use Is Related to Network Size and Diversity," *Information, Communication & Society* 14, no. 1 (2011): 130–55.
45. Phyllis Solomon, "Peer Support/Peer Provided Services Underlying Processes, Benefits, and Critical Ingredients," *Psychiatric Rehabilitation Journal* 27, no. 4 (2004): 392.
46. Clever Elsie, "Single, Not Alone for the Holidays," *Singletude* (blog), January 2, 2010, http://singletude.blogspot.com
47. Paul R. Amato, Alan Booth, David R. Johnson, and Stacy J. Rogers, *Alone Together: How Marriage in America Is Changing* (Cambridge, MA: Harvard University Press, 2007).
48. Barry Wellman, "The Development of Social Network Analysis: A Study in the Sociology of Science," *Contemporary Sociology: A Journal of Reviews* 37, no. 3 (2008): 221–22; Barry Wellman, "The Network Is Personal: Introduction to a Special Issue of Social Networks," *Social Networks* 29, no. 3 (2007): 349–56.
49. Peter J. Stein, "Singlehood: An Alternative to Marriage," Family Coordinator 24, no. 4 (1975): 489–503; Jan E. Stets, "Cohabiting and Marital Aggression: The Role of Social Isolation," *Journal of Marriage and Family* 53, no. 3 (1991): 669–80.
50. Naomi Gerstel and Natalia Sarkisian, "Marriage: The Good, the Bad, and the Greedy," *Contexts* 5, no. 4 (2006): 16–21.
51. Bella DePaulo, *How We Live Now: Redefining Home and Family in the 21st Century* (Hillsboro, Oregon: Atria Books, 2015); Bella DePaulo, "Single in a Society Preoccupied with Couples," in *Handbook of Solitude: Psychological Perspectives on Social Isolation, Social Withdrawal, and Being Alone*, ed. Robert J. Coplan and Julie C. Bowker (New York: John Wiley, 2014), 302–16.
52. E. Kay Trimberger, *The New Single Woman* (Boston: Beacon Press, 2006).
53. Lucy Rahim, "The 12 Non-dating Apps Single People Need This Valentine's Day," *The Telegraph*, February 14, 2017.
54. Dana L. Alden, Jan-Benedict E.M. Steenkamp, and Rajeev Batra, "Brand Positioning through Advertising in Asia, North America, and Europe: The Role of Global Consumer Culture," *Journal of Marketing* (1999): 75–87; Stuart Ewen, *Captains of Consciousness: Advertising and the Social Roots of the Consumer Culture* (New York: Basic Books, 2008); Christopher Donald Yee, "Reurbanizing Downtown Los Angeles: Micro Housing Densifying the City's Core" (Master of Architecture thesis, University of Washington, 2013).
55. Bella DePaulo, "Single in a Society Preoccupied with Couples," in *Handbook of Solitude: Psychological Perspectives on Social Isolation, Social Withdrawal, and Being Alone*, ed. Robert J. Coplan and Julie C. Bowker (New York: John Wiley, 2014), 302–16; Gal Slonim, Nurit Gur-Yaish, and Ruth Katz, "By Choice or by Circumstance?: Stereotypes of and Feelings about Single People," *Studia Psychologica* 57, no. 1 (2015): 35–48.

第5章　「脱物質主義」の世界を生きるシングルたち

1. Abigail Pesta, "Why I Married Myself: These Women Dedicated Their Lives to Self-Love," *Cosmopolitan*, December 2016.
2. *Sex and the City*, "A Woman's Right to Shoes," season 4, episode 9, aired August 17, 2003.

21. Hunni H., "A Happier Hunni, Part 1," *Thirty-One, Single and Living at Home* (blog), October 27, 2012, http://thirtysingleand.blogspot.com.

22. Bella DePaulo, "Who Is Your Family If You Are Single with No Kids? Part 2," *Living Single* (blog), *Psychology Today*, August 21, 2011, www.psychologytoday.com/us/blog/living-single/201108/who-is-your-family-ifyou-are-single-no-kids-part-2.

23. Kelly Musick and Larry Bumpass, "Reexamining the Case for Marriage: Union Formation and Changes in Well-Being," *Journal of Marriage and Family* 74, no. 1 (2012): 1–18.

24. Paul R. Amato, Alan Booth, David R. Johnson, and Stacy J. Rogers, *Alone Together: How Marriage in America Is Changing* (Cambridge, MA: Harvard University Press, 2007).

25. Eric Klinenberg, *Going Solo: The Extraordinary Rise and Surprising Appeal of Living Alone* (New York: Penguin, 2012) [『シングルトン　ひとりで生きる！』 エリック・クライネンバーグ著, 白川貴子訳, 鳥影社, 2014年].

26. Shahla Ostovar, Negah Allahyar, Hassan Aminpoor, Fatemeh Moafian, Mariani Binti Md Nor, and Mark D. Griffiths, "Internet Addiction and Its Psychosocial Risks (Depression, Anxiety, Stress and Loneliness) among Iranian Adolescents and Young Adults: A Structural Equation Model in a Crosssectional Study," *International Journal of Mental Health and Addiction* 14, no. 3 (2016): 257–67.

27. Michael Woolcock, "Social Capital and Economic Development: Toward a Theoretical Synthesis and Policy Framework," *Theory and Society* 27, no. 2 (1998): 151–208.

28. Orsolya Lelkes, "Knowing What Is Good for You: Empirical Analysis of Personal Preferences and the 'Objective Good,'" *Journal of Socio-Economics* 35, no. 2 (2006): 285–307; Ambrose Leung, Cheryl Kier, Tak Fung, Linda Fung, and Robert Sproule, "Searching for Happiness: The Importance of Social Capital," *Journal of Happiness Studies* 12, no. 3 (2011); Robert D. Putnam, *Bowling Alone: The Collapse and Revival of American Community* (New York: Simon and Schuster, 2001); Nattavudh Powdthavee, "Putting a Price Tag on Friends, Relatives, and Neighbours: Using Surveys of Life Satisfaction to Value Social Relationships," *Journal of Socio-Economics* 37, no. 4 (2008): 1459–80.

29. John F. Helliwell and Christopher P. Barrington-Leigh, "How Much Is Social Capital Worth?" in *The Social Cure*, ed. J. Jetten, C. Haslam and S.A. Haslam (London: Psychology Press, 2010), 55–71; Rainer Winkelmann, "Unemployment, Social Capital, and Subjective Well-Being," *Journal of Happiness Studies* 10, no. 4 (2009): 421–30.

30. John F. Helliwell, "How's Life? Combining Individual and National Variables to Explain Subjective Well-Being," *Economic Modelling* 20, no. 2 (2003): 331–60; Florian Pichler, "Subjective Quality of Life of Young Europeans: Feeling Happy but Who Knows Why?" *Social Indicators Research* 75, no. 3 (2006): 419–44.

31. John F. Helliwell, Christopher P. Barrington-Leigh, Anthony Harris, and Haifang Huang, "International Evidence on the Social Context of WellBeing," in *International Differences in Well-Being*, ed. Ed Diener, John F. Helliwell, and Daniel Kahneman (Oxford: Oxford University Press, 2010).

32. Bernd Hayo and Wolfgang Seifert, "Subjective Economic WellBeing in Eastern Europe," *Journal of Economic Psychology* 24, no. 3 (2003): 329–48.

33. John F. Helliwell and Robert D. Putnam, "The Social Context of WellBeing," *Philosophical Transactions of the Royal Society* (London), series B (August 31, 2004): 1435–46.

34. Dani Rodrik, "Where Did All the Growth Go? External Shocks, Social Conflict, and Growth Collapses," *Journal of Economic Growth* 4, no. 4 (1999): 385–412; Paul J. Zak and Stephen Knack, "Trust and Growth," *Economic Journal* 111, no. 470 (2001): 295–321.

35. Anna, "Living Alone in Your Thirties," *Not Your Stereotypical Thirtysomething Woman* (blog), May 30, 2011, http://livingaloneinyourthirties.blogspot.co.il/.

36. Naomi Gerstel and Natalia Sarkisian, "Marriage: The Good, the Bad, and the Greedy," *Contexts* 5, no. 4 (2006): 16–21.

37. Rose McDermott, James H. Fowler, and Nicholas A. Christakis, "Breaking Up Is Hard to Do, Unless Everyone Else Is Doing It Too: Social Network Effects on Divorce in a Longitudinal Sample," *Social Forces* 92, no. 2 (2013): 491–519.

38. Bella DePaulo, *How We Live Now: Redefining Home and Family in the 21st Century* (Hillsboro, OR: Atria Books, 2015).

39. Jacqui Louis, "'Single and . . .' #6 Parenting," *Medium* (blog), May 22, 2016, https://medium.com/@jacqui_84.

40. S. Burt, M. Donnellan, M.N. Humbad, B.M. Hicks, M. McGue, and W.G. Iacono, "Does Marriage Inhibit Antisocial Behavior?: An Examination of Selection vs. Causation Via a Longitudinal Twin Design," *Archives of General Psychiatry* 67, no. 12 (2010): 1309–15; Arne Mastekaasa, "Marriage and Psychological Well-Being:

about Single People," *Studia Psychologica* 57, no. 1 (2015): 35–48.

77. Ad Bergsma, "Do Self-Help Books Help?" *Journal of Happiness Studies* 9, no. 3 (2008): 341–60.
78. Linda Bolier, Merel Haverman, Gerben J. Westerhof, Heleen Riper, Filip Smit, and Ernst Bohlmeijer, "Positive Psychology Interventions: A Meta-analysis of Randomized Controlled Studies," *BMC Public Health* 13, no. 1 (2013): 119.

第4章　ベッドはひとりで、ボーリングはいっしょに

1. D'Vera Cohn, Jeffrey S. Passel, Wendy Wang, and Gretchen Livingston, *Barely Half of U.S. Adults Are Married—a Record Low* (Washington, DC: Pew Research Center, 2011).
2. Heather A. Turner and R. Jay Turner, "Gender, Social Status, and Emotional Reliance," *Journal of Health and Social Behavior* 40, no. 4 (1999): 360–73.
3. Donald A. West, Robert Kellner, and Maggi Moore-West, "The Effects of Loneliness: A Review of the Literature," *Comprehensive Psychiatry* 27, no. 4 (1986): 351–63.
4. Megan Bruneau, "I'm 30, Single, and Happy; and Truthfully, That Scares Me," *Medium* (blog), November 6, 2016, https://medium.com/@meganbruneau.
5. Froma Walsh, "The Concept of Family Resilience: Crisis and Challenge," *Family Process* 35, no. 3 (1996): 261–81.
6. Jung-Hwa Ha and Deborah Carr, "The Effect of Parent-Child Geographic Proximity on Widowed Parents' Psychological Adjustment and Social Integration," *Research on Aging* 27, no. 5 (2005): 578–610.
7. Bella M. DePaulo, *Singled Out: How Singles are Stereotyped, Stigmatized, and Ignored, and Still Live Happily Ever After* (New York: St. Martin's Griffin, 2007) [『シングルド・アウト　アメリカ社会のシングリズムとマトリマニア　第I巻』『シングルド・アウト　アメリカ社会のシングリズムとマトリマニア　第II巻: 結婚神話1〜4』ベラ・デパウロ著, 旬馬ゆきの編訳, Kindle版].
8. Christina Victor, Sasha Scambler, John Bond, and Ann Bowling, "Being Alone in Later Life: Loneliness, Social Isolation and Living Alone," *Reviews in Clinical Gerontology* 10, no. 4 (2000): 407–17; Froma Walsh, "The Concept of Family Resilience: Crisis and Challenge," *Family Process* 35, no. 3 (1996): 261–81.
9. Sarah, "The First Confession," *Confessions of a Single Thirty-Something* (blog), October 10, 2011, http://confessions-sarah.blogspot.com.
10. Wendy L. Morris, Stacey Sinclair, and Bella M DePaulo, "No Shelter for Singles: The Perceived Legitimacy of Marital Status Discrimination," *Group Processes & Intergroup Relations* 10, no. 4 (2007): 457–70.
11. Jennie E. Brand, "The Far-Reaching Impact of Job Loss and Unemployment," *Annual Review of Sociology* 41 (2015): 359–75.
12. Kerwin Kofi Charles and Melvin Stephens Jr., "Job Displacement, Disability, and Divorce," *Journal of Labor Economics* 22, no. 2 (2004): 489–522.
13. Naomi Gerstel and Natalia Sarkisian, "Marriage: The Good, the Bad, and the Greedy," *Contexts* 5, no. 4 (2006): 16–21.
14. Bella M. DePaulo, *Singlism: What It Is, Why It Matters, and How to Stop It* (Charleston, SC: DoubleDoor Books, 2011).
15. Bella M. DePaulo and Wendy L. Morris, "The Unrecognized Stereotyping and Discrimination against Singles," *Current Directions in Psychological Science* 15, no. 5 (2006): 251–54.
16. Eleanore Wells, "How Many Ways to Be Single? (A Guest Post)," *Eleanore Wells* (blog), June 5, 2012, http://eleanorewells.com/.
17. Barry Wellman, "The Development of Social Network Analysis: A Study in the Sociology of Science," *Contemporary Sociology: A Journal of Reviews* 37, no. 3 (2008): 221–22; Barry Wellman, "The Network Is Personal: Introduction to a Special Issue of Social Networks," *Social Networks* 29, no. 3 (2007): 349–56.
18. Rhonda McEwen and Barry Wellman, "Relationships, Community, and Networked Individuals," in *The Immersive Internet: Reflections on the Entangling of the Virtual with Society, Politics and the Economy*, ed. R. Teigland and D. Power (London: Palgrave Macmillan, 2013), 168–79.
19. Elisa Bellotti, "What Are Friends For? Elective Communities of Single People," *Social Networks* 30, no. 4 (2008): 318–29.
20. Ambrose Leung, Cheryl Kier, Tak Fung, Linda Fung, and Robert Sproule, "Searching for Happiness: The Importance of Social Capital," in *The Exploration of Happiness: Present and Future Perspectives*, ed. A. Delle Fave (Dordrecht, Netherlands: Springer, 2013), 247–67.

Life Course," *Journal of Marriage and Family* 43, no. 1 (1981): 151–60.
58. Christopher G. Ellison, "Religious Involvement and Self-Perception among Black Americans," *Social Forces* 71, no. 4 (1993): 1027–55.
59. Najah Mahmoud Manasra, "The Effect of Remaining Unmarried on Self-Perception and Mental Health Status: A Study of Palestinian Single Women" (PhD diss., De Montfort University, 2003).
60. Ed Diener and Marissa Diener, "Cross-cultural Correlates of Life Satisfaction and Self-Esteem," in *Culture and Well-Being: The Collected Works of Ed Diener*, ed. Ed Diener (Dordrecht, Netherlands: Springer, 2009), 71–91.
61. Lauren F. Winner, "Real Sex: The Naked Truth about Chastity," *Theology & Sexuality* 26, no. 1 (2015).
62. Christena Cleveland, "Singled Out: How Churches Can Embrace Unmarried Adults," *Christena Cleveland* (blog), December 2, 2013, www.christenacleveland.com/blogarchive/2013/12/singled-out.
63. Bella M. DePaulo, *Singled Out: How Singles are Stereotyped, Stigmatized, and Ignored, and Still Live Happily Ever After* (New York: St. Martin's Griffin, 2007) [『シングルド・アウト　アメリカ社会のシングリズムとマトリマニア　第 I 巻』『シングルド・アウト　アメリカ社会のシングリズムとマトリマニア　第 II 巻: 結婚神話1～4』ベラ・デパウロ著, 旬馬ゆきの編訳, Kindle版]; Kinneret Lahad, "'Am I Asking for Too Much?' The Selective Single Woman as a New Social Problem," *Women's Studies International Forum* 40, no. 5 (2013): 23–32.
64. Jenny Gierveld, Pearl A. Dykstra, and Niels Schenk, "Living Arrangements, Intergenerational Support Types and Older Adult Loneliness in Eastern and Western Europe," *Demographic Research* 27, no. 2 (2012): 167.
65. WeLive, "We Live: Love Your Life," 2017, www.welive.com/.
66. Lisette Kuyper and Tineke Fokkema, "Loneliness among Older Lesbian, Gay, and Bisexual Adults: The Role of Minority Stress," *Archives of Sexual Behavior* 39, no. 5 (2010): 1171–80.
67. Hyun-Jun Kim and Karen I. Fredriksen-Goldsen, "Living Arrangement and Loneliness among Lesbian, Gay, and Bisexual Older Adults," *The Gerontologist* 56, no. 3 (2016): 548–58.
68. Jesus Ramirez-Valles, Jessica Dirkes, and Hope A. Barrett, "Gayby Boomers' Social Support: Exploring the Connection between Health and Emotional and Instrumental Support in Older Gay Men," *Journal of Gerontological Social Work* 57, no. 2–4 (2014): 218–34.
69. Elyakim Kislev, "Deciphering the 'Ethnic Penalty' of Immigrants in Western Europe: A Cross-classified Multilevel Analysis," *Social Indicators Research* (2016); Elyakim Kislev, "The Effect of Education Policies on HigherEducation Attainment of Immigrants in Western Europe: A Cross-classified Multilevel Analysis," *Journal of European Social Policy* 26, no. 2 (2016): 183–99.
70. Jennifer O'Connell, "Being on Your Own on Valentine's Day: Four Singletons Speak," *Irish Times*, February 11, 2017, www.irishtimes.com/life-andstyle/people/being-on-your-own-on-valentine-s-day-four-singletons-speak1.2964287.
71. Rachel, "A Call for Single Action," *Rachel's Musings*, September 16, 2013, www.rabe.org/a-call-for-single-action/.
72. Bella M. DePaulo, *Singled Out: How Singles are Stereotyped, Stigmatized, and Ignored, and Still Live Happily Ever After* (New York: St. Martin's Griffin, 2007) [『シングルド・アウト　アメリカ社会のシングリズムとマトリマニア　第 I 巻』『シングルド・アウト　アメリカ社会のシングリズムとマトリマニア　第 II 巻: 結婚神話1～4』ベラ・デパウロ著, 旬馬ゆきの編訳, Kindle版]; Bella DePaulo, *Marriage vs. Single Life: How Science and the Media Got It So Wrong* (Charleston, SC: DoubleDoor Books, 2015); Bella DePaulo, "Single in a Society Preoccupied with Couples," in *Handbook of Solitude: Psychological Perspectives on Social Isolation, Social Withdrawal, and Being Alone*, ed. Robert J. Coplan and Julie C. Bowker (New York: John Wiley & Sons, 2014), 302–16.
73. Alice Poma and Tommaso Gravante, "'This Struggle Bound Us': An Analysis of the Emotional Dimension of Protest Based on the Study of Four Grassroots Resistances in Spain and Mexico," *Qualitative Sociology Review* 12, no. 1 (2016).
74. Wendy L. Morris and Brittany K. Osburn, "Do You Take This Marriage? Perceived Choice over Marital Status Affects the Stereotypes of Single and Married People," *Singlehood from Individual and Social Perspectives* (2016): 145–62; Gal Slonim, Nurit Gur-Yaish, and Ruth Katz, "By Choice or by Circumstance?: Stereotypes of and Feelings about Single People," *Studia Psychologica* 57, no. 1 (2015): 35–48.
75. Wendy L. Morris and Brittany K. Osburn, "Do You Take This Marriage? Perceived Choice over Marital Status Affects the Stereotypes of Single and Married People," *Singlehood from Individual and Social Perspectives* (2016): 145–62; Gal Slonim, Nurit Gur-Yaish, and Ruth Katz, "By Choice or by Circumstance?: Stereotypes of and Feelings about Single People," *Studia Psychologica* 57, no. 1 (2015): 35–48.
76. Gal Slonim, Nurit Gur-Yaish, and Ruth Katz, "By Choice or by Circumstance?: Stereotypes of and Feelings

38. Haslyn E.R. Hunte and David R. Williams, "The Association between Perceived Discrimination and Obesity in a Population-Based Multiracial and Multiethnic Adult Sample," *American Journal of Public Health* 99, no. 7 (2009): 1285–92; Nancy Krieger and Stephen Sidney, "Racial Discrimination and Blood Pressure: The Cardia Study of Young Black and White Adults," *American Journal of Public Health* 86, no. 10 (1996): 1370–78.
39. Luisa N. Borrell, Ana V. Diez Roux, David R. Jacobs, Steven Shea, Sharon A. Jackson, Sandi Shrager, and Roger S. Blumenthal, "Perceived Racial /Ethnic Discrimination, Smoking and Alcohol Consumption in the Multiethnic Study of Atherosclerosis (MESA)," *Preventive Medicine* 51, no. 3 (2010): 307–12; Frederick X. Gibbons, Meg Gerrard, Michael J. Cleveland, Thomas A. Wills, and Gene Brody, "Perceived Discrimination and Substance Use in African American Parents and Their Children: A Panel Study," *Journal of Personality and Social Psychology* 86, no. 4 (2004): 517–29.
40. Eliza K. Pavalko, Krysia N. Mossakowski, and Vanessa J. Hamilton, "Does Perceived Discrimination Affect Health? Longitudinal Relationships between Work Discrimination and Women's Physical and Emotional Health," *Journal of Health and Social Behavior* 44, no. 1 (2003): 18–33.
41. Lyn Parker, Irma Riyani, and Brooke Nolan, "The Stigmatisation of Widows and Divorcees (Janda) in Indonesia, and the Possibilities for Agency," *Indonesia and the Malay World* 44, no. 128 (2016): 27–46.
42. Samuel Noh and Violet Kaspar, "Perceived Discrimination and Depression: Moderating Effects of Coping, Acculturation, and Ethnic Support," *American Journal of Public Health* 93, no. 2 (2003): 232–38.
43. Bella M. DePaulo and Wendy L. Morris, "The Unrecognized Stereotyping and Discrimination against Singles," *Current Directions in Psychological Science* 15, no. 5 (2006): 251–54.
44. Eric Klinenberg, *Going Solo: The Extraordinary Rise and Surprising Appeal of Living Alone* (New York: Penguin, 2012) [『シングルトン　ひとりで生きる！』エリック・クライネンバーグ著, 白川貴子訳, 鳥影社, 2014年]; Bella M. DePaulo, *Singled Out: How Singles are Stereotyped, Stigmatized, and Ignored, and Still Live Happily Ever After* (New York: St. Martin's Griffin, 2007) [『シングルド・アウト　アメリカ社会のシングリズムとマトリマニア　第 I 巻』『シングルド・アウト　アメリカ社会のシングリズムとマトリマニア　第 II 巻: 結婚神話1〜4』ベラ・デパウロ著, 旬馬ゆきの編訳, Kindle版].
45. Bella DePaulo, *How We Live Now: Redefining Home and Family in the 21st Century* (Hillsboro, OR: Atria Books, 2015); Kinneret Lahad, *A Table for One: A Critical Reading of Singlehood, Gender and Time* (Manchester, UK: University of Manchester, 2017).
46. Pieter A. Gautier, Michael Svarer, and Coen N. Teulings, "Marriage and the City: Search Frictions and Sorting of Singles," *Journal of Urban Economics* 67, no. 2 (2010): 206–18.
47. Wendy L. Morris, "The Effect of Stigma Awareness on the Self-Esteem of Singles," Online Archive of University of Virginia Scholarship, 2005.
48. Lauri, response to Bella DePaulo, "Is It Bad to Notice Discrimination?" *Psychology Today*, on June 16, 2008, www.psychologytoday.com/blog/living-single/200805/is-it-bad-notice-discrimination.
49. Ibid.
50. Gian Vittorio Caprara, Patrizia Steca, Maria Gerbino, Marinella Paciello, and Giovanni Maria Vecchio, "Looking for Adolescents' Well-Being: Self-Efficacy Beliefs as Determinants of Positive Thinking and Happiness," *Epidemiologia e psichiatria sociale* 15, no. 1 (2006): 30–43.
51. Ulrich Schimmack and Ed Diener, "Predictive Validity of Explicit and Implicit Self-Esteem for Subjective Well-Being," *Journal of Research in Personality* 37, no. 2 (2003): 100–106.
52. Evangelos C. Karademas, "Self-Efficacy, Social Support and WellBeing: The Mediating Role of Optimism," *Personality and Individual Differences* 40, no. 6 (2006): 1281–90.
53. Charles S. Carver, Michael F. Scheier, and Suzanne C. Segerstrom, "Optimism," *Clinical Psychology Review* 30, no. 7 (2010): 879–89.
54. Bella M. DePaulo, *Singled Out: How Singles are Stereotyped, Stigmatized, and Ignored, and Still Live Happily Ever After* (New York: St. Martin's Griffin, 2007) [『シングルド・アウト　アメリカ社会のシングリズムとマトリマニア　第 I 巻』『シングルド・アウト　アメリカ社会のシングリズムとマトリマニア　第 II 巻: 結婚神話1〜4』ベラ・デパウロ著, 旬馬ゆきの編訳, Kindle版]; Monica Kirkpatrick Johnson, "Family Roles and Work Values: Processes of Selection and Change," *Journal of Marriage and Family* 67, no. 2 (2005): 352–69.
55. Sally Macintyre, Anne Ellaway, Geoff Der, Graeme Ford, and Kate Hunt, "Do Housing Tenure and Car Access Predict Health Because They Are Simply Markers of Income or Self Esteem? A Scottish Study," *Journal of Epidemiology and Community Health* 52, no. 10 (1998): 657–64.
56. Richard J. Riding and Stephen Rayner, *Self Perception* (London: Greenwood, 2001).
57. Lois M. Tamir and Toni C. Antonucci, "Self-Perception, Motivation, and Social Support through the Family

2014, https://hkm.com/employmentblog/teacher-fired-unmarried-pregnant/.

21. Ashitha Nagesh, "Unmarried Teacher Sacked Because She Was 'Living in Sin' with Her Boyfriend," *Metro*, December 4, 2017, http://metro.co.uk/2017/12/04/teacher-lost-her-job-after-parents-complained-about-her-living-in-sin7130641/.
22. Bruce Thain, "Jewish Teacher Sacked from Orthodox Nursery for 'Living in Sin' with Boyfriend Wins Case for Religious and Sexual Discrimination," *Independent*, December 4, 2017, www.independent.co.uk/news/uk/home-news/jewish-teacher-zelda-de-groen-orthodox-gan-menachem-nurseryhendon-north-london-wedlock-employment-a8090471.html.
23. Amanda Terkel, "Sen. Jim DeMint: Gays and Unmarried, Pregnant Women Should Not Teach Public School," *Huffington Post*, October 2, 2010, www.huffingtonpost.com/2010/10/02/demint-gays-unmarried-pregnant-womenteachers_n_748131.html.
24. Sarah Labovitch-Dar, "They Did Not Get Accepted," *Ha'Aretz*, June 28, 2001, www.haaretz.co.il/misc/1.713241.2.
25. Anonymous, response to Bella DePaulo, "Is It Bad to Notice Discrimination?" *Psychology Today*, on June 3, 2008, www.psychologytoday.com/blog/living-single/200805/is-it-bad-notice-discrimination.
26. Kate Antonovics and Robert Town, "Are All the Good Men Married? Uncovering the Sources of the Marital Wage Premium," *American Economic Review* 94, no. 2 (2004): 317–21.
27. Bella M. DePaulo, *Singled Out: How Singles are Stereotyped, Stigmatized, and Ignored, and Still Live Happily Ever After* (New York: St. Martin's Griffin, 2007) [『シングルド・アウト　アメリカ社会のシングリズムとマトリマニア　第 I 巻』『シングルド・アウト　アメリカ社会のシングリズムとマトリマニア　第 II 巻: 結婚神話1～4』ベラ・デパウロ著, 旬馬ゆきの編訳, Kindle版].
28. Ibid.; Kinneret Lahad, *A Table for One: A Critical Reading of Singlehood, Gender and Time* (Manchester, UK: University of Manchester, 2017); Wendy L. Morris, Stacey Sinclair, and Bella M. DePaulo, "No Shelter for Singles: The Perceived Legitimacy of Marital Status Discrimination," *Group Processes & Intergroup Relations* 10, no. 4 (2007): 457–70.
29. Bella M. DePaulo, *Singled Out: How Singles are Stereotyped, Stigmatized, and Ignored, and Still Live Happily Ever After* (New York: St. Martin's Griffin, 2007) [『シングルド・アウト　アメリカ社会のシングリズムとマトリマニア　第 I 巻』『シングルド・アウト　アメリカ社会のシングリズムとマトリマニア　第 II 巻: 結婚神話1～4』ベラ・デパウロ著, 旬馬ゆきの編訳, Kindle版]; Jianguo Liu, Thomas Dietz, Stephen R. Carpenter, Carl Folke, Marina Alberti, Charles L. Redman, Stephen H. Schneider, Elinor Ostrom, Alice N. Pell, and Jane Lubchenco, "Coupled Human and Natural Systems," *AMBIO: A Journal of the Human Environment* 36, no. 8 (2007): 639–49.
30. Bella M. DePaulo and Wendy L. Morris, "Target Article: Singles in Society and in Science," *Psychological Inquiry* 16, no. 2–3 (2005): 57–83; Wendy L. Morris and Brittany K. Osburn, "Do You Take This Marriage? Perceived Choice over Marital Status Affects the Stereotypes of Single and Married People," in *Singlehood from Individual and Social Perspectives*, ed. Katarzyna Adamczyk (Krakow, Poland: Libron, 2016), 145–62.
31. Karen Gritter, *Community of Single People Group* (blog), Facebook, November 1, 2017, www.facebook.com/groups/CommunityofSinglePeople/permalink/1924789547839689/.
32. Lisa Arnold and Christina Campbell, "The High Price of Being Single in America," *The Atlantic*, January 14, 2013.
33. Bella M. DePaulo, *Singled Out: How Singles are Stereotyped, Stigmatized, and Ignored, and Still Live Happily Ever After* (New York: St. Martin's Griffin, 2007) [『シングルド・アウト　アメリカ社会のシングリズムとマトリマニア　第 I 巻』『シングルド・アウト　アメリカ社会のシングリズムとマトリマニア　第 II 巻: 結婚神話1～4』ベラ・デパウロ著, 旬馬ゆきの編訳, Kindle版].
34. Vickie M. Mays and Susan D. Cochran, "Mental Health Correlates of Perceived Discrimination among Lesbian, Gay, and Bisexual Adults in the United States," *American Journal of Public Health* 91, no. 11 (2001): 1869–76.
35. Ann R. Fischer and Christina M. Shaw, "African Americans' Mental Health and Perceptions of Racist Discrimination: The Moderating Effects of Racial Socialization Experiences and Self-Esteem," *Journal of Counseling Psychology* 46, no. 3 (1999): 395.
36. Samuel Noh, Morton Beiser, Violet Kaspar, Feng Hou, and Joanna Rummens, "Perceived Racial Discrimination, Depression, and Coping: A Study of Southeast Asian Refugees in Canada," *Journal of Health and Social Behavior* 40, no. 3 (1999): 193–207.
37. Elizabeth A. Pascoe and Laura Smart Richman, "Perceived Discrimination and Health: A Meta-analytic Review," *Psychological Bulletin* 135, no. 4 (2009): 531.

Muise, and Emily A. Impett, "Settling for Less out of Fear of Being Single," *Journal of Personality and Social Psychology* 105, no. 6 (2013): 1049.

第３章　社会的プレッシャーに負けないために

1. Arland Thornton and Deborah Freedman, "Changing Attitudes toward Marriage and Single Life," *Family Planning Perspectives* 14, no. 6 (1981): 297–303; James Q. Wilson, *The Marriage Problem: How Our Culture Has Weakened Families* (New York: Harper Collins, 2002).
2. Eriko Maeda and Michael L. Hecht, "Identity Search: Interpersonal Relationships and Relational Identities of Always-Single Japanese Women over Time," *Western Journal of Communication* 76, no. 1 (2012): 44–64; Anne-Rigt Poortman and Aart C. Liefbroer, "Singles' Relational Attitudes in a Time of Individualization," *Social Science Research* 39, no. 6 (2010): 938–49; Elizabeth A. Sharp and Lawrence Ganong, "'I'm a Loser, I'm Not Married, Let's Just All Look at Me': Ever-Single Women's Perceptions of Their Social Environment," *Journal of Family Issues* 32, no. 7 (2011): 956–80.
3. Brenda Major and Laurie T. O'Brien, "The Social Psychology of Stigma," *Annual Review of Psychology* 56, no. 1 (2005): 393–421.
4. Paul Jay Fink, *Stigma and Mental Illness* (Washington, DC: American Psychiatric Press, 1992).
5. Jennifer Crocker and Brenda Major, "Social Stigma and Self-Esteem: The Self-Protective Properties of Stigma," *Psychological Review* 96, no. 4 (1989): 608–30.
6. Bruce G. Link, Elmer L. Struening, Sheree Neese-Todd, Sara Asmussen, and Jo C. Phelan, "Stigma as a Barrier to Recovery: The Consequences of Stigma for the Self-Esteem of People with Mental Illnesses," *Psychiatric Services* 52, no. 12 (2001): 1621–26.
7. Brenda Major and Laurie T. O'Brien, "The Social Psychology of Stigma," *Annual Review of Psychology* 56, no. 1 (2005): 393–421.
8. Tara Vishwanath, "Job Search, Stigma Effect, and Escape Rate from Unemployment," *Journal of Labor Economics* 7, no. 4 (1989): 487–502.
9. Bella M. DePaulo and Wendy L. Morris, "The Unrecognized Stereotyping and Discrimination against Singles," *Current Directions in Psychological Science* 15, no. 5 (2006): 251–54.
10. Janine Hertel, Astrid Schütz, Bella M. DePaulo, Wendy L. Morris, and Tanja S. Stucke, "She's Single, So What? How Are Singles Perceived Compared with People Who Are Married?" *Zeitschrift für Familienforschung /Journal of Family Research* 19, no. 2 (2007): 139–58; Peter J. Stein, "Singlehood: An Alternative to Marriage," *Family Coordinator* 24, no. 4 (1975): 489–503.
11. Bella M. DePaulo, *Singlism: What It Is, Why It Matters, and How to Stop It* (Charleston, SC: DoubleDoor Books, 2011).
12. Bella M. DePaulo and Wendy L. Morris, "The Unrecognized Stereotyping and Discrimination against Singles," *Current Directions in Psychological Science* 15, no. 5 (2006): 251–54.
13. Tobias Greitemeyer, "Stereotypes of Singles: Are Singles What We Think?" *European Journal of Social Psychology* 39, no. 3 (2009): 368–83.
14. Jennifer Crocker and Brenda Major, "Social Stigma and Self-Esteem: The Self-Protective Properties of Stigma," *Psychological Review* 96, no. 4 (1989): 608; Paul Jay Fink, *Stigma and Mental Illness* (Washington, DC: American Psychiatric Press, 1992); Brenda Major and Laurie T. O'Brien, "The Social Psychology of Stigma," *Annual Review of Psychology* 56, no. 1 (2005): 393–421.
15. Paul C. Luken, "Social Identity in Later Life: A Situational Approach to Understanding Old Age Stigma," *International Journal of Aging and Human Development* 25, no. 3 (1987): 177–93.
16. A. Kay Clifton, Diane McGrath, and Bonnie Wick, "Stereotypes of Woman: A Single Category?" *Sex Roles* 2, no. 2 (1976): 135–48; Alice H. Eagly and Valerie J. Steffen, "Gender Stereotypes Stem from the Distribution of Women and Men into Social Roles," *Journal of Personality and Social Psychology* 46, no. 4 (1984): 735.
17. Dena Saadat Hassouneh-Phillips, "'Marriage Is Half of Faith and the Rest Is Fear of Allah': Marriage and Spousal Abuse among American Muslims," *Violence against Women* 7, no. 8 (2001): 927–46.
18. Calvin E. Zongker, "Self-Concept Differences between Single and Married School-Age Mothers," *Journal of Youth and Adolescence* 9, no. 2 (1980): 175–84.
19. Matt Volz, "Fired Pregnant Teacher Settles with Montana Catholic School," *Boston Globe*, March 15, 2016, www.bostonglobe.com/news/nation/2016/03/15/fired-pregnant-teacher-settles-with-montana-catholic-school/ShlqaNHnaXXWO2HVUcDxiM/story.html.
20. Daniel Kalish, "Teacher Fired for Being Unmarried and Pregnant," HKM Employment Attorneys, February 21,

66. Shelly L. Gable and Jonathan Haidt, "What (and Why) Is Positive Psychology?" *Review of General Psychology* 9, no. 2 (2005): 103.
67. John W. Rowe and Robert L Kahn, "Successful Aging," *The Gerontologist* 37, no. 4 (1997): 433–40.
68. Colin A. Depp and Dilip V. Jeste, "Definitions and Predictors of Successful Aging: A Comprehensive Review of Larger Quantitative Studies," *American Journal of Geriatric Psychiatry* 14, no. 1 (2006): 6–20; William J. Strawbridge, Margaret I. Wallhagen, and Richard D. Cohen, "Successful Aging and Well-Being Self-Rated Compared with Rowe and Kahn," *The Gerontologist* 42, no. 6 (2002): 727–33.
69. Jerrold M. Pollak, "Correlates of Death Anxiety: A Review of Empirical Studies," omega—*Journal of Death and Dying* 10, no. 2 (1980): 97–121.
70. J.M. Tomás, P. Sancho, M. Gutiérrez, and L. Galiana, "Predicting Life Satisfaction in the Oldest-Old: A Moderator Effects Study," *Social Indicators Research* 117, no. 2 (2014): 601–13.
71. David Haber, *Health Promotion and Aging: Practical Applications for Health Professionals* (New York: Springer, 2013).
72. Willard W. Hartup, and Nan Stevens, "Friendships and Adaptation in the Life Course," *Psychological Bulletin* 121, no. 3 (1997): 355.
73. Lorraine M. Bettini and M. Laurie Norton, "The Pragmatics of Intergenerational Friendships," *Communication Reports* 4, no. 2 (1991): 64–72.
74. Rebecca G. Adams, "People Would Talk: Normative Barriers to Crosssex Friendships for Elderly Women," *The Gerontologist* 25, no. 6 (1985): 605–11.
75. Harry Weger, "Cross-sex Friendships," in *The International Encyclopedia of Interpersonal Communication*, ed. Charles R. Berger (Hoboken, NJ: John Wiley, 2015).
76. Barbara, response to "Aging Alone Doesn't Have to Mean Lonely," *Senior Planet*, February 25, 2017, https://seniorplanet.org/aging-alone-doesnt-haveto-mean-lonely/#comment-193356.
77. Kendra, "Her Children Would Have Hated Her . . . Said Oprah Winfrey," *Happily Never Married*, May 12, 2013, http://happilynevermarried.com /page/2/.
78. David Haber, *Health Promotion and Aging: Practical Applications for Health Professionals* (New York: Springer, 2013).
79. Walker Thornton, "Aging Alone Doesn't Have to Mean Lonely," November 8, 2013, https://seniorplanet.org/aging-alone-doesnt-have-to-mean-lonely.
80. Barbara Barbosa Neves, Fausto Amaro, and Jaime Fonseca, "Coming of (Old) Age in the Digital Age: ICT Usage and Non-usage among Older Adults," *Sociological Research Online* 18, no. 2 (2013): 6.
81. Sabina Lissitsa and Svetlana Chachashvili-Bolotin, "Life Satisfaction in the Internet Age—Changes in the Past Decade," *Computers in Human Behavior* 54 (2016): 197–206.
82. Colleen Leahy Johnson and Donald J. Catalano, "Childless Elderly and Their Family Supports," *The Gerontologist* 21, no. 6 (1981): 610–18.
83. Wendy J. Casper, Dennis J. Marquardt, Katherine J. Roberto, and Carla Buss, "The Hidden Family Lives of Single Adults without Dependent Children," in *The Oxford Handbook of Work and Family*, ed. Tammy D. Allen and Lillian T. Eby (Oxford: Oxford University Press, 2016), 182.
84. Susan De Vos, "Kinship Ties and Solitary Living among Unmarried Elderly Women in Chile and Mexico," *Research on Aging* 22, no. 3 (2000): 262–89.
85. Nieli Langer and Marie Ribarich, "Aunts, Uncles—Nieces, Nephews: Kinship Relations over the Lifespan," *Educational Gerontology* 33, no. 1 (2007): 75–83.
86. Anonymous, "Fall Hopelessly in Love with Yourself," October 7, 2016, *Medium*, https://medium.com/@ahechoes.
87. Diane Weis Farone, Tanya R. Fitzpatrick, and Thanh V. Tran, "Use of Senior Centers as a Moderator of Stress-Related Distress among Latino Elders," *Journal of Gerontological Social Work* 46, no. 1 (2005): 65–83.
88. Marcia S. Marx, Jiska Cohen-Mansfield, Natalie G. Regier, Maha Dakheel-Ali, Ashok Srihari, and Khin Thein, "The Impact of Different DogRelated Stimuli on Engagement of Persons with Dementia," *American Journal of Alzheimer's Disease & Other Dementias* 25, no. 1 (2010): 37–45.
89. P.L. Bernstein, E. Friedmann, and A. Malaspina, "Animal-Assisted Therapy Enhances Resident Social Interaction and Initiation in Long-Term Care Facilities," *Anthrozoös* 13, no. 4 (2000): 213–24; Katharine M. Fick, "The Influence of an Animal on Social Interactions of Nursing Home Residents in a Group Setting," *American Journal of Occupational Therapy* 47, no. 6 (1993): 529–34.
90. Stephanie S. Spielmann, Geoff MacDonald, Jessica A. Maxwell, Samantha Joel, Diana Peragine, Amy

43. Marty Beckerman, "Is Loneliness Good for You?" *Esquire*, September 29, 2010, www.esquire.com/lifestyle/sex/a8599/single-and-happy/.

44. Diane, "The Brutal Truth of Dating," *Single Shot Seattle*, July 12, 2016, https://singleshotseattle.wordpress.com.

45. Sofia, "Just One Single," *Blogspot*, August 17, 2009, http://justonesingle.blogspot.com.

46. Clive Seale, "Dying Alone," *Sociology of Health & Illness* 17, no. 3 (1995).

47. Kim Parker and D'Vera Cohn, Growing Old in *America: Expectations vs. Reality* (Washington, DC: Pew Research Center, 2009), 376–92.

48. Jenny Gierveld, Pearl A. Dykstra, and Niels Schenk, "Living Arrangements, Intergenerational Support Types and Older Adult Loneliness in Eastern and Western Europe," *Demographic Research* 27, no. 2 (2012): 167.

49. Alberto Palloni, *Living Arrangements of Older Persons* (New York: UN Population Bulletin, 2001).

50. Linda Abbit, "Urban Cohousing the Babayaga Way," *Senior Planet*, March 6, 2016, https://seniorplanet.org/senior-housing-alternatives-urbancohousing-the-babayaga-way/.

51. Jon Pynoos, "Housing for Older Adults: A Personal Journey in Environmental Gerontology," in *Environments in an Aging Society: Autobiographical Perspectives in Environmental Gerontology*, ed. Habib Chaudhury and Frank Oswald (New York: Springer, 2018), 147–64; Mariano Sánchez, José M. García, Pilar Díaz, and Mónica Duaigües, "Much More Than Accommodation in Exchange for Company: Dimensions of Solidarity in an Intergenerational Homeshare Program in Spain," *Journal of Intergenerational Relationships* 9, no. 4 (2011): 374–88.

52. Beth Pinsker, "Your Money: Creative Caregiving Solutions for the 'Sandwich Generation,'" *Reuters*, May 31, 2017, www.reuters.com/article/usmoney-retirement-sandwichgen-idUSKBN18R2TT.

53. Yagana Shah, "'Airbnb for Seniors' Helps Link Travelers with LikeMinded Hosts," *Huffington Post*, June 1, 2016, www.huffingtonpost.com/entry/airbnb-for-seniors-helps-link-travelers-with-like-minded-hosts_us_57487aa1e4 b0dacf7ad4c130.

54. Stephen M. Golant, "Political and Organizational Barriers to Satisfying Low-Income US Seniors' Need for Affordable Rental Housing with Supportive Services," *Journal of Aging & Social Policy* 15, no. 4 (2003): 21–48.

55. California Department of Aging, "Programs & Services," State of California, 2017, www.aging.ca.gov/Programs/.

56. Shannon, response to Jane Gross, "Single, Childless, and Downright Terrified," *New York Times*, July 29, 2008, https://newoldage.blogs.nytimes.com/2008/07/29/single-childless-and-downright-terrified/#comment-2065.

57. Steven R. Asher and Jeffrey G. Parker, "Significance of Peer Relationship Problems in Childhood," in *Social Competence in Developmental Perspective*, ed. Barry Schneider, Grazia Attili, Jacqueline Nadel, and Roger Weissberg (Dordrecht, Netherlands: Kluwer Academic Publishers, 1989), 5–23; Ana M. Martínez Alemán, "College Women's Female Friendships: A Longitudinal View," *Journal of Higher Education* 81, no. 5 (2010): 553–82.

58. Jenna Mahay and Alisa C. Lewin, "Age and the Desire to Marry," *Journal of Family Issues* 28, no. 5 (2007): 706–23.

59. Stephen Katz, *Cultural Aging: Life Course, Lifestyle, and Senior Worlds* (Peterborough, Ontario: Broadview Press, 2005).

60. Bella M. DePaulo, *Singlism: What It Is, Why It Matters, and How to Stop It* (Charleston, SC: DoubleDoor Books, 2011); Neta Yodovich and Kinneret Lahad, "I Don't Think This Woman Had Anyone in Her Life': Loneliness and Singlehood in Six Feet Under," *European Journal of Women's Studies*, April 8, 2017, doi.org/10.1177/1350506817702411.

61. Todd D. Nelson, *Ageism: Stereotyping and Prejudice against Older Persons* (Cambridge, MA: MIT Press, 2004).

62. Jaber F. Gubrium, "Being Single in Old Age," *International Journal of Aging and Human Development* 6, no. 1 (1975): 29–41.

63. Robert L. Rubinstein, "Never Married Elderly as a Social Type: Reevaluating Some Images," *Gerontologist* 27, no. 1 (1987): 108–13.

64. Tetyana Pudrovska, Scott Schieman, and Deborah Carr, "Strains of Singlehood in Later Life: Do Race and Gender Matter?" *Journals of Gerontology: Series B* 61, no. 6 (2006): S315–S22.

65. Martin E.P. Seligman and Mihaly Csikszentmihalyi, *Positive Psychology: An Introduction* (Washington, DC: American Psychological Association, 2000), 1.

(2013): 491–519.

22. Renee Stepler, *Led by Baby Boomers, Divorce Rates Climb for America's 50+ Population* (Washington, DC: Pew Research Center, 2017).
23. Dan, response to "Aging Alone Doesn't Have to Mean Lonely," *Senior Planet*, January 25, 2017, https://seniorplanet.org/aging-alone-doesnt-have-tomean-lonely/#comment-190333.
24. R.S. Weiss, *Loneliness: The Experience of Emotional and Social Isolation* (Cambridge, MA: MIT Press, 1973).
25. Nancy E. Newall, Judith G. Chipperfield, Rodney A. Clifton, Raymond P. Perry, Audrey U. Swift, and Joelle C. Ruthig, "Causal Beliefs, Social Participation, and Loneliness among Older Adults: A Longitudinal Study," *Journal of Social and Personal Relationships* 26, no. 2–3 (2009): 273–90; Thomas Scharf, Chris Phillipson, and Allison E. Smith, "Social Exclusion of Older People in Deprived Urban Communities of England," *European Journal of Ageing* 2, no. 2 (2005): 76–87.
26. Jonathan Drennan, Margaret Treacy, Michelle Butler, Anne Byrne, Gerard Fealy, Kate Frazer, and Kate Irving, "The Experience of Social and Emotional Loneliness among Older People in Ireland," *Ageing & Society* 28, no. 8 (2008): 1113–32; Pearl A. Dykstra, and Tineke Fokkema, "Social and Emotional Loneliness among Divorced and Married Men and Women: Comparing the Deficit and Cognitive Perspectives," *Basic and Applied Social Psychology* 29, no. 1 (2007): 1–12.
27. Marja Aartsen and Marja Jylhä, "Onset of Loneliness in Older Adults: Results of a 28 Year Prospective Study," *European Journal of Ageing* 8, no. 1 (2011): 31–38; Lena Dahlberg and Kevin J. McKee, "Correlates of Social and Emotional Loneliness in Older People: Evidence from an English Community Study," *Aging & Mental Health* 18, no. 4 (2014): 504–14.
28. Christopher J. Einolf and Deborah Philbrick, "Generous or Greedy Marriage? A Longitudinal Study of Volunteering and Charitable Giving," *Journal of Marriage and Family* 76, no. 3 (2014): 573–86; Naomi Gerstel and Natalia Sarkisian, "Marriage: The Good, the Bad, and the Greedy," *Contexts* 5, no. 4 (2006): 16–21.
29. Naomi Gerstel and Natalia Sarkisian, "Marriage: The Good, the Bad, and the Greedy," *Contexts* 5, no. 4 (2006): 16–21.
30. Ed Diener and Martin E.P. Seligman, "Very Happy People," *Psychological Science* 13, no. 1 (2002): 81–84.
31. Naomi Gerstel, "Divorce and Stigma," *Social Problems* 34, no. 2 (1987): 172–86.
32. Helmuth Cremer and Pierre Pestieau, "Myopia, Redistribution and Pensions," *European Economic Review* 55, no. 2 (2011): 165–75.
33. Bella DePaulo, *Marriage vs. Single Life: How Science and the Media Got It So Wrong* (Charleston, SC: DoubleDoor Books, 2015); Alois Stutzer and Bruno S. Frey, "Does Marriage Make People Happy, or Do Happy People Get Married?" *Journal of Socio-economics* 35, no. 2 (2006): 326–47.
34. David Haber, "Life Review: Implementation, Theory, Research, and Therapy," *International Journal of Aging and Human Development* 63, no. 2 (2006): 153–71.
35. Tova Band-Winterstein and Carmit Manchik-Rimon, "The Experience of Being an Old Never-Married Single: A Life Course Perspective," *International Journal of Aging and Human Development* 78, no. 4 (2014): 379–401.
36. C. Schact and D. Knox, "Singlehood, Hanging out, Hooking up, and Cohabitation," in *Choices in Relationships: An Introduction to Marriage and Family*, ed. C. Schact and D. Knox (Belmont, CA: Wadsworth, 2010), 132–72.
37. Robert L. Rubinstein, "Never Married Elderly as a Social Type: Reevaluating Some Images," *Gerontologist* 27, no. 1 (1987): 108–13.
38. Anonymous, *Women-Ish, Blogspot*, August 25, 2008, http://women-ish .blogspot.com; Sofia, "Just One Single," Blogspot, September 16, 2008, http://justonesingle.blogspot.com.
39. Ronnie, "Isolation, Loneliness and Solitude in Old Age," *Time Goes By*, December 12, 2012, www.timegoesby.net/weblog/2012/12/isolation-lonelinessand-solitude-in-old-age.html.
40. Pirkko Routasalo and Kaisu H. Pitkala, "Loneliness among Older People," *Reviews in Clinical Gerontology* 13, no. 4 (2003): 303–11.
41. Tova Band-Winterstein and Carmit Manchik-Rimon, "The Experience of Being an Old Never-Married Single: A Life Course Perspective," *International Journal of Aging and Human Development* 78, no. 4 (2014): 379–401.
42. John T. Cacioppo and William Patrick, *Loneliness: Human Nature and the Need for Social Connection* (New York: W.W. Norton, 2008). [『孤独の科学　人はなぜ寂しくなるのか』ジョン・T・カシオポ，ウィリアム・パトリック著，柴田裕之訳，河出書房新社(河出文庫)，2018年].

Aging East and West," in *Aging in East and West: Families, States, and the Elderly*, ed. Vern L. Bengtson, Kyong-Dong Kim, George Myers, and Ki-Soo Eun (New York: Springer, 2000): 263–85; Adam Ka-Lok Cheung and Wei-Jun Jean Yeung, "Temporal-Spatial Patterns of One-Person Households in China, 1982–2005," *Demographic Research* S15, no. 44 (2015): 1209–38; Antonio Golini and A. Silverstrini, "Family Change, Fathers, and Children in Western Europe: A Demographic and Psychosocial Perspective," in *The Family on the Threshold of the 21st Century: Trends and Implications*, ed. Solly Dreman (New York: Psychology Press, 2013), 201.

6. Sofia, "Just One Single," *Blogspot*, September 16, 2008, http://justonesingle.blogspot.com.
7. Marja Aartsen and Marja Jylhä, "Onset of Loneliness in Older Adults: Results of a 28 Year Prospective Study," *European Journal of Ageing* 8, no. 1 (2011): 31–38; Margaret Gatz and Steven H. Zarit, "A Good Old Age: Paradox or Possibility," *Handbook of Theories of Aging* (1999): 396–416; Paul Halmos, *Solitude and Privacy: A Study of Social Isolation, Its Causes and Therapy* (New York: Routledge, 2013); Felix Post, "Mental Breakdown in Old Age," *British Medical Journal* 1, no. 4704 (1951): 436; G. Clare Wenger, "Morale in Old Age: A Review of the Evidence," *International Journal of Geriatric Psychiatry* 7, no. 10 (1992): 699–708.
8. Margaret Gatz and Steven H. Zarit, "A Good Old Age: Paradox or Possibility," *Handbook of Theories of Aging* (1999): 396–416.
9. Daniel Perlman and L. Anne Peplau, "Toward a Social Psychology of Loneliness," *Personal Relationships* 3 (1981): 31–56.
10. Tineke Fokkema, Jenny De Jong Gierveld, and Pearl A. Dykstra, "Cross-national Differences in Older Adult Loneliness," *Journal of Psychology* 146, no. 1–2 (2012): 201–28.
11. G. Clare Wenger, Richard Davies, Said Shahtahmasebi, and Anne Scott, "Social Isolation and Loneliness in Old Age: Review and Model Refinement," *Ageing & Society* 16, no. 3 (1996): 333–58.
12. Marja Jylhä, "Old Age and Loneliness: Cross-sectional and Longitudinal Analyses in the Tampere Longitudinal Study on Aging," *Canadian Journal on Aging /La revue canadienne du vieillissement* 23, no. 2 (2004): 157–68.
13. Marja Aartsen and Marja Jylhä, "Onset of Loneliness in Older Adults: Results of a 28 Year Prospective Study," *European Journal of Ageing* 8, no. 1 (2011): 31–38; Lena Dahlberg and Kevin J. McKee, "Correlates of Social and Emotional Loneliness in Older People: Evidence from an English Community Study," *Aging & Mental Health* 18, no. 4 (2014): 504–14; Christopher J. Einolf and Deborah Philbrick, "Generous or Greedy Marriage? A Longitudinal Study of Volunteering and Charitable Giving," *Journal of Marriage and Family* 76, no. 3 (2014): 573–86; Naomi Gerstel and Natalia Sarkisian, "Marriage: The Good, the Bad, and the Greedy," *Contexts* 5, no. 4 (2006): 16–21.
14. D.W.K. Kay, Pamela Beamish, and Martin Roth, "Old Age Mental Disorders in Newcastle upon Tyne," *British Journal of Psychiatry* 110, no. 468 (1964): 668–82; M. Powell Lawton and Renee H. Lawrence, "Assessing Health," *Annual Review of Gerontology and Geriatrics* 14, no. 1 (1994): 23–56; Kerry A. Sargent-Cox, Kaarin J. Anstey, and Mary A. Luszcz, "Patterns of Longitudinal Change in Older Adults' Self-Rated Health: The Effect of the Point of Reference," *Health Psychology* 29, no. 2 (2010): 143.
15. Steven Stack, "Marriage, Family and Loneliness: A Cross-national Study," *Sociological Perspectives* 41, no. 2 (1998): 415–32.
16. Helena Znaniecki Lopata, "Loneliness: Forms and Components," *Social Problems* 17, no. 2 (1969): 248–62; Matthijs Kalmijn and Marjolein Broese van Groenou, "Differential Effects of Divorce on Social Integration," *Journal of Social and Personal Relationships* 22, no. 4 (2005): 455–76.
17. Bella DePaulo, *Marriage vs. Single Life: How Science and the Media Got It So Wrong* (Charleston, SC: DoubleDoor Books, 2015).
18. Christina M. Gibson-Davis, Kathryn Edin, and Sara McLanahan, "High Hopes but Even Higher Expectations: The Retreat from Marriage among Low-Income Couples," *Journal of Marriage and Family* 67, no. 5 (2005): 1301–12; Maureen R. Waller and Sara S. McLanahan, "'His' and 'Her' Marriage Expectations: Determinants and Consequences," *Journal of Marriage and Family* 67, no. 1 (2005): 53–67.
19. Alois Stutzer and Bruno S. Frey, "Does Marriage Make People Happy, or Do Happy People Get Married?" *Journal of Socio-economics* 35, no. 2 (2006): 326–47.
20. Paul R. Amato, "Research on Divorce: Continuing Trends and New Developments," *Journal of Marriage and Family* 72, no. 3 (2010): 650–66; Betsey Stevenson and Justin Wolfers, *Marriage and Divorce: Changes and Their Driving Forces* (Cambridge, MA: National Bureau of Economic Research, 2007).
21. Rose McDermott, James H. Fowler, and Nicholas A. Christakis, "Breaking Up Is Hard to Do, Unless Everyone Else Is Doing It Too: Social Network Effects on Divorce in a Longitudinal Sample," *Social Forces* 92, no. 2

166. Melissa Blanchard, "Sending Money or Purchasing Provisions? Senegalese Migrants' Attempts to Negotiate a Space for Autonomy in LongDistance Family Relations," *Journal des africanistes* 84 (2014): 40–59.

167. Emily J. Shaw and Sandra Barbuti, "Patterns of Persistence in Intended College Major with a Focus on Stem Majors," *NACADA Journal* 30, no. 2 (2010): 19–34.

168. Hasan Mahmud, "Migrants Sending Money and the Family" (presented to *XVIII ISA World Congress of Sociology Yokohama*, Japan, July 14, 2014).

169. Albert Saiz, "Immigration and Housing Rents in American Cities," *Journal of Urban Economics* 61, no. 2 (2007): 345–71; Matthew R. Sanderson, Ben Derudder, Michael Timberlake, and Frank Witlox, "Are World Cities Also World Immigrant Cities? An International, Cross-city Analysis of Global Centrality and Immigration," *International Journal of Comparative Sociology* 6, no. 3–4 (2015): 173–97.

170. Stephen Castles, Hein de Haas, and Mark J. Miller, *The Age of Migration: International Population Movements in the Modern World* (New York: Guilford, 2013).

171. Robyn Iredale and Kalika N. Doloswala, "International Labour Migration from India, the Philippines and Sri Lanka: Trends and Policies," *Sri Lanka Journal of Social Sciences* 27, no. 1 (2016); Eleonore Kofman and Parvati Raghuram, "Gendered Migrations and Global Processes," in *Gendered Migrations and Global Social Reproduction* (New York: Springer, 2015), 18–39.

172. Soon Kyu Choi and Ilan H. Meyer, *LGBT Aging: A Review of Research Findings, Needs, and Policy Implications* (Los Angeles: Williams Institute, 2016); Eurostat, *Eurostat Regional Yearbook* (Brussels: European Commission, 2017).

173. Amparo González-Ferrer, "Who Do Immigrants Marry? Partner Choice among Single Immigrants in Germany," *European Sociological Review* 22, no. 2 (2006): 171–85; Katarzyna Grabska, "Lost Boys, Invisible Girls: Stories of Sudanese Marriages across Borders," *Gender, Place & Culture* 17, no. 4 (2010): 479–97.

174. Stephen P. Casazza, Emily Ludwig, and Tracy J Cohn, "Heterosexual Attitudes and Behavioral Intentions toward Bisexual Individuals: Does Geographic Area Make a Difference?" *Journal of Bisexuality* 15, no. 4 (2015): 532–53.

175. Lyndon Johnson, "The War on Poverty," *Annals of America* 18 (1964): 212–16.

176. Carl M. Brauer, "Kennedy, Johnson, and the War on Poverty," *Journal of American History* 69, no. 1 (1982): 98–119; David Zarefsky, *President Johnson's War on Poverty: Rhetoric and History* (Tuscaloosa: University of Alabama Press, 2005).

177. Robert E. Hall, *Quantifying the Lasting Harm to the US Economy from the Financial Crisis* (Cambridge, MA: National Bureau of Economic Research, 2014); David Zarefsky, *President Johnson's War on Poverty: Rhetoric and History* (Tuscaloosa: University of Alabama Press, 2005).

178. Maggie Gallagher and Linda Waite, *The Case for Marriage* (New York: Random House, 2000); Walter R. Gove, Michael Hughes, and Carolyn Briggs Style, "Does Marriage Have Positive Effects on the Psychological Well-Being of the Individual?" *Journal of Health and fragility Social Behavior* 24, no. 2 (1983): 122–31; David R. Johnson and Jian Wu, "An Empirical Test of Crisis, Social Selection, and Role Explanations of the Relationship between Marital Disruption and Psychological Distress: A Pooled Time-Series Analysis of Four-Wave Panel Data," *Journal of Marriage and Family* 64, no. 1 (2002): 211–24.

179. Ron Haskins, "The War on Poverty: What Went Wrong?" Op-ed, Brookings, November 19, 2013, www.brookings.edu/opinions/the-war-onpoverty-what-went-wrong/.

第２章　幸福なシングルシニアたち——未来を正しく理解する ——

1. Lawrence Millman, "The Old Woman Who Was Kind to Insects," in *A Kayak Full of Ghosts: Eskimo Tales* (Northampton, MA: Interlink Books, 1987).

2. Stephanie S. Spielmann, Geoff MacDonald, Jessica A. Maxwell, Samantha Joel, Diana Peragine, Amy Muise, and Emily A. Impett, "Settling for Less out of Fear of Being Single," *Journal of Personality and Social Psychology* 105, no. 6 (2013): 1049.

3. Stephanie S. Spielmann, Geoff MacDonald, Samantha Joel, and Emily A. Impett, "Longing for Ex-Partners out of Fear of Being Single," *Journal of Personality* 84, no. 6 (2016): 799–808.

4. Peter Walker, "May Appoints Minister to Tackle Loneliness Issues Raised by Jo Cox," *The Guardian*, January 16, 2018, www.theguardian.com/society/2018/jan/16/may-appoints minister-tackle-loneliness-issues-raised-jo-cox?CMP= share_btn_link.

5. Vern L. Bengtson and Norella M. Putney, "Who Will Care for Tomorrow's Elderly? Consequences of Population

145. Janine Hertel, Astrid Schütz, Bella M. DePaulo, Wendy L Morris, and Tanja S. Stucke, "She's Single, So What? How Are Singles Perceived Compared with People Who Are Married?" *Zeitschrift für Familienforschung /Journal of Family Research* 19, no. 2 (2007); E. Kay Trimberger, The New Single Woman (Boston: Beacon Press, 2006).

146. Shane Gunster, "'All about Nothing': Difference, Affect, and *Seinfeld*," *Television & New Media* 6, no. 2 (2005): 200–23; Vesela Todorova, "Arab Women Find a Voice in Turkish Soap Operas," *The National*, November 2013; Anqi Xu and Yan Xia, "The Changes in Mainland Chinese Families during the Social Transition: A Critical Analysis," *Journal of Comparative Family Studies* (2014): 31–53.

147. Jonathan Matusitz and Pam Payano, "Globalisation of Popular Culture: From Hollywood to Bollywood," *South Asia Research* 32, no. 2 (2012): 123–38.

148. Robert Jensen and Emily Oster, "The Power of TV: Cable Television and Women's Status in India," *Quarterly Journal of Economics* 124, no. 3 (2009): 1057–94.

149. Alberto Chong and Eliana La Ferrara, "Television and Divorce: Evidence from Brazilian Novelas," *Journal of the European Economic Association* 7, no. 2–3 (2009): 458–68.

150. Harry Charalambos Triandis, *Individualism & Collectivism* (Boulder, CO: Westview Press, 1995).

151. Arjun Appadurai, *Modernity at Large: Cultural Dimensions of Globalization* (Minneapolis, MN: University of Minnesota Press, 1996).

152. Russell B. Clayton, Alexander Nagurney, and Jessica R Smith, "Cheating, Breakup, and Divorce: Is Facebook Use to Blame?" *Cyberpsychology, Behavior, and Social Networking* 16, no. 10 (2013): 717–20.

153. Russell B. Clayton, "The Third Wheel: The Impact of Twitter Use on Relationship Infidelity and Divorce," *Cyberpsychology, Behavior, and Social Networking* 17, no. 7 (2014): 425–30.

154. Juliet Stone, Ann Berrington, and Jane Falkingham, "The Changing Determinants of UK Young Adults' Living Arrangements," *Demographic Research* 25, no. 20 (2011): 629–66.

155. Rita Afsar, *Internal Migration and the Development Nexus: The Case of Bangladesh* (Dhaka: Bangladesh Institute of Development Studies, 2003); Alice Goldstein, Guo Zhigang, and Sidney Goldstein, "The Relation of Migration to Changing Household Headship Patterns in China, 1982–1987," *Population Studies* 51, no. 1 (1997): 75–84; Mary M. Kritz and Douglas T. Gurak, "The Impact of Immigration on the Internal Migration of Natives and Immigrants," *Demography* 38, no. 1 (2001): 133–45; Chai Podhisita and Peter Xenos, "Living Alone in South and Southeast Asia: An Analysis of Census Data," *Demographic Research* 32, no. 41 (2015): 1113–46.

156. Abbasi-Shavazi, Mohammad Jalal, and Abbas Askari-Nodoushan, "Family Life and Developmental Idealism in Yazd, Iran," *Demographic Research* 26, no. 10 (2012): 207–38.

157. Madhav Sadashiv Gore, *Urbanization and Family Change* (Bombay: Popular Prakashan, 1990).

158. Kenneth T. Jackson, *Crabgrass Frontier: The Suburbanization of the United States* (Oxford: Oxford University Press, 1985); Philip E. Ogden and Ray Hall, "Households, Reurbanisation and the Rise of Living Alone in the Principal French Cities, 1975–90," *Urban Studies* 37, no. 2 (2000): 367–90.

159. Hyunjoon Park and Jaesung Choi, "Long-Term Trends in Living Alone among Korean Adults: Age, Gender, and Educational Differences," *Demographic Research* 32, no. 43 (2015): 1177–208; Georg Simmel, *The Metropolis and Mental Life* (New York: Free Press, 1903); Wei-Jun Jean Yeung and Adam Ka-Lok Cheung, "Living Alone: One-Person Households in Asia," *Demographic Research* 32, no. 40 (2015): 1099–112.

160. Gill Jagger and Caroline Wright, *Changing Family Values* (Taylor & Francis, 1999); James Georgas, "Changing Family Values in Greece from Collectivist to Individualist," *Journal of Cross-cultural Psychology* 20, no. 1 (1989): 80–91.

161. Peter L. Callero, "Living Alone: Globalization, Identity, and Belonging," *Contemporary Sociology: A Journal of Reviews* 44, no. 5 (2015): 667–69; John Eade, *Living the Global City: Globalization as Local Process* (London: Routledge, 2003).

162. Agnese Vitali, "Regional Differences in Young Spaniards' Living Arrangement Decisions: A Multilevel Approach," *Advances in Life Course Research* 15, no. 2 (2010): 97–108.

163. Robert T. Michael, Victor R. Fuchs, and Sharon R. Scott, "Changes in the Propensity to Live Alone: 1950–1976," *Demography* 17, no. 1 (1980): 39–56.

164. Zhongwei Zhao and Wei Chen, "Changes in Household Formation and Composition in China since the Mid-twentieth Century," *Journal of Population Research* 25, no. 3 (2008): 267–86.

165. Kathleen Sheldon, *Courtyards, Markets, and City Streets: Urban Women in Africa* (Boulder, CO: Westview Press, 2016).

and Educational Differences," *Demographic Research* 32, no. 43 (2015): 1177–208.
123. Robert T. Michael, Victor R. Fuchs, and Sharon R. Scott, "Changes in the Propensity to Live Alone: 1950–1976," *Demography* 17, no. 1 (1980): 39–56; Kathleen McGarry and Robert F. Schoeni, "Social Security, Economic Growth, and the Rise in Elderly Widows' Independence in the Twentieth Century," *Demography* 37, no. 2 (2000): 221–36.
124. Yoav Lavee and Ruth Katz, "The Family in Israel: Between Tradition and Modernity," *Marriage & Family Review* 35, no. 1–2 (2003): 193–217.
125. Eli Berman, "Sect, Subsidy, and Sacrifice: An Economist's View of Ultra-Orthodox Jews," *Quarterly Journal of Economics* 115, no. 3 (2000): 905–53; Tally Katz-Gerro, Sharon Raz, and Meir Yaish, "How Do Class, Status, Ethnicity, and Religiosity Shape Cultural Omnivorousness in Israel?" *Journal of Cultural Economics* 33, no. 1 (2009): 1–17.
126. Ron J. Lesthaeghe and Lisa Neidert, "The Second Demographic Transition in the United States: Exception or Textbook Example?" *Population and Development Review* 32, no. 4 (2006): 669–98; Wendy Wang and Kim C. Parker, *Record Share of Americans Have Never Married: As Values, Economics and Gender Patterns Change* (Washington, DC: Pew Research Center, 2014).
127. Albert Esteve, Ron Lesthaeghe, Julieta Quilodrán, Antonio LópezGay, and Julián López-Colás, "The Expansion of Cohabitation in Mexico, 1930–2010: The Revenge of History?" in *Cohabitation and Marriage in the Americas: Geo-Historical Legacies and New Trends*, ed. Albert Esteve and Ron Lesthaeghe (New York: Springer, 2016).
128. Organization for Economic Cooperation and Development, *Fertility Rates (Indicator)* (Paris: OECD, 2017); Daniele Vignoli and Silvana Salvini, "Religion and Union Formation in Italy: Catholic Precepts, Social Pressure, and Tradition," *Demographic Research* 31, no. 35 (2014): 1079–106.
129. Albert Esteve, Ron Lesthaeghe, Julieta Quilodrán, Antonio LópezGay, and Julián López-Colás, "The Expansion of Cohabitation in Mexico, 1930–2010: The Revenge of History?" in *Cohabitation and Marriage in the Americas: Geo-Historical Legacies and New Trends*, ed. Albert Esteve and Ron Lesthaeghe (New York: Springer, 2016).
130. Alicia Adsera, "Marital Fertility and Religion in Spain, 1985 and 1999," *Population Studies* 60, no. 2 (2006): 205–21.
131. Benoît Laplante, "The Rise of Cohabitation in Quebec: Power of Religion and Power over Religion," *Canadian Journal of Sociology* 31, no. 1 (2006): 1–24.
132. Albert Esteve, Ron Lesthaeghe, and Antonio López-Gay, "The Latin American Cohabitation Boom, 1970–2007," *Population and Development Review* 38, no. 1 (2012): 55–81.
133. Justin Farrell, "The Young and the Restless? The Liberalization of Young Evangelicals," *Journal for the Scientific Study of Religion* 50, no. 3 (2011): 517–32.
134. Ziba Mir-Hosseini, "Muslim Women's Quest for Equality: Between Islamic Law and Feminism," *Critical Inquiry* 32, no. 4 (2006): 629–45.
135. Laura Levitt, *Jews and Feminism: The Ambivalent Search for Home* (London: Routledge, 2013).
136. Amita Sharma, "Feminism in India—a Fractured Movement," *History* 4, no. 2 (2015).
137. Tanya Zion-Waldoks, "Politics of Devoted Resistance Agency, Feminism, and Religion among Orthodox Agunah Activists in Israel," *Gender & Society* 29, no. 1 (2015): 73–97.
138. Brian H. Smith, *The Church and Politics in Chile: Challenges to Modern Catholicism* (Princeton, NJ: Princeton University Press, 2014).
139. Renato M. Liboro and Richard T.G. Walsh, "Understanding the Irony: Canadian Gay Men Living with HIV/AIDS, Their Catholic Devotion, and Greater Well-Being," *Journal of Religion and Health* 55, no. 2 (2016): 650–70.
140. Leonard Gargan, "Stereotypes of Singles: A Cross-cultural Comparison," *International Journal of Comparative Sociology* 27 (1986): 200.
141. Anthea Taylor, *Single Women in Popular Culture* (London: Palgrave Macmillan, 2012), 6–32.
142. Jane Arthurs, "Sex and the City and Consumer Culture: Remediating Postfeminist Drama," *Feminist Media Studies* 3, no. 1 (2003): 83–98.
143. Evan Cooper, "Decoding *Will and Grace*: Mass Audience Reception of a Popular Network Situation Comedy," *Sociological Perspectives* 46, no. 4 (2003): 513–33.
144. Shane Gunster, "'All about Nothing': Difference, Affect, and *Seinfeld*," *Television & New Media* 6, no. 2 (2005): 200–23.

AMBIO: A Journal of the Human Environment 36, no. 8 (2007): 639–49.

106. Bella M. DePaulo, *Singled Out: How Singles are Stereotyped, Stigmatized, and Ignored, and Still Live Happily Ever After* (New York: St. Martin's Griffin, 2007) [『シングルド・アウト　アメリカ社会のシングリズムとマトリマニア　第Ⅰ巻』『シングルド・アウト　アメリカ社会のシングリズムとマトリマニア　第Ⅱ巻: 結婚神話1〜4』ベラ・デパウロ著, 旬馬ゆきの編訳, Kindle版].

107. Helen Katz, *The Media Handbook: A Complete Guide to Advertising Media Selection, Planning, Research, and Buying* (New York: Routledge, 2014).

108. Annette Pritchard and Nigel J. Morgan, "Sex Still Sells to Generation X: Promotional Practice and the Youth Package Holiday Market," *Journal of Vacation Marketing* 3, no. 1 (1996): 68–80; Philip Roscoe and Shiona Chillas, "The State of Affairs: Critical Performativity and the Online Dating Industry," *Organization* 21, no. 6 (2014): 797–820.

109. Dana L. Alden, Jan-Benedict E.M. Steenkamp, and Rajeev Batra, "Brand Positioning through Advertising in Asia, North America, and Europe: The Role of Global Consumer Culture," *Journal of Marketing* 63, no. 1 (1999): 75–87; Stuart Ewen, *Captains of Consciousness: Advertising and the Social Roots of the Consumer Culture* (New York: Basic Books, 2008).

110. Breana Wilson and Esther Lamidi, *Living Alone in the U.S., 2011*, FP-13–18, (Bowling Green, OH: National Center for Family & Marriage Research, 2013), http://ncfmr.bgsu.edu/pdf/family_profiles/file138254.pdf.

111. Hans-Peter Blossfeld and Johannes Huinink, "Human Capital Investments or Norms of Role Transition? How Women's Schooling and Career Affect the Process of Family Formation," *American Journal of Sociology* 97, no. 1 (1991): 143–68; Hans-Peter Blossfeld and Alessandra De Rose, "Educational Expansion and Changes in Entry into Marriage and Motherhood: The Experience of Italian Women," *Genus* 48, no. 3–4 (1992): 73–91.

112. Wolfgang Lutz and Vegard Skirbekk, "Policies Addressing the Tempo Effect in Low-Fertility Countries," *Population and Development Review* 31, no. 4 (2005): 699–720.

113. Robert T. Michael, Victor R. Fuchs, and Sharon R. Scott, "Changes in the Propensity to Live Alone: 1950–1976," *Demography* 17, no. 1 (1980): 39–56; Samuel Andrew Stouffer, *Communism, Conformity, and Civil Liberties: A Cross-section of the Nation Speaks Its Mind* (Piscataway, NJ: Transaction, 1955).

114. Lawrence Bobo and Frederick C Licari, "Education and Political Tolerance: Testing the Effects of Cognitive Sophistication and Target Group Affect," *Public Opinion Quarterly* 53, no. 3 (1989): 285–308.

115. Frederick D. Weil, "The Variable Effects of Education on Liberal Attitudes: A Comparative-Historical Analysis of Anti-Semitism Using Public Opinion Survey Data," *American Sociological Review* 50, no. 4 (1985): 458–74.

116. Premchand Dommaraju, "One-Person Households in India," *Demographic Research* 32, no. 45 (2015); Hyunjoon Park and Jaesung Choi, "Long-Term Trends in Living Alone among Korean Adults: Age, Gender, and Educational Differences," *Demographic Research* 32, no. 43 (2015): 1177–208; Christophe Guilmoto and Myriam de Loenzien, "Emerging, Transitory or Residual? OnePerson Households in Viet Nam," *Demographic Research* 32, no. 42 (2015): 1147–76; Chai Podhisita and Peter Xenos, "Living Alone in South and Southeast Asia: An Analysis of Census Data," *Demographic Research* 32, no. 41 (2015): 1113–46; Wei-Jun Jean Yeung and Adam Ka-Lok Cheung, "Living Alone: One-Person Households in Asia," *Demographic Research* 32, no. 40 (2015): 1099–112.

117. Lisa R. Silberstein, *Dual-Career Marriage: A System in Transition* (New York: Psychology Press, 1992).

118. Richard E. Kopelman, Jeffrey H. Greenhaus, and Thomas F. Connolly, "A Model of Work, Family, and Interrole Conflict: A Construct Validation Study," *Organizational Behavior and Human Performance* 32, no. 2 (1983): 198–215; Lisa R. Silberstein, *Dual-Career Marriage: A System in Transition* (New York: Psychology Press, 1992).

119. Sarah Badger, Larry J. Nelson, and Carolyn McNamara Barry, "Perceptions of the Transition to Adulthood among Chinese and American Emerging Adults," *International Journal of Behavioral Development* 30, no. 1 (2006): 84–93; Rachel Gali Cinamon, "Anticipated Work-Family Conflict: Effects of Gender, Self-Efficacy, and Family Background," *Career Development Quarterly* 54, no. 3 (2006): 202–15.

120. David Card, "The Causal Effect of Education on Earnings," *Handbook of Labor Economics* 3 (1999): 1801–63; Biwei Su and Almas Heshmati, "Analysis of the Determinants of Income and Income Gap between Urban and Rural China," *China Economic Policy Review* 2, no. 1 (2013): 1–29.

121. Ellen A. Kramarow, "The Elderly Who Live Alone in the United States: Historical Perspectives on Household Change," *Demography* 32, no. 3 (1995): 335–52.

122. Hyunjoon Park and Jaesung Choi, "Long-Term Trends in Living Alone among Korean Adults: Age, Gender,

Cohabitation and Marriage," *Demographic Research* 32, no. 10 (2015): 311.
82. Amanda J. Miller, Sharon Sassler, and Dela Kusi-Appouh, "The Specter of Divorce: Views from Working-and Middle-Class Cohabitors," *Family Relations* 60, no. 5 (2011): 602–16.
83. Arielle Kuperberg, "Reassessing Differences in Work and Income in Cohabitation and Marriage," *Journal of Marriage and Family* 74, no. 4 (2012): 688–707; Elina Mäenpää and Marika Jalovaara, "The Effects of Homogamy in Socio-economic Background and Education on the Transition from Cohabitation to Marriage," *Acta Sociologica* 56, no. 3 (2013): 247–63; Jarl E. Mooyaart and Aart C. Liefbroer, "The Influence of Parental Education on Timing and Type of Union Formation: Changes over the Life Course and over Time in the Netherlands," *Demography* 53, no. 4 (2016): 885–919.
84.『パラサイト・シングルの時代』山田昌弘著, 筑摩書房(ちくま新書), 1999年; Masahiro Yamada, "Parasite Singles Feed on Family System," *Japan Quarterly* 48, no. 1 (2001): 10.
85. Youna Kim, *Women and the Media in Asia: The Precarious Self* (London: Palgrave Macmillan, 2012), 6–32.
86. Masahiro Yamada, "Parasite Singles Feed on Family System," *Japan Quarterly* 48, no. 1 (2001): 10.
87. Juliet Stone, Ann Berrington, and Jane Falkingham, "The Changing Determinants of UK Young Adults' Living Arrangements," *Demographic Research* 25, no. 20 (2011): 629–66.
88. Kathryn Edin and Joanna M. Reed, "Why Don't They Just Get Married? Barriers to Marriage among the Disadvantaged," *Future of Children* 15, no. 2 (2005): 117–37.
89. Hyunjoon Park, Jae Kyung Lee, and Inkyung Jo, "Changing Relationships between Education and Marriage among Korean Women," 한국사회학47, no. 3 (2013): 51–76.
90. Richard Fry, "A Rising Share of Young Adults Live in Their Parents' Home," in *Social Demographic Trends Project* (Washington, DC: Pew Research Center, 2013).
91. Eric Klinenberg, *Going Solo: The Extraordinary Rise and Surprising Appeal of Living Alone* (New York: Penguin, 2012) [『シングルトン　ひとりで生きる!』エリック・クライネンバーグ著, 白川貴子訳, 鳥影社, 2014年].
92. S. Niranjan, Saritha Nair, and T.K. Roy, "A Socio-demographic Analysis of the Size and Structure of the Family in India," *Journal of Comparative Family Studies*, 36, no. 4 (2005): 623–51; Tulsi Patel, *The Family in India: Structure and Practice* (New York: Sage, 2005).
93. David Levine, *Family Formation in an Age of Nascent Capitalism [England]*, Studies in Social Discontinuity (New York: Academic Press, 1977).
94. Henrike Donner and Goncalo Santos, "Love, Marriage, and Intimate Citizenship in Contemporary China and India: An Introduction," *Modern Asian Studies* 50, no. 4 (2016): 1123–46.
95. Wim Lunsing, Tamako Sarada, Masahiro Yamada, Shumon Miura, Tamako Sarada, and Kiyo Yamamoto, "'Parasite' and 'Non-parasite' Singles: Japanese Journalists and Scholars Taking Positions," *Social Science Japan Journal* 6, no. 2 (2003): 261–65.
96. Anne Stefanie Aronsson, *Career Women in Contemporary Japan: Pursuing Identities, Fashioning Lives* (New York: Routledge, 2014); John McCreery, *Japanese Consumer Behaviour: From Worker Bees to Wary Shoppers* (New York: Routledge, 2014).
97. 第15回出生動向基本調査(結婚と出産に関する全国調査)(国立社会保障・人口問題研究所、2017).
98. Andrew D. Gordon, "Consumption, Consumerism, and Japanese Modernity," in *The Oxford Handbook of the History of Consumption*, ed. Frank Trentmann, 485–504 (Oxford: Oxford University Press, 2012).
99. Richard Grassby, *Kinship and Capitalism: Marriage, Family, and Business in the English-Speaking World, 1580–1740* (Cambridge: Cambridge University Press, 2000).
100. Maggie Gallagher and Linda Waite, *The Case for Marriage* (New York: Random House, 2000).
101. Sharon Boden, *Consumerism, Romance and the Wedding Experience* (London: Palgrave Macmillan, 2003); Colin Campbell, *The Romantic Ethic and the Spirit of Modern Consumerism* (Hoboken, NJ: Blackwell, 2005).
102. Ellen A. Kramarow, "The Elderly Who Live Alone in the United States: Historical Perspectives on Household Change," *Demography* 32, no. 3 (1995): 335–52.
103. Christina M. Gibson-Davis, Kathryn Edin, and Sara McLanahan, "High Hopes but Even Higher Expectations: The Retreat from Marriage among LowIncome Couples," *Journal of Marriage and Family* 67, no. 5 (2005): 1301–12.
104. Irina Khoutyz, "Academic Mobility Programs as Part of Individual and Professional Development in a Globalized World: Uncovering Cultural Dimensions," in *Handbook of Research on Individualism and Identity in the Globalized Digital Age*, ed. F. Sigmund Topor, 168 (Hershey, PA: IGI Global, 2016).
105. Jianguo Liu, Thomas Dietz, Stephen R. Carpenter, Carl Folke, Marina Alberti, Charles L. Redman, Stephen H. Schneider, Elinor Ostrom, Alice N. Pell, and Jane Lubchenco, "Coupled Human and Natural Systems,"

Reproductive Technology on Women's Marriage Timing," *Journal of Population Economics* 27, no. 2 (2014): 603–33.
65. Ya'arit Bokek-Cohen and Limor Dina Gonen, "Sperm and Simulacra: Emotional Capitalism and Sperm Donation Industry," *New Genetics and Society* 34, no. 3 (2015): 243–73.
66. Robert E. Emery, *Marriage, Divorce, and Children's Adjustment* (New York: Sage, 1999).
67. Richard E. Lucas, Andrew E. Clark, Yannis Georgellis, and Ed Diener, "Reexamining Adaptation and the Set Point Model of Happiness: Reactions to Changes in Marital Status," *Journal of Personality and Social Psychology* 84, no. 3 (2003): 527.
68. Jody Van Laningham, David R. Johnson, and Paul Amato, "Marital Happiness, Marital Duration, and the U-Shaped Curve: Evidence from a Five-Wave Panel Study," *Social Forces* 79, no. 4 (2001): 1313–41.
69. Vaughn Call, Susan Sprecher, and Pepper Schwartz, "The Incidence and Frequency of Marital Sex in a National Sample," *Journal of Marriage and the Family* 57, no. 3 (1995): 639–52; Helen E. Fisher, *Anatomy of Love: The Natural History of Monogamy, Adultery and Divorce* (New York: Norton, 1992).
70. Andrew E. Clark, Ed Diener, Yannis Georgellis, and Richard E Lucas, "Lags and Leads in Life Satisfaction: A Test of the Baseline Hypothesis," Economic Journal 118, no. 529 (2008); Anke C. Zimmermann and Richard A. Easterlin, "Happily Ever After? Cohabitation, Marriage, Divorce, and Happiness in Germany," *Population and Development Review* 32, no. 3 (2006): 511–28.
71. Alois Stutzer and Bruno S. Frey, "Does Marriage Make People Happy, or Do Happy People Get Married?" *Journal of Socio-Economics* 35, no. 2 (2006): 326–47.
72. Richard E. Lucas, "Time Does Not Heal All Wounds: A Longitudinal Study of Reaction and Adaptation to Divorce," *Psychological Science* 16, no. 12 (2005): 945–50.
73. Richard E. Lucas, "Adaptation and the Set-Point Model of Subjective Well-Being: Does Happiness Change after Major Life Events?" *Current Directions in Psychological Science* 16, no. 2 (2007): 75–79; Pasqualina Perrig-Chiello, Sara Hutchison, and Bina Knöpfli, "Vulnerability Following a Critical Life Event: Temporary Crisis or Chronic Distress? A Psychological Controversy, Methodological Considerations, and Empirical Evidence," in *Surveying Human Vulnerabilities across the Life Course* (New York: Springer, 2016), 87–111.
74. Andrew E. Clark and Yannis Georgellis, "Back to Baseline in Britain: Adaptation in the British Household Panel Survey," *Economica* 80, no. 319 (2013): 496–512; Paul Frijters, David W. Johnston, and Michael A. Shields, "Life Satisfaction Dynamics with Quarterly Life Event Data," *Scandinavian Journal of Economics* 113, no. 1 (2011): 190–211; Kelly Musick and Larry Bumpass, "Reexamining the Case for Marriage: Union Formation and Changes in Well-Being," *Journal of Marriage and Family* 74, no. 1 (2012): 1–18; Judith P.M. Soons, Aart C. Liefbroer, and Matthijs Kalmijn, "The Long-Term Consequences of Relationship Formation for Subjective Well-Being," *Journal of Marriage and Family* 71, no. 5 (2009): 1254–70.
75. Casey E. Copen, Kimberly Daniels, Jonathan Vespa, and William D. Mosher, *First Marriages in the United States: Data from the 2006–2010 National Survey of Family Growth* (Hyattsville, MD: Department of Health and Human Services, Centers for Disease Control and Prevention, National Center for Health Statistics, 2012); Eurostat, *Marriage and Divorce Statistics* (Luxembourg: European Commission, 2017); Pamela Engel, "Map: Divorce Rates around the World," *Business Insider*, May 25, 2014.
76. Robert E. Emery, Mary Waldron, Katherine M. Kitzmann, and Jeffrey Aaron, "Delinquent Behavior, Future Divorce or Nonmarital Childbearing, and Externalizing Behavior among Offspring: A 14-Year Prospective Study," *Journal of Family Psychology* 13, no. 4 (1999): 568.
77. Paul R. Amato and Bruce Keith, "Parental Divorce and Adult WellBeing: A Meta-analysis," *Journal of Marriage and the Family* (1991): 43–58; Paul R. Amato, "Explaining the Intergenerational Transmission of Divorce," *Journal of Marriage and the Family* 58, no. 3 (1996): 628–40; Larry L. Bumpass, Teresa Castro Martin, and James A. Sweet, "The Impact of Family Background and Early Marital Factors on Marital Disruption," *Journal of Family Issues* 12, no. 1 (1991): 22–42.
78. Nicholas Wolfinger, "Want to Avoid Divorce? Wait to Get Married, but Not Too Long," *Family Studies*, July 16, 2015.
79. Fakir Al Gharaibeh and Nicole Footen Bromfield, "An Analysis of Divorce Cases in the United Arab Emirates: A Rising Trend," *Journal of Divorce & Remarriage* 53, no. 6 (2012): 436–52; Andrew Cherlin, *Marriage, Divorce, Remarriage* (Cambridge, MA: Harvard University Press, 2009).
80. Albert Esteve and Ron J. Lesthaeghe, *Cohabitation and Marriage in the Americas: Geo-Historical Legacies and New Trends* (New York: Springer, 2016).
81. Nicole Hiekel and Renske Keizer, "Risk-Avoidance or Utmost Commitment? Dutch Focus Group Research on

"Selective Discrimination against Female Children in Rural Punjab, India," *Population and Development Review* (1987): 77–100; Chai Bin Park and Nam-Hoon Cho, "Consequences of Son Preference in a Low-Fertility Society: Imbalance of the Sex Ratio at Birth in Korea," *Population and Development Review* (1995): 59–84.

46. Eurostat, *Eurostat Regional Yearbook* (Brussels: European Commission, 2017).

47. Soon Kyu Choi and Ilan H. Meyer, *LGBT Aging: A Review of Research Findings, Needs, and Policy Implications* (Los Angeles: Williams Institute, 2016).

48. Elizabeth A. Cashdan, "Natural Fertility, Birth Spacing, and the 'First Demographic Transition,'" *American Anthropologist* 87, no. 3 (1985): 650–53; John C. Caldwell, "Toward a Restatement of Demographic Transition Theory," *Population and Development Review* (1976): 321–66.

49. Ronald Inglehart and Christian Welzel, *Modernization, Cultural Change, and Democracy: The Human Development Sequence* (Cambridge: Cambridge University Press, 2005); Wolfgang Lutz and Vegard Skirbekk, "Policies Addressing the Tempo Effect in Low-Fertility Countries," *Population and Development Review* 31, no. 4 (2005): 699–720.

50. Zillah R. Eisenstein, ed., *Capitalist Patriarchy and the Case for Socialist Feminism* (New York: Monthly Review Press, 1979); Ann Ferguson and Nancy Folbre, "The Unhappy Marriage of Patriarchy and Capitalism," *Women and Revolution* 80 (1981): 10–11.

51. Rosalind Chait Barnett and Janet Shibley Hyde, "Women, Men, Work, and Family," *American Psychologist* 56, no. 10 (2001): 781–96; Ronald Inglehart and Christian Welzel, *Modernization, Cultural Change, and Democracy: The Human Development Sequence* (Cambridge: Cambridge University Press, 2005).

52. Hans-Peter Blossfeld and Johannes Huinink, "Human Capital Investments or Norms of Role Transition? How Women's Schooling and Career Affect the Process of Family Formation," *American Journal of Sociology*, 97, no. 1 (1991): 143–68; Agnes R. Quisumbing and Kelly Hallman, *Marriage in Transition: Evidence on Age, Education, and Assets from Six Developing Countries* (New York: Population Council, 2005), 200–69.

53. Hans-Peter Blossfeld and Alessandra De Rose, "Educational Expansion and Changes in Entry into Marriage and Motherhood: The Experience of Italian Women," Genus 48, no. 3–4 (1992): 73–91.

54. Steve Derné, Meenu Sharma, and Narendra Sethi, *Structural Changes Rather Than the Influence of Media: People's Encounter with Economic Liberalization in India* (New Delhi: Sage India, 2014).

55. Jill Reynolds, *The Single Woman: A Discursive Investigation* (London: Routledge, 2013); Jill Reynolds and Margaret Wetherell, "The Discursive Climate of Singleness: The Consequences for Women's Negotiation of a Single Identity," *Feminism & Psychology* 13, no. 4 (2003): 489–510.

56. May Al-Dabbagh, "Saudi Arabian Women and Group Activism," *Journal of Middle East Women's Studies* 11, no. 2 (2015): 235.

57. Alanoud Alsharekh, "Instigating Social Change: Translating Feminism in the Arab World and India," *QScience Connect* (2016): 2; Sylvia Vatuk, "Islamic Feminism in India," in *Islamic Reform in South Asia*, ed. Filippo Osella and Caroline Osella, 346–82 (Cambridge: Cambridge University Press, 2013).

58. Nada Mustafa Ali, "Feminism in North Africa," *The Wiley Blackwell Encyclopedia of Gender and Sexuality Studies* (Hoboken, NJ: Wiley Blackwell, 2016); Melissa Jackson, "A Season of Change: Egyptian Women's Organizing in the Arab Spring," *Undercurrent* 11, no. 1 (2015).

59. Veronica V. Kostenko, Pavel A. Kuzmuchev, and Eduard D. Ponarin, "Attitudes towards Gender Equality and Perception of Democracy in the Arab World," *Democratization* 23, no. 5 (2015): 1–28.

60. Paul Puschmann and Koen Matthijs, "The Demographic Transition in the Arab World: The Dual Role of Marriage in Family Dynamics and Population Growth," in *Population Change in Europe, the Middle-East and North Africa: Beyond the Demographic Divide,* ed. Koenraad Matthijs, Karel Neels, Christiane Timmerman, and Jacques Haers (London: Routledge, 2016), 119.

61. Michael A. Messner, "'Changing Men' and Feminist Politics in the United States," *Theory and Society* 22, no. 5 (1993): 723–37.

62. Laurie A. Rudman and Kimberly Fairchild, "The F Word: Is Feminism Incompatible with Beauty and Romance?" *Psychology of Women Quarterly* 31, no. 2 (2007): 125–36; Laurie A. Rudman and Julie E. Phelan, "The Interpersonal Power of Feminism: Is Feminism Good for Romantic Relationships?" *Sex Roles* 57, no. 11–12 (2007): 787–99.

63. Elizabeth Gregory, *Ready: Why Women Are Embracing the New Later Motherhood* (New York: Perseus Books Group, 2012).

64. Joelle Abramowitz, "Turning Back the Ticking Clock: The Effect of Increased Affordability of Assisted

Ideals in Europe," *Population Research and Policy Review* 22, no. 5–6 (2003): 479–96.

29. World Bank 世界銀行, *Total Fertility Rate (Births per Woman)* 合計特殊出生率(1人の女性が生涯に生む子供の数) (Washington, DC: World Bank, 2016).
30. P. Hogan, "The Effects of Demographic Factors, Family Background, and Early Job Achievement on Age at Marriage," *Demography* 15, no. 2 (1978): 161–75; Gavin W. Jones, "Delayed Marriage and Very Low Fertility in Pacific Asia," *Population and Development Review* 33, no. 3 (2007): 453–78.
31. Jiehua Lu and Xiaofei Wang, "Changing Patterns of Marriage and Divorce in Today's China," in *Analysing China's Population* (New York: Springer, 2014), 37–49.
32. Xuanning Fu and Tim B. Heaton, "A Cross-national Analysis of Family and Household Structure," *International Journal of Sociology of the Family* 25, no. 2 (1995): 1–32; Frances E. Kobrin, "The Fall in Household Size and the Rise of the Primary Individual in the United States," *Demography* 13, no. 1 (1976): 127–38.
33. Robert T. Michael and Nancy Brandon Tuma, "Entry into Marriage and Parenthood by Young Men and Women: The Influence of Family Background," *Demography* 22, no. 4 (1985): 515–44; Philip E. Ogden and François Schnoebelen, "The Rise of the Small Household: Demographic Change and Household Structure in Paris," *Population, Space and Place,* 11, no. 4 (2005): 251– 68; Philip E. Ogden and Ray Hall, "The Second Demographic Transition, New Household Forms and the Urban Population of France during the 1990s," *Transactions of the Institute of British Geographers* 29, no. 1 (2004): 88–105; Peter A. Morrison, *Demographic Factors Reshaping Ties to Family and Place* (Santa Monica, CA: Rand Corporation, 1990).
34. Vern L. Bengtson and Norella M. Putney, "Who Will Care for Tomorrow's Elderly? Consequences of Population Aging East and West," in *Aging in East and West: Families, States, and the Elderly,* ed. Vern L. Bengtson, Kyong-Dong Kim, George Myers, and Ki-Soo Eun (New York: Springer, 2000), 163–85; Antonio Golini and A. Silverstrini, "Family Change, Fathers, and Children in Western Europe: A Demographic and Psychosocial Perspective," in *The Family on the Threshold of the 21st Century: Trends and Implications*, ed. Solly Dreman (New York: Psychology Press, 2013), 201.
35. Jennifer M. Ortman, Victoria A. Velkoff, and Howard Hogan, *An Aging Nation: The Older Population in the United States* (Washington, DC: US Census Bureau, Economics and Statistics Administration, US Department of Commerce, 2014).
36. Organization for Economic Cooperation and Development 経済協力開発機構(OECD), *Life Expectancy at 65 (Indicator)* (Paris: OECD, 2017).
37. Ellen A. Kramarow, "The Elderly Who Live Alone in the United States: Historical Perspectives on Household Change," *Demography* 32, no. 3 (1995): 335– 52; Jim Oeppen and James W. Vaupel, "Broken Limits to Life Expectancy," *Science* 296, no. 5570 (2002): 1029–31; Steven Ruggles, *Living Arrangements of the Elderly in America*, 1880–1980 (Berlin: de Gruyter, 1996).
38. Axel Börsch-Supan, *Survey of Health, Ageing and Retirement in Europe (Share) Wave 6* (Munich: SHARE-ERIC, 2018).
39. Renee Stepler, *Led by Baby Boomers, Divorce Rates Climb for America's 50+ Population* (Washington, DC: Pew Research Center, 2017).
40. Adam Ka-Lok Cheung and Wei-Jun Jean Yeung, "Temporal-Spatial Patterns of One-Person Households in China, 1982–2005," *Demographic Research* 32, no. 44 (2015): 1209–38; Wei-Jun Jean Yeung and Adam Ka-Lok Cheung, "Living Alone: One-Person Households in Asia," *Demographic Research* 32, no. 40 (2015): 1099–112.
41. K. Bolin, B. Lindgren, and P. Lundborg, "Informal and Formal Care among Single-Living Elderly in Europe," *Health Economics* 17, no. 3 (2008): 393–409; Elena Portacolone, "The Notion of Precariousness among Older Adults Living Alone in the U.S.," *Journal of Aging Studies* 27, no. 2 (2013): 166–74.
42. Vanessa L. Fong, *Only Hope: Coming of Age under China's One-Child Policy* (Stanford, CA: Stanford University Press, 2004).
43. Census of India, "Houselisting and Housing Census Data," *Houselisting and Housing Census Data* (New Delhi: Government of India, Ministry of Home Affairs, 2011).
44. "Bare Branches, Redundant Males," *The Economist*, April 18, 2015, www.economist.com/asia/2015/04/18/bare-branches-redundant-males.
45. Fred Arnold and Liu Zhaoxiang, "Sex Preference, Fertility, and Family Planning in China," *Population and Development Review* 12, no. 2 (1986): 221–46; Christophe Z. Guilmoto, "Economic, Social and Spatial Dimensions of India's Excess Child Masculinity," *Population* 63, no. 1 (2008): 91–117; Shelley Budgeon, "Couple Culture and the Production of Singleness," *Sexualities* 11, no. 3 (2008): 301–25; Monica Das Gupta,

(London: Euromonitor International, 2013).
7. Eric Klinenberg, *Going Solo: The Extraordinary Rise and Surprising Appeal of Living Alone* (New York: Penguin, 2012) [『シングルトン　ひとりで生きる!』エリック・クライネンバーグ著, 白川貴子訳, 鳥影社, 2014年].
8. Wendy Wang and Kim C. Parker, *Record Share of Americans Have Never Married: As Values, Economics and Gender Patterns Change* (Washington, DC: Pew Research Center, 2014).
9. Pew Research Center, *Parenting in America: Outlook, Worries, Aspirations Are Strongly Linked to Financial Situation* (Washington, DC: Pew Research Center, 2015).
10. 第15回出生動向基本調査(結婚と出産に関する全国調査)(国立社会保障・人口問題研究所、2017).
11. Roslyn Appleby, "Singleness, Marriage, and the Construction of Heterosexual Masculinities: Australian Men Teaching English in Japan," portal: *Journal of Multidisciplinary International Studies* 10, no. 1 (2013): 1–21; Masahiro Morioka, "A Phenomenological Study of 'Herbivore Men,'" *Review of Life Studies* 4 (2013): 1–20; James E. Roberson and Nobue Suzuki, eds., *Men and Masculinities in Contemporary Japan: Dislocating the Salaryman Doxa* (London: Routledge, 2005).
12. Masahiro Morioka, "A Phenomenological Study of 'Herbivore Men,'" *Review of Life Studies* 4 (2013): 1–20.
13. Alexandra Harney, "The Herbivore's Dilemma," *Slate*, June 2009.
14. Kathleen Kiernan, "Unmarried Cohabitation and Parenthood in Britain and Europe," *Law & Policy* 26, no. 1 (2004): 33–55.
15. Peter J. Stein, "Singlehood: An Alternative to Marriage," *Family Coordinator* 24, no. 4 (1975): 489–503.
16. Gary R. Lee and Krista K. Payne, "Changing Marriage Patterns since 1970: What's Going On, and Why?" *Journal of Comparative Family Studies* 41, no. 4 (2010): 537–55.
17. Census of India, *Houselisting and Housing Census Data* (New Delhi: Government of India, Ministry of Home Affairs, 2011); Premchand Dommaraju, "One-Person Households in India," *Demographic Research* 32, no. 45 (2015); Hyunjoon Park and Jaesung Choi, "Long-Term Trends in Living Alone among Korean Adults: Age, Gender, and Educational Differences," *Demographic Research* 32, no. 43 (2015): 1177–208; Christophe Guilmoto and Myriam de Loenzien, "Emerging, Transitory or Residual? One-Person Households in Viet Nam," *Demographic Research* 32, no. 42 (2015): 1147–76; Chai Podhisita and Peter Xenos, "Living Alone in South and Southeast Asia: An Analysis of Census Data," *Demographic Research* 32, no. 41 (2015): 1113–46; Hyunjoon Park and Jaesung Choi, "Long-Term Trends in Living Alone among Korean Adults: Age, Gender, and Educational Differences," *Demographic Research* 32, no. 43 (2015): 1177–208.
18. Shelley Budgeon, "Couple Culture and the Production of Singleness," *Sexualities* 11, no. 3 (2008): 301–25; Euromonitor, *Downsizing Globally: The Impact of Changing Household Structure on Global Consumer Markets* (London: Euromonitor International, 2013).
19. Euromonitor, *Single Living: How Atomisation—the Rise of Singles and OnePerson Households—Is Affecting Consumer Purchasing Habits* (London: Euromonitor International, 2008).
20. Mohammad Jalal Abbasi-Shavazi, Peter McDonald, and Meimanat Hossein Chavoshi, *Changes in Family, Fertility Behavior and Attitudes in Iran* (Canberra, Australia: Demography and Sociology Program, Research School of Social Sciences, 2003).
21. Amir Erfani and Kevin McQuillan, "Rapid Fertility Decline in Iran: Analysis of Intermediate Variables," *Journal of Biosocial Science* 40, no. 3 (2008): 459–78.
22. UAE Interact, *Marriage Fund Report* (Abu Dhabi, United Arab Emirates: Ministry of Information and Culture, 2015).
23. Hoda Rashad, Magued Osman, and Farzaneh Roudi-Fahimi, *Marriage in the Arab World* (Washington, DC: Population Reference Bureau, 2005).
24. Government, United Arab Emirates, *Marriage Fund Report* (Abu Dhabi, United Arab Emirates: Ministry of Information and Culture, 2017), http://beta.government.ae/en/information-and-services/social-affairs/marriage.
25. Hoda Rashad, Magued Osman, and Farzaneh Roudi-Fahimi, *Marriage in the Arab World* (Washington, DC: Population Reference Bureau, 2005); Paul Puschmann and Koen Matthijs, "The Demographic Transition in the Arab World: The Dual Role of Marriage in Family Dynamics and Population Growth," in *Population Change in Europe, the Middle-East and North Africa: Beyond the Demographic Divide,* ed. Koenraad Matthijs, Karel Neels, Christiane Timmerman, Jacques Haers, and Sara Mels (New York: Routledge, 2016), 119.
26. Stephanie Coontz, *Marriage, a History: How Love Conquered Marriage* (New York: Penguin, 2006).
27. Organization for Economic Cooperation and Development 経済協力開発機構(OECD), *Fertility Rates (Indicator)* (Paris: OECD, 2017).
28. Joshua Goldstein, Wolfgang Lutz, and Maria Rita Testa, "The Emergence of Sub-replacement Family Size

19. Tim B. Heaton and Renata Forste, "Informal Unions in Mexico and the United States," *Journal of Comparative Family Studies* 38, no. 1 (2007): 55–69; Teresa Castro Martin, "Consensual Unions in Latin America: Persistence of a Dual Nuptiality System," *Journal of Comparative Family Studies* 33, no. 1 (2002): 35–55; Brienna Perelli-Harris, Monika Mynarska, Caroline Berghammer, Ann Berrington, Ann Evans, Olga Isupova, Renske Keizer, Andreas Klärner, Trude Lappegard, and Daniele Vignoli, "Towards a Deeper Understanding of Cohabitation: Insights from Focus Group Research across Europe and Australia," *Demographic Research* 31, no. 34 (2014): 1043–78.
20. Matthew D. Bramlett and William D. Mosher, "Cohabitation, Marriage, Divorce, and Remarriage in the United States," *Vital Health Statistics* 23, no. 22 (2002): 1–32; Andrew J. Cherlin, "The Deinstitutionalization of American Marriage," *Journal of Marriage and Family* 66, no. 4 (2004): 848–61; Anke C. Zimmermann and Richard A. Easterlin, "Happily Ever After? Cohabitation, Marriage, Divorce, and Happiness in Germany," *Population and Development Review* 32, no. 3 (2006): 511–28.
21. Jane Lewis, *The End of Marriage?* (London: Institute for the Study of Civil Society, 2000); Patricia M. Morgan, *Marriage-Lite: The Rise of Cohabitation and Its Consequences* (London: Institute for the Study of Civil Society, 2000); James A. Sweet and Larry L. Bumpass, "Young Adults' Views of Marriage Cohabitation and Family" (working paper no. 33, National Survey of Families and Households, Center for Demography and Ecology, University of Wisconsin-Madison, 1990).
22. Patricia M. Morgan, *Marriage-Lite: The Rise of Cohabitation and Its Consequences* (London: Institute for the Study of Civil Society, 2000).
23. Gavin W. Jones, "The 'Flight from Marriage' in South-East and East Asia," *Journal of Comparative Family Studies* 36, no. 1 (2005): 93–119.
24. Ruut Veenhoven, "The Utility of Happiness," *Social Indicators Research* 20, no. 4 (1988): 333–54.
25. S.M. Chiang, *The Philosophy of Happiness: A History of Chinese Life Philosophy* (Taipei: Hong Yie Publication Company, 1996); Georg Wilhelm Friedrich Hegel and Robert F. Brown, *Lectures on the History of Philosophy: Greek Philosophy* (Oxford: Oxford University Press, 2006); Darrin M. McMahon, "From the Happiness of Virtue to the Virtue of Happiness: 400 BC–AD 1780," *Daedalus* 133, no. 2 (2004): 5–17; Wladyslaw Tatarkiewicz, "Analysis of Happiness," *Philosophy and Phenomenological Research* 38, no. 1 (1976): 139–40.
26. Luo Lu, "Understanding Happiness: A Look into the Chinese Folk Psychology," *Journal of Happiness Studies* 2, no. 4 (2001): 407–32.
27. Shigehiro Oishi, Jesse Graham, Selin Kesebir, and Iolanda Costa Galinha, "Concepts of Happiness across Time and Cultures," *Personality and Social Psychology Bulletin* 39, no. 5 (2013): 559–77.
28. Cassie Mogilner, Sepandar D. Kamvar, and Jennifer Aaker, "The Shifting Meaning of Happiness," *Social Psychological and Personality Science* 2, no. 4 (2010): 395–402.
29. Yew-Kwang Ng, "Happiness Surveys: Some Comparability Issues and an Exploratory Survey Based on Just Perceivable Increments," *Social Indicators Research* 38, no. 1 (1996): 1–27.
30. Adam Okulicz-Kozaryn, Zahir Irani, and Zahir Irani, "Happiness Research for Public Policy and Administration," *Transforming Government: People, Process and Policy* 10, no. 2 (2016): 196–211.
31. Martin E.P. Seligman, *Authentic Happiness: Using the New Positive Psychology to Realize Your Potential for Lasting Fulfillment* (New York: Simon and Schuster, 2004); Martin E.P. Seligman and Mihaly Csikszentmihalyi, *Positive Psychology: An Introduction* (New York: Springer, 2014).

第1章　シングルの時代

1. Xiaqing Zhao and Hooi Lai Wan, "Drivers of Online Purchase Intention on Singles' Day: A Study of Chinese Consumers," *International Journal of Electronic Marketing and Retailing* 8, no. 1 (2017): 1–20.
2. Tiffany Hsu, "Alibaba's Singles Day Sales Hit New Record of $25.3 Billion," *New York Times*, November 10, 2017.
3. *Singular Magazine*, "National Singles Day Returns to West Hollywood," January 1, 2016.
4. Zhongwei Zhao and Wei Chen, "Changes in Household Formation and Composition in China since the Mid-twentieth Century," *Journal of Population Research* 25, no. 3 (2008): 267–86.
5. Wei-Jun Jean Yeung and Adam Ka-Lok Cheung, "Living Alone: One Person Households in Asia," *Demographic Research* 32, no. 40 (2015): 1099–112.
6. Euromonitor, *Downsizing Globally: The Impact of Changing Household Structure on Global Consumer Markets*

原注

はじめに

1. Bella M. DePaulo and Wendy L. Morris, "The Unrecognized Stereotyping and Discrimination against Singles," *Current Directions in Psychological Science 15,* no. 5 (2006): 251–54.

2. Todd M. Jensen, Kevin Shafer, Shenyang Guo, and Jeffry H. Larson, "Differences in Relationship Stability between Individuals in First and Second Marriages: A Propensity Score Analysis," *Journal of Family Issues* 38, no. 3 (2017): 406–32; Megan M. Sweeney, "Remarriage and Stepfamilies: Strategic Sites for Family Scholarship in the 21st Century," *Journal of Marriage and Family* 72, no. 3 (2010): 667–84.

3. Stephanie S. Spielmann, Geoff MacDonald, Jessica A. Maxwell, Samantha Joel, Diana Peragine, Amy Muise, and Emily A. Impett, "Settling for Less out of Fear of Being Single," *Journal of Personality and Social Psychology* 105, no. 6 (2013): 1049.

4. John T. Cacioppo and William Patrick, *Loneliness: Human Nature and the Need for Social Connection* (New York: W.W. Norton, 2008) [『孤独の科学　人はなぜ寂しくなるのか』ジョン・T・カシオポ, ウィリアム・パトリック著, 柴田裕之訳, 河出書房新社(河出文庫), 2018年].

5. Ibid.; Berna van Baarsen, Tom A.B. Snijders, Johannes H. Smit, and Marijtje A.J. van Duijn, "Lonely but Not Alone: Emotional Isolation and Social Isolation as Two Distinct Dimensions of Loneliness in Older People," *Educational and Psychological Measurement* 61, no. 1 (2001): 119–35.

6. Shelley Budgeon, "Couple Culture and the Production of Singleness," Sexualities 11, no. 3 (2008): 301–25; Richard Fry, "A Rising Share of Young Adults Live in Their Parents' Home," in *Social Demographic Trends Project* (Washington, DC: Pew Research Center, 2013); Eric Klinenberg, *Going Solo: The Extraordinary Rise and Surprising Appeal of Living Alone* (New York: Penguin, 2012) [『シングルトン　ひとりで生きる!』エリック・クライネンバーグ著, 白川貴子訳, 鳥影社, 2014年].

7. Wendy Wang and Kim C. Parker, *Record Share of Americans Have Never Married: As Values, Economics and Gender Patterns Change* (Washington, DC: Pew Research Center, 2014).

8. National Bureau of Statistics of China 中華人民共和国国家統計局,2013年 "China Statistics: National Statistics" (Beijing: National Bureau of Statistics of China, 2013).

9. Eurostat, "Urban Europe—Statistics on Cities, Towns and Suburbs," (Luxemburg: Publications Office of the European Union, 2016); Euromonitor, *Downsizing Globally: The Impact of Changing Household Structure on Global Consumer Markets* (London: Euromonitor, 2013).

10. Paul R. Amato, "Research on Divorce: Continuing Trends and New Developments," *Journal of Marriage and Family* 72, no. 3 (2010): 650–66; Wendy Wang and Kim C Parker, *Record Share of Americans Have Never Married: As Values, Economics and Gender Patterns Change* (Washington, DC: Pew Research Center, 2014).

11. Eric Klinenberg, *Going Solo: The Extraordinary Rise and Surprising Appeal of Living Alone* (New York: Penguin, 2012) [『シングルトン　ひとりで生きる!』 エリック・クライネンバーグ著, 白川貴子訳, 鳥影社, 2014年].

12. Terrence McCoy, "Do It for Denmark!" Campaign Wants Danes to Have More Sex: A Lot More Sex," *Washington Post*, March 27, 2014, www.washingtonpost .com/news/morning-mix/wp/2014/03/27/do-it-for-denmark-campaign-wants-danesto-have-more-sex-a-lot-more-sex/?utm_term=.d8e6eef47764.

13. Philip Brasor and Masako Tsubuku, "A Rise in Vacancies Won't Mean Drops in Rent," July 2, 2016, www.japantimes.co.jp/community/2016/07/02 /how-tos/rise-vacancies-wont-mean-drops-rent/#.WmN_R6iWbg8.

14. Vivian E. Hamilton, "Mistaking Marriage for Social Policy," *Virginia Journal of Social Policy and the Law* 11 (2004): 307–71.

15. Ari Engelberg, "Religious Zionist Singles: Caught between 'Family Values' and 'Young Adulthood,'" *Journal for the Scientific Study of Religion, 55,* no. 2 (2016): 349–64.

16. C. Marshall and G.B. Rossman, Designing Qualitative Research (Newbury Park, CA: Sage, 2006); S.F. Rallis and G.B. Rossman, Learning in the Field: An Introduction to Qualitative Research, 3rd ed. (Thousand Oaks, CA: Sage, 2011); A.L. Strauss and J. Corbin, Basics of Qualitative Research (Thousand Oaks, CA: Sage, 1990).

17. A.L. Strauss and J. Corbin, Basics of Qualitative Research (Thousand Oaks, CA: Sage, 1990).

18. たとえば、アメリカの1990年の統計で、配偶者ではないパートナーとの同居を別のカテゴリーとして扱っているのと同様である。以下を参照。Casey E. Copen, Kimberly Daniels, Jonathan Vespa, and William D. Mosher, "First Marriages in the United States; Data from the 2006–2010 National Survey of Family Growth" (Hyattsville, MD: Department of Health and Human Services, Centers for Disease Control and Prevention, National Center for Health Statistics, 2012); Lynne M. Casper and Philip N. Cohen, "How Does Posslq Measure Up? Historical Estimates of Cohabitation," *Demography 37,* no. 2 (2000): 237–45.

著者
Elyakim Kislev（エルヤキム・キスレフ）

イスラエル・ヘブライ大学の公共政策・政府学部で教鞭を執る。マイノリティー、社会政策、シングル研究が専門。米国コロンビア大学で社会学の博士号を取得したほか、カウンセリング、公共政策、社会学の3つの修士号を有する。リーダーシップ、移住、社会・教育政策、エスニック・マイノリティー、グループ・セラピー、シングルなどのテーマで、多くの記事・書籍を執筆・編纂している。

訳者
船山 むつみ（ふなやま むつみ）

東北大学文学部（フランス文学専攻）、慶應義塾大学法学部（政治学専攻）卒業。日経国際ニュースセンター、在日スイス大使館科学技術部などを経て、翻訳者。訳書に『ジャック・マーの生声』『2000年前からローマの哲人は知っていた　選ばれる方法』（ともに文響社）、『7つの階級——英国階級調査報告』（東洋経済新報社）など。全国通訳案内士（英語・中国語・フランス語）。

「選択的シングル」の時代

30カ国以上のデータが示す「結婚神話」の真実と「新しい生き方」

2023年6月13日　第1刷発行

著者	エルヤキム・キスレフ
訳者	船山むつみ
ブックデザイン	小口翔平＋後藤司＋畑中茜（tobufune）
DTP	有限会社天龍社
校正	株式会社ぷれす
翻訳協力	株式会社アメリア・ネットワーク
編集	関美菜子＋平沢拓（文響社）
発行人	山本周嗣
発行所	株式会社文響社
	〒105-0001　東京都港区虎ノ門2-2-5 共同通信会館9F
	ホームページ　https://bunkyosha.com
	お問い合わせ　info@bunkyosha.com
印刷・製本	中央精版印刷株式会社

ISBN978-4-86651-628-8　Printed in Japan

この本に関するご意見・ご感想をお寄せいただく場合は、郵送またはメール（info@bunkyosha.com）にてお送りください。

より良い作品づくりのため
みなさまからの
ご感想を募集しています！

左記のQRコードから
アンケートにアクセス頂き、
ぜひご感想を
お寄せください。